통일한반도
주춧돌을 놓다

PNAWorld

독자 여러분의 일상이 곧 문화이며,
여러분 직무가 곧 콘텐츠입니다.
책을 내고픈 맘, 그 하나로
pnawold@naver.com으로 문의주세요.

통일한반도 주춧돌을 놓다

초판1쇄 인쇄 2021년 01월 13일
초판1쇄 발행 2021년 01월 29일

엮은이 동북아평화협력연구원
지은이 추원서 조성렬 최재덕 권영경 윤은주 임을출
이태호 이정훈 심의섭 유재심 권태진 박용석

기획구성&편집 허 윤(hy0365@naver.com)
북디자인&아트 김국현

펴낸곳 주식회사 피엔에이월드(Pna World Co., Ltd.)
출판등록 2016년 05월 23일
주소 03081 서울 종로구 율곡로13길 21, 5층 503호(연건동)
대표전화 02-6227-3175 / 팩스 02-2273-4150
e메일 pnaworld@naver.com
홈페이지 http://www.pnaworld.com
전용Mall https://shop.pnaworld.com(Mall 브랜드 'PNA Mall')

ISBN 979-11-964533-7-4 (94340)
ISBN 979-11-964533-6-7 (세트)

- 엮은이와 지은이와의 협의 하에 인지는 생략하며 잘못된 책은 바꾸어 드립니다.
- 이 도서의 내용 일부나 전체 무단전재 또는 복제(재편집 또는 강의용 교재 등 포함) 및 내지 '페이지 뷰'와 디자인 콘셉트에 대한 무단도용·복제를 금하며, 원할 경우 주식회사 피엔에이월드의 사전동의를 얻어야 합니다.

* 책값은 뒤표지에 있습니다.

학술연구&실용편서 ①

동북아평화협력연구원 엮음

통일한반도 주춧돌을 놓다

각 분야 전문가 12인이 제시하는
'남북상생' 미래좌표

추원서 조성렬 최재덕 권영경 윤은주 임을출
이태호 이정훈 심의섭 유재심 권태진 박용석
(게재 순)

추천의 말

"시대적 소명에 답한 남북협력 지침서"

모든 것이 멈추어버린 듯했던 경자년(庚子年)을 보내고 긴장과 설렘 속에 신축년(辛丑年)을 맞이했다. 2021년 새해 감회가 여느 해와 다른 것은 가시지 않은 코로나19가 남긴 충격과 상처 때문일 것이다. 지난해에는 남북관계 역시 몇 가지 사건들로 인해 개운치 않은 여운만 남긴 채 진전을 보지 못했다. 북한은 기왕의 국제제재에 설상가상으로 덮친 코로나와 자연재해라는 3중고를 겪으면서도 남측의 인도적 지원 의향마저 뿌리쳤다. 참으로 안타까운 일이다.

2021년은 '평화로운 한반도'를 핵심 키워드로 삼으며 출범한 문재인 정부의 5년차에 해당하는 해이다. 남북관계 개선과 한반도 평화정착을 위해 혼신의 힘을 기울여온 문재인 정부로서는 '갈 길은 먼데 해는 서산으로 지는' 형국에 아쉬움이 가득할 것이다. 그러나 "급할수록 돌아가라"는 말이 있듯 마지막 여정을 앞두고 잠시 지나온 길을 냉정히 짚어볼 필요가 있던 차였다. 여기에 미국에서 바이든 정부가 출범하면서 한미관계와 북미관계에도 어떤 형태로든 변화가 예상되고 있다. 이러한 시점에 동북아평화협력연구원에서 『통일한반도 주춧돌을 놓다』가 출간된 것은 참으로 시의적절하다. 이 책은 그 제목이 시사하듯 우리민족 모두가 평화롭게 머물 '통일한반도'라는 집을 짓기 위해서는 큰 그림 속에 우선 주춧돌을 튼튼히 놓아야 한다고 주장한다. 긴 안목에서 일관성과 인내심을 가지고 대북정책을 추진해야 한다는 뜻일 것이다. 집필진들은 대부분 오랫동안 남북관계 발전과 한반도 평화에 관심을 가지고 각자의 분야에서 연구에 전념해온 학자들이라 무게를 더한다고 할 수 있다.

이 책에는 미·중 패권경쟁 시대와 코로나 상황에서 남북협력이 왜 소중한 것인가를 일깨워주는 통찰들이 담겨 있으며, 미국 바이든 정부의 한반도정책 전망을 비롯한 동북아시아의 정치·외교적 현안과 한국이 나아가야 할 정책방향 등을 제시하고 있다. 특히 「7·7 선언」 이후 남북교류협력의 발자취를 분석하면서 구체적 실천방안들을 제안하고 있는 부분은 매우 인상적이다. 또한 보건의료, 환경, 농업, 교통인프라 등 우선적으로 추진해야 할 남북협력사업의 밑그림을 그리고 있다. 이밖에도 향후 대북교류협력 추진에 있어 국민적 공감대에 기초한 '남남협력'의 중요성을 강조하고 있다. 특히 누구나 쉽고 편하게 읽을 수 있도록 책을 편집·기획한 점도 통일교육의 주춧돌을 놓는다는 의미에서 큰 공로라고 본다.

나는 지금이 통일한반도의 주춧돌을 놓기 위한 역사적인 과업에 온 국민이 힘을 모을 때라는 본서의 발간 취지에 적극 공감한다. 이 책은 북한 관련 학술활동에 종사하는 학자·연구자뿐만 아니라 남북관계와 통일문제에 관심을 가진 일반 독자들에게도 큰 도움을 주리라고 본다. 전환기의 시대적 소명에 부응하기 위한 지침서의 발간을 축하하며, 많은 이들의 일독을 권하고자 한다.

2021년 1월

민주평화통일자문회의 수석부의장 / 前 통일부장관 **정 세 현**

책을 내며

"기회는 준비된 자에게 찾아오는 것"

신축년(辛丑年) 새해를 맞이하여 '동북아평화협력연구원'은 정성과 기원을 담은 『통일한반도 주춧돌을 놓다』를 세상에 내놓습니다. 이 책은 한반도 평화와 통일문제 연구에 천착해 온 집필진들이 남북관계와 국제정세를 살펴보면서 각자 전공 분야를 중심으로 미래를 설계한 본 연구원의 '첫 번째 연구총서이자 실용편서'입니다.

지난 한 해는 코로나로 시작해서 코로나로 끝났다 해도 과언이 아닐 정도로, 코로나19는 우리의 일상을 멈추게 했고, 인간을 마스크로 가리게 했으며, 세상을 얼어붙게 만들었습니다. 새로운 돌파구를 기대했던 남북관계 역시 꽁꽁 얼어붙은 채 한 치도 앞으로 나아가지 못했습니다. 우리는 아직 이 터널에 갇혀있지만, 그래도 조만간 밝은 빛을 보리라는 희망을 품고 있습니다. 인간의 지혜와 협력의 힘을 믿기 때문입니다.

75년여 세월을 분단국가로 살아온 우리민족에게 분단은 너무도 긴 터널입니다. 1945년 8월 해방의 기쁨도 잠시, 미·소 두 강대국이 자신들의 편의에 따라 한반도를 둘로 나누어 진주했을 때, 분단이 이토록 오래될 것으로 예상한 사람은 거의 없었을 것입니다. 남과 북은 동족상잔과 증오로 얼룩졌던 과거를 극복하고 화해와 협력의 길로 나아가기로 몇 차례에 걸쳐 다짐했지만, 아직도 상호불신과 적대의 터널을 벗어나지 못한 채, 한반도에 온전한 평화마저 정착시키지 못하고 있습니다.

우리는 지난 시기의 경험을 통해 통일은 남이 가져다 줄 수 없는 것이며, 우리민족 스스로의 각성과 인내, 그리고 협력에 의해서만 가능하다는 진실을 깨우쳐가고 있습니다. 또한 기회는 요행이 아니라 '준비된 자에게만 주어지는 것'이라는 평범한 진리를 깨닫게 되었습니다. 가족이 머물 훌륭한 집을 짓기 위해서는 큰 그림 속에 주춧돌을 튼튼히 쌓고 그 위에 대들보와 지붕을 얹어야 합니다. 우리민족 모두가 영원히 평화롭게 머물 '통일의 집'을 짓는 것도 마찬가지 이치일 것입니다.

많은 이들이 '포스트코로나'와 '미·중 패권경쟁시대'를 말하고 있습니다. 2021년은 미국에서 민주당의 바이든 정부가 출범하고, 한국은 문재인 정부의 사실상 임기 마지막 해이기도 합니다. 이 격변과 전환의 시기에 대한민국은 어떻게 자존을 지키고, 번영을 누리며, 평화로운 통일한반도로 나아갈 수 있을까요?

이 책은 이러한 문제에 답하기 위해 첫째, 격랑 속에 펼쳐질 동아시아와 한반도 정세를 전망하며 국가전략을 제시하고. 둘째, 남북교류협력의 어제와 오늘을 회고하면서 내일을 설계하고. 셋째, 포스트코로나 시대로 상징되는 전환의 시기에 우선적으로 실천에 옮겨야 할 남북 간 마중물 협력사업을 제안하고자 합니다. 또한 이 책은 북한·남북관계, 그리고 통일문제에 관심 있는 일반독자들을 상대로 쉽고 편하게 읽을 수 있도록 기획되었습니다. 앞으로도 저희 연구원은 지속적인 학술활동을 통해 한반도 평화와 동북아의 번영을 위해 대안을 제시하는 연구성과물을 내놓도록 하겠습니다.

끝으로 이 책이 나오기까지 옥고를 준비해주신 집필진과 동북아평화협력연구원 가족 여러분, 격려를 아끼지 않으신 남북물류포럼 김영윤 회장님, 출판사 PNA World 관계자 여러분, 그리고 '추천의 글'을 보내주신 정세현 민주평화통일자문회의 수석부의장님께 깊은 감사의 인사를 드립니다. 아무쪼록 이 책이 일반독자들은 물론 남북관계 발전을 위해 힘쓰고 계시는 각계 여러분께 다소나마 도움이 되기를 희망합니다.

2021년 1월
집필진을 대표하여

동북아평화협력연구원 원장
추 원 서

CONTENTS

추천의 말	"시대적 소명에 답한 남북협력 지침서"	정세현	004
책을 내며	"기회는 준비된 자에게 찾아오는 것"	추원서	006

Part I 격랑 속의 동아시아와 한반도

Chapter 01 미·중 패권경쟁시대의 '남북협력' 추원서
강대국 다툼 희생물 방지, '자기방어'이자 '안전핀'

1. 왜 남북협력인가? — 019
2. 미·중 패권경쟁의 양상과 동북아 질서 전망 — 022
3. 한국의 대응전략 : 자강을 기초로 한 '3대 협력' 전개 — 031
4. 남북협력의 의의와 방향 — 038
5. 맺는말 — 054

Chapter 02 바이든 新행정부의 대외전략과 한반도정책 조성렬
동맹 복원·강화, 재구상 아래 '미국이익' 견지 '1순위'

1. 미 대통령 선거 결과와 의미 — 063
2. 미 민주당의 대외정책과 바이든 대통령 정치성향 — 065
3. 바이든 행정부의 대외전략 — 071
4. 바이든 행정부의 한반도정책 — 078
5. 미 新행정부 출범과 한미관계 시사점 — 089

CONTENTS

Chapter 03 미·중 패권경쟁과 新남방정책의 나아갈 길 최재덕
미·중 쏠림 '의존관계'에서 실리추구 '균형외교'로

1. 미·중 갈등과 한국의 新남방정책의 전개	097
2. 미·중 패권경쟁과 아세안(ASEAN)의 대응	099
3. 한국의 新남방정책과 아세안의 위상	112
4. 현 국제질서 재인식과 韓-아세안의 협력방향	117
5. 남방국가들과의 협력으로 지역평화 번영도모	121

Part Ⅱ 남북교류협력 어제와 오늘, 그리고 내일

Chapter 04 '남북경협' 평가와 평화경제전략으로서의 필요성 권영경
경협동력 '수업료' 인정 하에 공존공영 '큰틀' 변화모색

1. 남북경협의 이론적 배경	135
2. 남북경협 27년(1989~2015)의 역사적 개관	143
3. 남북경협 27년의 평가	151
4. 평화경제전략으로서 남북경협의 필요성	160

Chapter 05 남북 민간교류에 대한 재해석 윤은주
평화·공존 '통일론' 모색 속 '적대적 대립' 해소에 주안점

1. 민간교류의 목적에 관한 성찰	171
2. 정부정책과 민간교류의 상호 관련성	174
3. 민간교류의 역사	179
4. 민간교류의 교훈	197

CONTENTS

Chapter 06 하노이 회담 결렬 이후 남북경협의 미래 임을출
'남북관계' 발전이 곧 '비핵화' 촉진동력

1. 2018년 남북관계 평가와 새로운 한반도   207
2. 전쟁 없는 한반도 시대의 도래?   212
3. 4·27 판문점선언, 9·19 평양공동선언과 남북경협   216
4. 하노이 북미 정상회담 결렬이 미친 영향   219
5. 남북경협의 미래 전망과 과제   224

Chapter 07 남북경협, 그 새로운 출발을 위하여 이태호
             - 북한과 남북경협에 대한 인식의 전환 -
"공동의 가치 실현을 위한 '고민'과 '상상력'을 모아야"

1. 2020년과 코로나19   231
2. 북한이 말하는 '새로운 길'의 배경   232
3. 몇 가지 장애물 극복하기   237
4. 투자재원 조달문제   247
5. 보완, 그리고 상상력   251

Chapter 08 경제발전에서의 외부지원 효과 이정훈
"美 '원조' 교훈 아래, 北 경제발전에 진정한 '손길'을"

1. 북한 경제개발 지원의 의미   261
2. 한민족에게 근대화는 인간존중 실현하는 역량 확대   262
3. 백년의 집착 : 같은 속 내용, 다른 겉모습   265
4. 한국전쟁 이후 남북경제의 갈림길   269
5. 남과 북, 다른 환경에서 다른 방식으로 발전경로 진입   272

CONTENTS

6. 미국의 지원효과	277
7. 인도와의 차이점	280
8. 세계 속에서의 한국 역할, 한반도 내에서의 남한 역할	283
9. 백 년 전 한민족이 꿈꿨던 소박한 이상은 인류의 이상	286

Part Ⅲ 포스트 코로나 시대, '남북공생'의 마중물 '협력사업'

Chapter 09 '한반도 공동체'를 위한 남북 보건의료협력   심의섭
**이념도 체제도, 남과 북 따로 없는 한민족
'존속문제'로 머리 맞대야**

1. 머리말	295
2. 보건의료 협력 개관	296
3. 건강공동체를 위한 남북협력	302
4. 생태공동체를 위한 방역방제	310
5. 맺음말	313

Chapter 10 한반도 지속가능발전과 생태환경 협력   유재심
'국제화' 수용과 '지역성' 반영, '인간안보'로서 남북협력

1. 들어가는 말	321
2. 한반도 생태계 특성	324
3. 남북 생태계 차이	327

4. 생태환경을 강조하는 북한의 개발계획   329
5. 환경분야 남북협력의 경험   332
6. 국제사회의 북한과의 협력   335
7. 북한의 대외협력과 정책적 의사결정   338
8. 맺음말   341

Chapter 11   국제개발협력 관점에서 본 '남·북한 농업협력' 문제점과 추진방향   권태진

"농업에서 '농촌'중심으로, 北 지역사회 협력 '종합적' 모색을"

1. 北, 국제사회에는 'SOS', 남한 손길엔 등돌려   349
2. 잇단 대북제재 여파로 민생경제 '직격탄'   351
3. 기술교류와 농촌개발 등 개발협력까지 한때 추진   356
4. 향후 남북농업협력 재개 시 '공통 문제점' 해결부터   361

Chapter 12   '남북연결' 교통인프라 건설 추진방향과 정책과제   박용석

남북 '소통·화합' 출발이자, 한반도 균형발전·평화의 길

1. 들어가는 말   371
2. 남북연결 교통인프라 건설사업 추진경과와 북한 교통인프라 실태   372
3. 남북연결 주요 교통인프라 사업   378
4. 북한 교통인프라 구축을 위한 주요 정책과제   383
5. 에필로그 : 무서워해선 안 될 남북연결의 '길'   388

Part I

격랑 속의 동아시아와 한반도

Chapter 01 미·중 패권경쟁시대의 '남북협력' _ 추원서

강대국 다툼 희생물 방지, '자기방어'이자 '안전핀'

Chapter 02 바이든 新행정부의 대외전략과 한반도정책 _ 조성렬

동맹 복원·강화, 재구상 아래 '미국이익' 견지 '1순위'

Chapter 03 미·중 패권경쟁과 新남방정책의 나아갈 길 _ 최재덕

미·중 쏠림 '의존관계'에서 실리추구 '균형외교'로

Chapter 01   미·중 패권경쟁시대의 '남북협력'

강대국 다툼 희생물 방지, '자기방어'이자 '안전핀'

1. 왜 남북협력인가?
2. 미·중 패권경쟁의 양상과 동북아 질서 전망
3. 한국의 대응전략 : 자강을 기초로 한 '3대 협력' 전개
4. 남북협력의 의의와 방향
5. 맺는말

추원서

고려대 대학원 정치학 박사

현, 동북아평화협력연구원 원장
전, 경기대 국제관계학과 교수
    (재)평화재단 이사
    (사)남북물류포럼 수석부회장
    경기대 국제통상학과 초빙교수
    중앙대 대학원(북한개발협력학과) 및 강남대 국제지역학부 강사
    (사)한반도개발협력연구소 소장
    중국 요녕성 사회과학원 객원연구원
    산업은행 동북아연구센터장, 상하이지점장, 산업분석단장
    미국 미시건 주립대(MSU) 객원연구원
    전국금융노조 위원장

〈저서〉
- 『新 북한의 산업』(공저), 한국산업은행, 2005
- 『라진 선봉지역 물류분야 남북협력방안 연구』(공저), 통일연구원, 2010
- 『통일경제』(공저), 통일경제연구회 엮음, 피엔에이월드, 2020

〈주요 연구 및 논문〉
- 「통일재원 조달, 어떻게 할 것인가」, 『이제는 통일이다』, 헤럴드경제·한반도 개발협력연구네트워크, 2014
- 「한반도 비핵화, 솔로몬식 해법은 없는가」, 『한국의 논점 2017』, 북바이북, 2016
  외 다수

• E-mail : choowon38@naver.com

Chapter 01 미·중 패권경쟁시대의 '남북협력'

강대국 다툼 희생물 방지, '자기방어'이자 '안전핀'

1. 왜 남북협력인가?

최근 동북아 지역은?
　　조금 더 들어가 '동북아 지역질서'는?

미국과 중국 간의 갈등과 경쟁 격화로 요동치고 있다. 트럼프 정부 출범 이후 발생한 '미·중 무역 갈등'이 이를 상징적으로 말해준다.

세계 GDP의 약 40%를 차지하는 거대국가 간 무역 갈등은 양국 간의 문제로 끝나지 않고 글로벌 경제에 깊은 그늘을 드리웠으며, 이러한 갈등은 무역 등 경제 분야를 넘어 안보를 비롯한 다양한 영역으로 확대되는 경향을 보여주었다. 물론 2021년 초에 바이든 미 정부가 새로 출범함으로써 미·중 관계에도 약간의 변화가 있을 것으로 기대된다. 민주당은 기본적으로 다자주의와 국제협력을 중시하는 성향을 지니고 있기 때문이다. 그렇지만 많은 전문가들은 양국 간 갈등구조와 미국의 대중 강경기조는 그 성격상 한두 해로 쉽게 끝나지 않고 21세기를 관통하게 될 것으로 전망하고 있다.

이러한 국제환경 변화는 한국으로 하여금 정확한 상황인식과 냉철한 대응책 마련을 요구한다. 미·중과 긴밀한 관계를 맺고 있는 한국으로서는 안보와 번영을 위해 두 나라와의 관계가 우호적이고 협력적인 방향으로 전개되는 것이 바람직함은 두말할 나위가 없다. 하지만 아시아 지역에서 펼쳐지는 양국 간 대립이 패권경쟁의 성격을 띠면서 한국은 새로운 도전과 시련에 직면할 개연성이 높아지고 있다.

한국의 고민은 양국의 전략과 역량이 부딪히는 과정에서 어느 한쪽을 선택하기에 너무 큰 부담이 있다는 사실이다. 지금까지 한국은 '안미경중(安美經中)', 즉 안보는 미국에, 경제는 중국에 많은 부분을 기대며 평화와 번영을 확보해왔다.

하지만 양국관계가 단순경쟁을 넘어 패권경쟁으로 치달을 때에는 어려운 입장에 몰릴 수 있다. 사드(THAAD)배치로 인한 중국과의 갈등이 좋은 예이다. 중국은 북한의 위협에 대한 불가피한 대응이라는 한국 정부의 거듭된 해명에도 불구하고 과할 정도로 반발하며 보복에 나섰다. 자신의 안보이익을 크게 해친다고 판단했기 때문이다. 더욱이 최근 들어 미국의 대중국 봉쇄전략이 전 방위적으로 강화되는 추세에 비추어 향후 미국으로부터 기존 한미동맹의 역할조정을 요구받게 된다면, 한국은 사드배치 때와는 비교할 수 없을 정도로 심각한 딜레마에 봉착할 가능성이 높다.

따라서 한국은 앞날을 위해,

> 미·중 패권경쟁이 더 심화되기 전에
> 남북관계를 안정시키고
> 협력관계를 정상궤도에 올려놓을 필요가 있다.

만일 이러한 노력이 가시적 성과를 거두지 못한다면, 남북관계는 그 자체가 큰 취약점(Achilles tendon)이 되어 양 강대국의 틈바구니에서 외교의 자율성을 상당부분 훼손당하고, 안보와 경제면에서 커다란 위험과 손실에 직면할 소지가 있다. 남북관계는 2019년 2월 '하노이 노딜'의 여파로 이렇다 할 진전은 없지만, 지금이야말로 어느 때보다 남북관계의 안정과 협력이 절실히 요구되고 있는 시점이다.

이 글은 이러한 문제의식에서 출발하여 다음 2절에서 미·중 패권경쟁의 양상과 동북아 질서를 전망해보려고 한다. 3절에서는 한국의 바람직한 대응전략으로 자강을 기초로 한 '3대협력'을 제시하고, 4절에서는 3대협력 중 '남북협력'에 대해 그 의미와 함께 방향성과 원칙을 짚고자 한다. 마지막 절에서는 이상 논의한 바를 정리하며 끝을 맺을 것이다.

2. 미·중 패권경쟁의 양상과 동북아 질서 전망

1) 미·중 관계의 변천과정

한국전쟁과 베트남전쟁 등을 겪으며 적대관계를 유지하던 미국과 중국은 1970년대 초부터 관계개선을 시도하여 1979년 정식수교에 이르렀다. 관계개선 이후 초창기에 미국은 중국을 소련 견제를 위한 이이제이(以夷制夷)의 공산국가로 활용했다. 이후 탈냉전이 시작되면서는 미국 주도의 세계질서에 중국이 편입되도록 유도하는 정책을 취한다. 체제변화를 기대하는 연계와 함께 군사적 억제를 병행하는 이중전략을 택한 것이다.

글로벌 금융위기 이후인 2010년 중국의 GDP가 일본을 추월하고 군사적 능력이 증대하자, 미국의 대중국 인식이 변하면서 새로운 대응전략이 대두되었다. 오바마 정부의 '아시아 회귀(Pivot to Asia)' 또는 '아시아 재균형(Rebalancing Asia)' 정책이 그것이다.1) 이는 미국의 외교정책에서 아시아 비중이 커졌음을 의미한다.

하지만 오바마 정부까지만 해도 중국에 대한 미국의 속내 표출은 상당히 조심스러운 측면이 있었다. 그러다가 '미국제일주의(America First)'를 부르짖는 트럼프 정부가 출범하면서 다소 거친 모습으로 나타난다. 물론 트럼프 정부의 정책기조 역시 미국의 상대적 영향력 하락에 대한 대응이라는 점에서는 이전 정부와 다를 바 없다. 트럼프 행정부는 2017년 말 발간된 '국가안보전략보고서'를 통해 중국을 전략적 경쟁자로 지목하며 '전략경쟁'을 선언하고 전면적인 대중 공세에 나선다. '아시아·태평양'을 확대

---

1) 미국은 2012년 초 발표한 『신국방전략보고서』에서 "중국의 반접근/지역적 거부(A2AD: Anti access/Area denial) 도전에도 불구하고 미국의 군사력을 투사할 것'임을 적시하고 있다. 이춘근, 『미중 패권경쟁과 한국의 전략』, 김앤김북스, 2017, p.308

> **잠깐만 보고 갈까요!!**
>
> ### 아시아로의 회귀(Pivot to Asia), 아시아 재균형(Rebalancing to Asia)이란?
>
> 간단히 한 구절로 말하면 미국의 '아시아 중시'와 '재균형' 전략이다. 그럼 이같은 미국의 전략 배경은 뭘까? 바로 미국과 어깨를 나란히 하려는 중국을 견제함이다. 개혁개방 기치 아래 30년 간 매년 10% 안팎의 초고속 성장을 한 중국의 부상에 대응하기 위한 외교전략. 이는 중국의 '반접근(anti-access)/지역거부(area denial)' 전략, 그리고 남중국해를 둘러싸고 결국 충돌한다. ('남중국해' 관련내용은 이 책 '미·중 패권경쟁과 新남방정책이 나아갈 길 제하의 99~106면 본문 참조)
>
> 경향신문 2020년 11월25일자 바이든 "미국은 동맹과 협력할 때 최강" 등
> 인용 재구성 / 편집자 주

·수정한 '인도·태평양 전략' 개념이 등장하게 된다. 이로써 클린턴 행정부 이래 시작된 대중 연계(engagement)를 통한 변화정책은 공식적으로 폐기된 셈이다.[2]

2) 미·중 관계의 현주소와 전망

미국의 움직임에 비해 중국의 대응은 일면 조심스럽다. 중국은 아직 미국에 비해 자신의 힘이 많이 부족하다고 여기기 때문이다. 다다음 페이지(25p)에 있는 〈표 1〉에서 보는 바와 같이 미국은 경제력에서 2019년 기준 중국의 약 1.5배이고 군사 부문에선 국방비 지출은 물론 핵무기와 해·공군력 등에서 압도적 우위를 점하고 있다. 하드파워는 물론 소프트파워에서도 절대적 우위에 있다. 뿐만 아니라 세계 도처에 많은 동맹국

[2] 전봉근, 「미중 경쟁시대 한국의 '중간국' 외교전략 모색」, 『정책연구시리즈 2019-'03'』, 국립외교원 외교안보연구소, 2019.12.29, p.3

과 군사기지를 가지고 있으며 지정학적으로도 유리한 입장에 있다. 반면 중국은 주변에 19개국과 국경을 접하고 있는데다 인도 등 일부 국가들과는 국경분쟁 등으로 여전히 불편한 관계에 있다. 미국은 주요 강대국들과 태평양·대서양을 사이에 두고 격리되어 있으며 주변에 군사적으로 위협할 만한 국가도 없다.

이러한 현실에 입각하여 중국 내 주류 사고는 미국의 우위가 상당기간 지속될 것으로 보고 공세적인 대외정책 추진에 신중하다. 과거 냉전시기 미·소 경쟁과정에서 지나친 군비경쟁에 말려들어 파산을 자초한 구소련의 경험도 반면교사로 작용할 것이다. 그렇지만 중국은 미국이 걸어오는 싸움에는 물러서지 않겠다는 의지도 보이고 있다. 여기에는 분출하는 중국 내 민족주의와 강력한 통치력을 기반으로 '중국의 꿈(中國夢)'을 실현하려는 시진핑 정부의 전략이 맞닿아있다. '신형대국관계'와 '일대일로 정책'은 그 실현을 위한 대외정책이다. 또한 '중국제조 2025'를 통해 실속 있는 경제강국을 향해 달리고 있다. 2020년 10월 하순에 열린 중국공산당 제19기 5중전회에서는 미국의 대중 탈동조화(decoupling) 전략에 맞서 첨단기술 고립화에 대비하여 과학기술 자립을 추진하면서, 거대한 인구에 바탕을 둔 내수를 중심으로 '국내대순환'을 구축하고 국제교역을 통한 '국제대순환'으로 이를 보완한다는 '쌍순환 경제전략'을 채택하기도 했다. 내수와 수출을 두 축으로 해서 선순환을 만들겠다는 것이다.3)

그렇다면 미국과 중국의 상대적 위상은 21세기 중반 경 어떻게 변해 있을까? 다수 전문가들은 중국의 국내총생산이 2030년경에는 미국을 추월

---

3) 중국지도부의 대미 위기감이 반영된 동 전략은 미국이 중국을 국제분업구조인 이른바 글로벌가치사슬(GVC ; Global Value Chain)에서 배제시키려는 움직임에 대한 중국식 정면 대응전략으로 새로운 지역가치사슬(RVC ; Region Value Chain)을 만들어 미국의 배제전략을 정면 돌파하고자 한다. 중앙일보, 2020년 10월29일자 인용 재구성

<표 1> 미·중 경쟁력의 지표상 비교(2019년 기준)

지표	단위	미국	중국
인구	백만 명	328	1,397
면적	만㎢	983	956
GDP	십억 달러	21,374	14,342
1인당 GNI	달러	65,760	10,410
군사비지출액	억 달러	7,317	2,610
상비군	만 명	138	203
핵탄두	개	5,800	320
ICBM	기	400	98
항공모함	척	11	1(건조 중 5)
원자력잠수함	척	53	6
전투기	기	3,311	1,976
전차	대	2,836	5,850
야포	문	6,916	9,196
* 1인당 가처분 소득	위안(元)	382,000	25,974
* 엥겔지수	%	8.3	29.4
* 노동생산성	달러	101,101	8,253
* 세계 500강 기업수	개	126	120
** R&D 투자	억 달러	5,062.6	2,285.5
* 세계 100대 대학교 수	개	41	5

자료: 1) World Bank, SIPRI (검색: 2020.11.8)
   2) IISS(International Institute for Strategic Studies), 『The Military Balance 2020』(중앙일보 2020년 9월6일자 재인용)
   3) * 2017년, ** 2016년 기준(뉴스핌 2018년 8월23일자 재인용)

하여 명실상부 세계 1위의 경제대국이 될 것으로 전망한다. 한편 호주에 소재한 로위연구소(Lowy Institute)가 발표한 '2019년 아시아파워 인덱스'에 따르면, 0-100 스케일의 복합 국력(Overall Power) 지수에서 미국 84.5, 중국 75.9, 일본 42.5, 인도 41, 러시아 35.4, 한국 32.7점을 차지하여 미·중의 복합 국력이 다른 아시아국을 큰 차이로 따돌리고 있음을 보여준다.4) 하지만 하버드대의 나이(Joseph S. Nye Jr.) 교수는 중국의 부상은 출발점에 올라선 상태에 불과하며 미국의 세기를 끝낼 수 있는 수준까지 힘을 키우려면 아직 멀었다고 주장한 바 있다.5) 중국의 경제력은 2030년을 전후하여 미국을 추월할 수 있겠지만, 군사력을 포함한 종합국력은 여전히 미국이 패권적 지위를 유지할 것으로 보는 것이 대세*이다.

> *** '패권'유지 대세와 달리 '팍스 아메리카나' 종지부?**
>
> 미국의 패권 유지 대세 전망과 달리 위스콘신대의 앨프리드 맥코이(Alfred McCoy) 교수는 미국이 주도하는 세계평화, 즉 팍스 아메리카나(Pax Americana) 종말을 언급했다. 중국군이 미국의 군사력에 필적하기까지는 수십 년이 걸릴 것으로 예상하면서도 사이버전쟁, 우주전쟁, 슈퍼컴퓨터의 조합을 통해 미군의 통신을 무력화하여 전략군의 발을 묶는데 성공함으로써 미국을 패배시키는 3차 세계대전 시나리오를 제기하기도.
>
> 앨프리드 맥코이 지음·홍지영 옮김, 『대전환』·사계절·2019, pp.352~358 인용 재구성 / 편집자 주

4)
전봉근, 앞의 글, p.10

5)
조지프 S. 나이 지음, 이기동 옮김, 『미국의 세기는 끝났는가(Is the American Century Over?)』, 프리뷰, 2015

앞으로 미·중 간 전략경쟁은 계속될 것이다. 미국은 21세기에도 사이버전쟁, 우주전쟁, 무역협정, 군사동맹의 조합을 통해 헤게모니를 유지하고

자 한다.6) 이에 따라 미·중 간 갈등 전선이 무역·환율·기술 등 경제문제는 물론, 안보와 외교 등 다방면에 걸쳐 형성될 것으로 점쳐지면서 양국 간 전략경쟁은 이제 '뉴 노멀(New Normal)'로 장기화될 것으로 점쳐진다.

3) 중국 부상에 따른 동북아 질서 예상 시나리오

동북아는 현재 부상하는 중국과 이를 견제하려는 미국, 미국과 함께 중국을 견제하면서 '전쟁할 수 있는 국가'를 지향하는 일본, 신동방정책을 통해 동아시아 국가들과의 관계를 강화하려는 러시아, 새로운 진로를 모색하는 남·북한 간에 갈등과 협력 국면이 혼재되어 있다. 한반도 주변 4강 중 미·중·러 3국은 핵보유국이며 여기에 북한을 포함하면 동북아 6개국 중 4개국이 핵을 가지고 있다. 또한 최근 일본이 항공모함 보유를 추진하면서 주변 4강 모두 항모를 보유하게 될 예정이다. 동북아는 이렇듯 군비경쟁이 가열되고 있는 곳이다.

만일 중국이 경제력을 바탕으로 군사적으로 더욱 성장하게 된다면 어떤 변화가 일어날까? 이와 관련하여 예상되는 동북아의 안보환경 및 평화질서에 대해 2010년을 전후하여 존 아이켄베리(John Ikenberry)미 프린스턴 대학교 교수와 같은 대학교 국제정치학자이자 안보전문가인 애런 L. 프리드버그(Friedberg, Aaron L.) 등 국제정치학자들이 예상한 시나리오를 국방대학교 한용섭 교수가 정리한 것을 중심으로 살펴보면 다음 페이지에 이어 나오는 대략 네 가지로 요약할 수 있을 것이다.7)

6) 앨프리드 맥코이 지음, 홍지영 옮김, 앞의 책, p.38

7) 한용섭, 「미중 간 변화하는 세력균형과 동북아의 평화구조」, 한용섭 편, 『미중 경쟁시대의 동북아 평화론: 쟁점, 과제, 구축전략』, 아연출판부, 2010, pp.256~266

① 현상타파

부상하는 중국이 미국을 추월하면서 힘의 대결을 벌이고 미·중 간 세력 전이가 일어나는 경우이다. 구조적 현실주의자들은 힘의 전이가 발생할 때 힘의 재분배 현상을 평화적으로 해결할 방법을 찾지 못하면 전쟁이 일어날 가능성을 배제하지 못한다고 주장한다. 프리드버그(Friedberg)와 국제정치학자 랜달 쉬웰러(Randall Schweller) 등이 이러한 견해를 갖고 있다. 중국 주도의 패권적 질서를 상정하는 이 시나리오는 전쟁가능성이 높다는 점에서 우려를 자아내나, 현실적으로 가능성은 희박한 것으로 평가되어 왔다.

② 현상유지

중국이 경제적으로 부상하지만 군사 면에서는 방어 목적으로 한정해 군사력을 양성하고 군사력 행사를 자제함으로써 미국의 대중국 군사우위가 21세기 중반까지 지속되는 경우이다. 이 시나리오는 경제적 측면에서 중국의 영향력은 증대하지만 군사력은 억제와 방어 목적으로 증강할 뿐, 미국의 정치·경제·안보상의 영향력은 여전할 것으로 본다. 특히 태평양에서 美 해군우세로 中의 해양진출이 어려울 것으로 보았다. 美 주도의 패권적 질서를 상정한 이 시나리오는 세계적 저널리스트 로버트 카플란(Robert D. Kaplan) 등이 주장하였고, 한국에서도 서울대학교 하영선 명예교수 등이 이같은 견해를 표명했다 지금까지 가장 폭 넓은 지지를 받았던 주장으로 최근 다소 흔들리긴 하나 여전히 유효한 시나리오라 할 수 있다.

③ 패권양분

미국과 중국 간에 전쟁이 발생하지 않고 양국이 동북아와 동남아에서 패권을 양분하게 되는 경우이다. 중동 등 다른 지역에 군사력을 계속 개입시켜야 하는 미국의 필요로 인해 현실적 타협의 결과로 나올 수 있다. 이 경우 세계적 차원에서 미국의 영향력은 계속되지만 동아시아에서 중국의 지역패권이 성립될 수 있다. 중국식 사회주의가 힘을 받을 가능성이 커지면서 한반도에서 통일은 힘들어지고 한·미·일 협력이 더욱 강화될 가능성이 있다. 美보스톤 대학교 정치학 교수 로버트 로스(Robert S. Ross) 등이 주장한 시나리오이다.

④ 다자균형

미국과 중국의 국력이 비슷해지고 EU, 인도, 러시아, 브라질, 일본 등 다수의 경제파워센터가 출현하며, 민주주의 시장경제그룹과 사회주의 독재 하의 시장경제가 느슨한 세력균형을 유지하게 되는 시나리오이다. 이 같은 다자주의* 질서 하에서 동북아는 약간은 불안하지만 평화와 안정이 지속된다. 인도가 중국을 급속하게 추월하게 될 경우 민주주의와 사회주의의 힘의 대결을 적절하게 분할시켜 느슨한 세력균형이 이루어질 수 있다. 아이켄베리(Ikenberry)는 아시아의 안보 시스템이 다자 지향적으로 변화할 가장 큰 요인으로서 핵보유국들이 다수 존재하는 점을 들었다. 한 국가의 패권적 지배가 불가능함으로써 집단안보 같은 견제와 균형이 작동하여 평화가 유지될 것으로 보는 것이다.

> **＊ 다자주의**
>
> 多者主義, multilateralism, 외교정책 수행에 있어 여러 나라(국제기구 포함)가 집단적이고 조율된 조치를 통해 공유하는 문제를 해결해나가는 협력적 접근법으로써 일방주의(unilateralism)와 상반되는 개념이다. 무역 분야의 경우는 범세계적협의체(예: WTO)를 중심으로 공통의 규범과 절차를 준수하면서 보편적 국제교역질서를 형성토록 협력하는 방식.

이러한 시나리오들은 10여 년 전부터 거론돼온 주장인데, 현 시점에서 재검토할 필요가 있다. 우선 ②현상유지와 ④다자균형 시나리오는 현재의 상황과 크게 차이가 나지 않거나 미·중의 직접 대립을 수반하지 않는다는 점에서 특단의 대응을 요하지 않는 시나리오이다. 하지만, ①과 ③시나리오는 특별한 관심이 필요하다. 그 중 글로벌 금융위기 이후 전개되고 있는 미·중의 전략 변화와 양국관계를 고려하면 시나

〈표 2〉 중국의 부상에 따른 동북아 질서 예상 시나리오

시나리오	내용	성격*
1	중국이 미국을 추월하면서 힘의 대결을 벌이고, 미·중 간에 세력전이가 일어남	현상타파
2	경제적 측면에서 중국의 영향력 증대하지만, 방어 목적으로 군사력 양성하며 자제함으로써 미국의 대중국 군사 우위 지속	현상유지
3	미국과 중국 간에 전쟁이 발생하지 않고 양국이 타협 통해 동아시아에서 패권을 양분	패권양분
4	미·중의 국력이 비슷해지고 다수의 경제파워센터가 출현하여 세력균형 유지하며, 동북아가 약간 불안하지만 평화와 안정 지속	다자균형

자료 : 한용섭, 앞의 책 중 "미중 간 변화하는 세력균형과 동북아의 평화구조", pp.256~266 참고
　＊ 성격은 필자가 정의

리오①의 가능성을 재평가하지 않을 수 없다. 이러한 시각을 뒷받침하는 국제정치이론으로는 '공격적 현실주의(Offensive Realism)'가 있다. 대표적 주창자인 시카고대의 미어셰이머(John J. Mearsheimer) 교수는 중국이 경제성장을 지속한다면, 미국이 서반구를 지배하는 것처럼 중국 역시 아시아를 지배하려 들 것이며 미국은 이를 좌시하지 않을 것이라고 예상한다.

인도, 일본, 한국, 러시아, 베트남 등 중국의 인접국 대부분이 중국의 힘을 봉쇄하려는 미국에 동참할 것이며, 그 결과 전쟁 유발 가능성을 내포하는 안보경쟁이 야기될 것으로 예상한다. 중국의 부상은 조용하게 이루어질 수 없다고 보는 것이다.[8]

3. 한국의 대응전략 : 자강을 기초로 한 '3대 협력' 전개

이러한 상황에서 한국은 어떻게 대응하는 것이 바람직할까?

> 무릇 강대국을 주변에 둔 약소국이
> 주변 강대국에 휘둘리지 않고 자신의 안전을 확보하는 기본은
> 국가의 내부역량을 극대화(내세의 강화)하고,
> 외부로부터 가해지는 압력을 극소화(외세의 약화)시키는데 있다.[9]

전자를 위해서는 무엇보다 자체 국력을 신장시키는 것, 즉 경제력과 군사력을 키우는 '자강(自强)'이 중요하다. 동시에 이를 바탕으로 다음 세 가지

[8] 존 J. 미어셰이머 지음, 이춘근 옮김, 『강대국 국제정치의 비극: 미중 패권경쟁의 시대』, 김앤김북스, 2017, pp.483~484

[9] 이호재, 『약소국 외교정책론』, 법문사, 1978, p.115

부문의 협력을 적극 전개할 필요가 있다.

첫째는 '**남남협력**'이다.
무엇보다 국민의 힘을 결집시킬 수 있는 국민통합이 긴요하다. 내부의 단합과 협력이 필요하다는 뜻이다.

한국은 지금 보수와 진보 진영 간 이념과 정치 갈등이 심각한 수준이다. 이러한 '남남갈등'은 북한을 바라보는 관점의 차이에서 비롯된 것으로 외교안보 분야에까지 부정적 영향을 끼치고 있다. 사실 해방 후 분단은 미국과 소련의 책임이 크지만, 이를 극복하지 못한 데에는 민족내부의 역량 부족, 즉 분열에도 상당한 책임이 있다. 내부가 단합하지 못하고 분열하면 외부의 안보위협에 대해 국력을 결집시켜 대응하기가 어렵다. 역사를 통해 볼 때, 중소국가가 강대국의 강압을 이겨낼 수 있었던 경우는 내부단합을 통해 국력을 결집할 수 있었던 때이다.

> **잠깐만 보고 갈까요!!**
>
> **'내부단합' 여부로 국운이 갈린 핀란드-우크라이나 현대사**
>
> 인구 400만의 핀란드는 1930년대 말 1억 8천만 인구를 가진 초강대국 소련의 침공을 내부단합으로 이겨낼 수 있었다. 하지만 2014년에 인구 4,500만의 우크라이나는 러시아에 크림반도를 빼앗겼다. 이런 차이는 주로 내부단결 여부에 있었다. 핀란드는 소국이지만 내부단결이 강해 저항성이 높은 강소국이었던 반면, 우크라이나는 규모는 중견국이었지만 내부분열로 제대로 저항할 수 없었던 것이다.[10]

[10] 전봉근, 앞의 논문, p.78

한국의 역사를 보더라도 고구려와 백제의 패망이나 조선의 몰락 이면에는 내부분열이 자리 잡고 있다. 앞으로 미·중 간 패권경쟁이 심화될 때, 내부단합이 뒷받침되지 않으면 한국은 친미와 친중 세력으로 나뉘어 대외 협상력을 제대로 발휘하지 못하고 강대국들의 간섭을 자초할 가능성이 높다. 이를 극복하기 위해서는 정치권과 언론, 그리고 지식인들의 분발과 역할이 필요하다.

<그림 1> 한국의 대응전략으로서의 3대 협력 중 '남남협력'

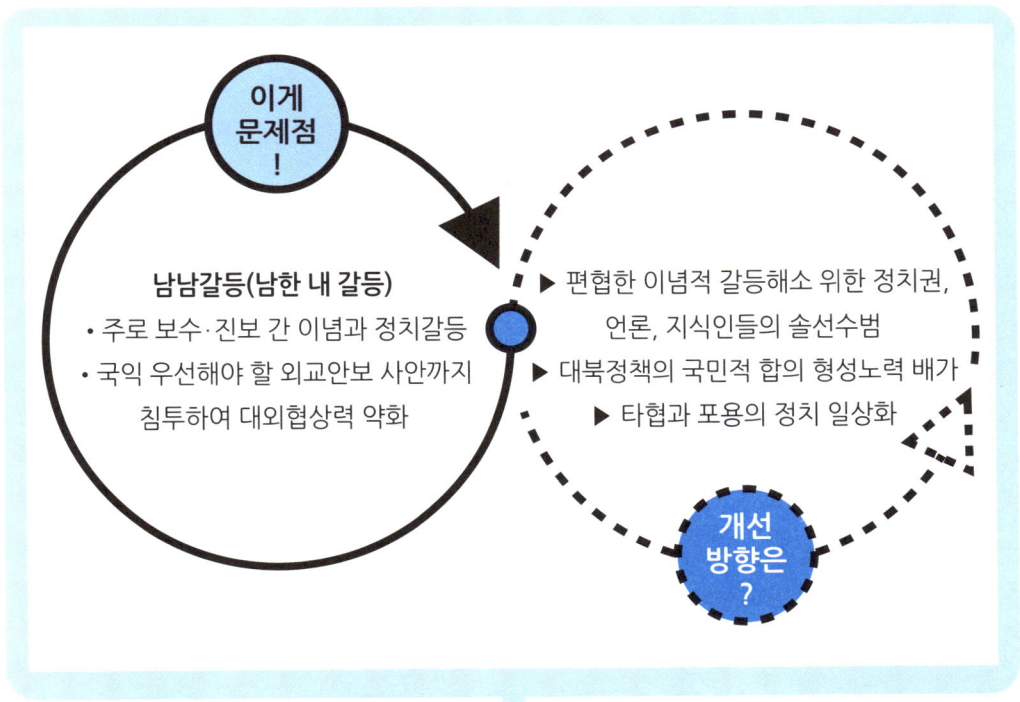

특히 정치권은 편협한 이념적 갈등을 해소하고 화합과 통합에 앞장서야 한다. 대북정책에 있어서도 국민적 합의와 공감대를 형성할 수 있도록 배전의 노력을 기울여야 할 것이다. 특히 미국 등 강대국과의 외교에 있어서는 당파적 자세를 버리고 항상 국익을 염두에 두고 신중하게 처신해야 한다.

또한 흑백논리, 지나친 편 가르기, 실질보다 명분에 집착하는 국민성향도 고쳐나가야 한다. 이를 위해서는 다양한 의견이나 여론을 합리적으로 수렴하여 정책화하는 민주적 역량제고와 함께 타협과 포용의 정치를 일상화해야 할 것이다.

둘째는 '**국제협력**'이다.
외부 강대국으로부터의 간섭이나 압력을 최소화하기 위해서는 균형 잡힌 실용외교를 수행할 수 있어야 한다.

대응전략의 출발은 한반도의 지정학적 특성에서 찾아야 할 것이다. 한민족을 괴롭히고 있는 분단 역시 강대국 간 지정학적 경쟁에서 비롯된 타협의 산물이었다. 해양세력과 대륙세력의 교차점에 위치한 한반도는 반도국가의 특성을 잘 살린다면 교량국가로서 지역의 평화와 번영을 선도할 수 있지만, 국력이 뒷받침되지 않고 내부분열이 발생하면 또다시 강대국 다툼의 희생물이 될 수 있다. 따라서 미·중 패권경쟁 시대의 외교전략은 미국과 중국 두 강대국 모두와 어떻게 우호적 관계를 유지하면서 생존과 번영, 그리고 통일이라는 국가적 과제를 달성할 것인가에 있다고 보아도 과언이 아니다. 이를 위해서는 한미동맹과 한중

<그림 2> 한국의 대응전략으로서의 3대 협력 중 '국제협력'

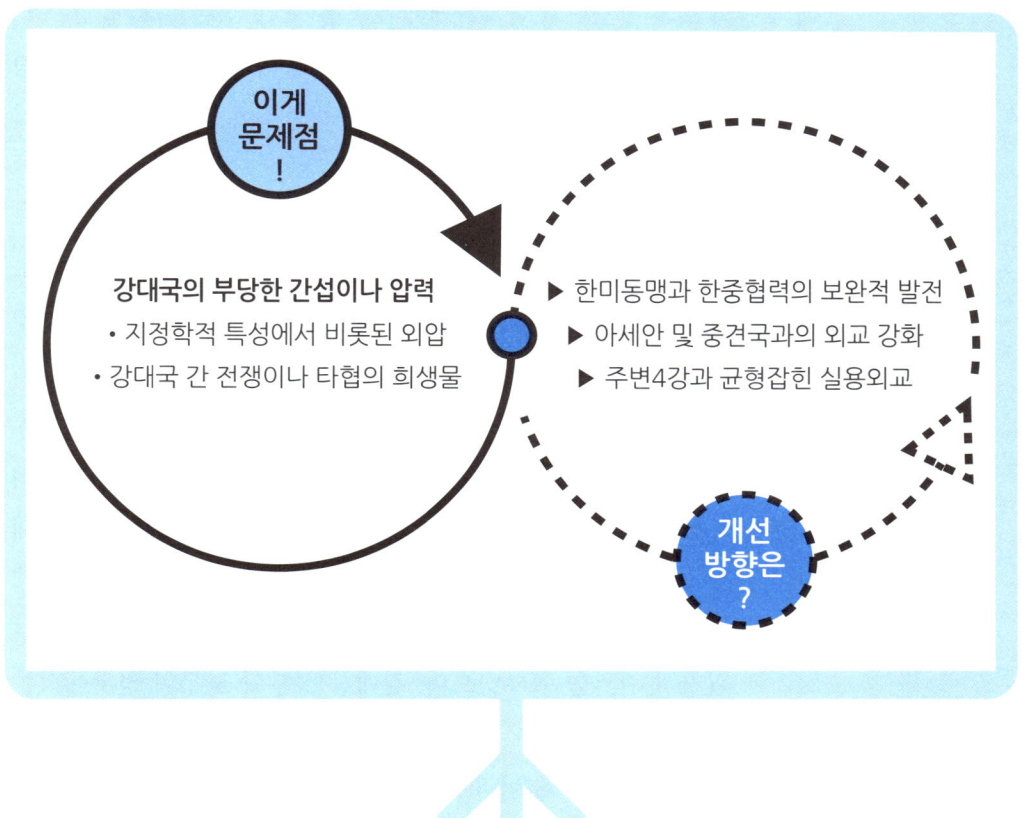

협력을 배타적으로 인식하지 않고 보완적인 것으로 발전시키는 전략이 긴요하다.

특히 미국의 바이든 정부는 다자주의를 선호하면서 동북아에서 동맹국들과의 공조에 기초한 대중국 견제를 시도하고 그 일환으로 한·미·일 안보협력을 중시할 것으로 예상된다. 따라서 일본과의 관계에 있어서 외교의 짐이 되지 않도록 선제적 관리가 필요하다. 또한 주변 강대국 중 한국에 부담이 되지 않으면서 남북관계에 도움을 줄 수 있는 위치에 있는 러시아와도 협력을 강화해나갈 필요가 있다. 아울러 미·일 패권경쟁 과정에서 비슷한 입장에 처해있는 아세안 국가 및 중추적 중견국가들과도 실용적인 협력외교를 펼쳐나가야 할 것이다.

셋째는 '**남북협력**'이다.
타율에 의해 주어진 분단을 극복하지 못한 채 전쟁을 치른 남북은 오랜 기간 적대적 공존 속에 살아왔다.

권위주의 시대의 대한민국에서 북한이라는 존재는 반공의 이름을 빌려 독재를 정당화하는 수단으로 활용되었으며, 북한 역시 미국과 남한에 대한 적대감을 억압적 통치를 정당화하는데 이용했다.[11] 이후 남한의 대북정책은 경제발전과 민주화, 그리고 탈냉전의 영향으로 노태우 정부 시기에 획기적 전환을 이루었으며, 김대중 정부와 노무현 정부에서는 남북 간에 상당수준의 화해국면에 진입하기 이르렀다. 하지만 그 후 크고 작은 사건과 정권교체 여파로 남북관계는 부침을 거듭해왔다. 현재 남북관계는 '평화로운 한반도'를 핵심 키워드로 삼고 있는 문재인 정부의 등장으로 중대 전환점에 서 있다. 2018년 남북정상회담과 북미정상회담의 성사로 획기적 진전을 기대했던 남북관계는 2019년 2월 하노이 북미정상회담 결렬로 교착상태에 빠져 여전히 유동적인 상황을 면치 못하고 있다.

2020년에는 코로나19 사태가 겹치면서 계속 정체를 벗어나지 못했다. 앞

---

11) 김근식, 「남북관계와 통일」, 장달중 편, 『현대북한학강의』, 사회평론, 2014, pp. 280~328

〈그림 3〉 한국의 대응전략으로서의 3대 협력 중 '남북협력'

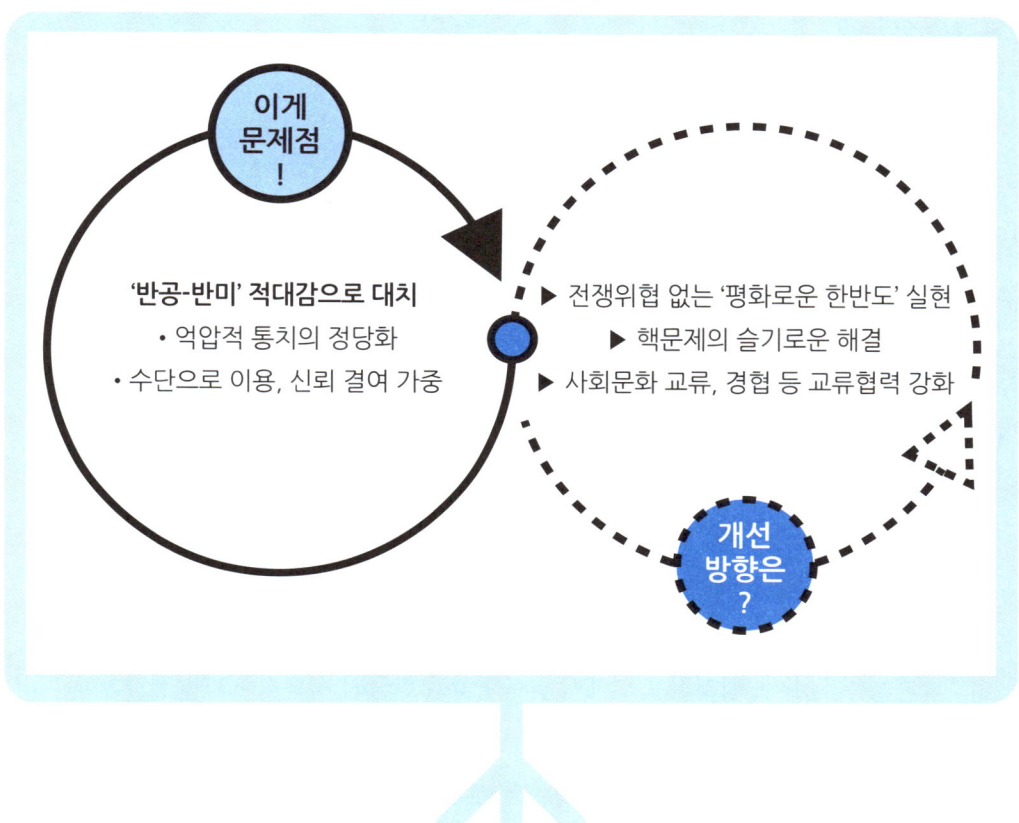

으로 핵과 전쟁 위협이 없는 '평화로운 한반도'를 실현하고 숙원인 평화통일을 이루기 위해서는 남북관계 개선을 바탕으로 신뢰에 기초한 교류협력을 강화하고 북핵문제를 슬기롭게 해결함으로써 남북협력을 정상적인 궤도에 올려놓아야 할 것이다.

4. 남북협력의 의의와 방향

1) 남북협력의 전략적 의의

남북교류협력의 목표는 그동안,

- 북한의 변화 유도,
- 남북 간 신뢰구축,
- 인도주의 구현,
- 통일환경 조성

등 다양한 시각에서 이해되어 왔다.[12] 그렇다면 향후 전개될 미·중 패권 경쟁 시대에 남북협력은 어떤 전략적 의미를 안고 있을까?

첫째, 경제적 측면에서 남북협력은 한국의 지속적 경제성장과 한반도경제공동체 실현을 위한 중요한 방편이 될 것이다. 한국경제는 성장잠재력 하락과 성장동력 고갈에 직면해있다. 가파른 고령화로 인해 2045년엔 고령인구 비율이 37%로 일본(36.8%)을 추월할 것으로 예상되고 있으며, 여기에 저출산이 겹치면서 생산가능 인구비중은 2010년 72.8%에서 2060년에는 49.7%로 하락할 것으로 예상하고 있다.

문재인 정부는 성장동력 확보를 위해 신남방정책과 신북방정책의 날개를 펼쳐 한반도경제의 새로운 지도를 그리려고 한다. 새로운 시장창출로 경제활성화를 도모코자 하는 것이다. 그런데 신북방정책은 북한지역을

---

[12] 서보혁, 「남북신뢰구축과 교류협력의 선순환」, 『남북교류협력의 재조명』, 민족화해협력범국민협의회 정책위원회 엮음, 늘봄플러스, 2015, p.60

포함하지 않으면 한계가 있다. 남북협력은 신북방정책의 성공과 한반도 경제통합의 열쇠가 될 뿐만 아니라, 장기적으로 한반도 및 중국 동북3성, 그리고 러시아 연해주 지역을 망라하는 초국경 경제공동체로 발돋움하는 토대가 될 것이다.

둘째, 사회문화적 측면에서 남북협력은 유구한 역사와 문화를 함께 해온 민족공동체를 사회문화적으로 계승하고 미래세대의 건강한 삶을 위해 긴요하다. 분단이 길어지면서 남북은 언어와 생활방식 등에서도 차이를 보이고 있다. 신체발육 및 건강상태에 있어서도 적지 않은 격차가 나타나고 있다.

보건지표를 보면 2015년 기준 북한의 기대수명은 70.6세로 남한의 82.3세에 비해 10년 이상 차이가 난다. 5세 미만 영아 사망률(1,000명 당)은 25명으로 남한 3명의 8배를 넘으며, 산모 사망률은 인구 10만 명 당 82명으로 남한 11명의 7배를 초과한다. 2016년 기준 10만 명 당 결핵 발생률은 51.3명으로 남한 7.68명의 7배에 가깝다.13) 2017년 북한의 세계 기아지수는 28.2점으로 조사대상 119개국 중 27번째로 높았다. 전체 인구의 41%인 약 1,000만 명이 영양 부족을 겪고 있는 것으로 알려지고 있다.14)

비록 분단으로 인해 남북은 70여 년 다른 길을 걸어왔지만 언젠가는 하나가 되어야 할 운명공동체이다. 문화, 의료, 체육, 학술 등 사회문화 각 분야의 교류협력은 남북주민의 동질성 회복과 마음의 통일을 가져다줌으로써 민족공동체의 원형보존과 통일에 기여하게 될 것이다.

13) 이민주,「북한의 보건의료체계 현황」, Bio Economy Brief, October 2018, Issue 51, p.3

14) 구애림 · 조정훈 · 조진희,『북한을 읽다: 지속가능발전 프로젝트』, 두앤북, 2019, p.24

셋째, 안보 측면에서도 남북협력은 절실하다. 사드배치에 따른 한·중 갈등이나 한·일 군사정보보호협정(GSOMIA)을 둘러싼 한·일 갈등의 배경에는 북한의 존재가 자리한다. 만일 남북 간 군사적 긴장상태가 해소되어 평화체제가 정착된다면 한국은 굳이 주변 강대국들의 눈치를 보거나 무리한 요구에 흔들릴 이유가 없다.

만일 급부상하는 신흥강국을 기존 강대국이 견제하는 과정에서 전쟁이 발발한다는 '투키디데스 함정(Thucydides Trap)'이나 시카고대학교 석좌교수 미어셰이머(John J. Mearsheimer)의 비관적 예측처럼 중국과 미국이 일전을 벌이는 상황이 오면 어떻게 될까? 미어셰이머가 제시한 바에 따르면, 양국 간 전쟁은 상호 본토를 향한 직접 공격은 가능성이 낮다. 핵을 보유한 양국 간 전면전은 상상할 수 없기 때문이다. 대신 한반도, 대만, 남중국해, 센카쿠/다오위다오 제도, 중국과 페르시아만을 잇는 해상교통

> **잠깐만 보고 갈까요!!**
>
> ### '앗, 제2의 한국전쟁이 일어날 수도 있다고?
>
> 앨리슨 교수는 "김정은 정권이 외교적 프로세스로 문제를 해결할 수 없다는 걸 깨닫는다면 제2의 한국전쟁이 일어날 수도 있다"며 "북한이 미·중 전쟁의 도화선이 될 가능성이 있는 만큼 한국 정부의 적극적인 화해 이니셔티브가 필요하다"고 조언(2020년 10월22일자 중앙일보 인터뷰에서)했는데 이보다 두 달 전 동아일보 인터뷰(8월 18일자)에서도 미·중 간 군사적 충돌 가능성이 생각보다 높고 그 시발점은 한반도나 대만 등 제3지역이 될 수 있다면서 미·중 갈등이 최악의 상황으로 치닫지 않게 하기 위해선 '한국 역할'이 중요함을 강조하기도.

로에서의 전쟁 가능성을 제기한다. 그 가운데서도 지상전이 일어날 가능성이 높은 유일한 지역으로 한반도를 꼽는다. 남북 간 충돌이 발생하면 미·중 모두 말려들 수밖에 없기 때문이라는 것이다.15) 하버드대학교 석좌교수 그레이엄 앨리슨(Graham Allison) 역시 미·중이 실제 충돌할 경우 한반도가 무대가 될 수 있다고 경고한다.

이들의 예측은 비약일 수 있다. 하지만 우려대로 미·중 간 한반도에서 충돌이 일어난다면 그것은 청일전쟁이나 러일전쟁, 그리고 한국전쟁처럼 한반도를 전쟁터로 삼는 국제전이 될 공산이 크다. 비극적 결과는 설명을 요하지 않을 것이다. 상기 3개의 전쟁은 상당부분 한반도 내부의 분열에 원인이 있었으며 피해는 한민족인 우리에게 집중되었다. 여기서 얻는 교훈은 무엇인가? 다시는 한반도가 강대국들의 전쟁터가 되도록 해서는 안 된다는 사실이다. 남북협력이 절실히 요청되는 이유이다. 남북협력이 곧바로 통일을 가져다 줄 수는 없지만, 한국이 안고 있는 분단이라는 치명적 약점을 극복할 수 있는 차선의 방편이 될 수 있다. 남북한은 중장기적으로는 협력안보*를 통한 평화공동체 구축에 진력해야 할 것이다.

* '협력안보'란?
"냉전 이후 발전된 안보개념으로, 국가들이 안보분야에서 대화와 협력을 통해 안보위협과 불안을 제거함으로써 군사체계 간 대립관계를 청산하고 나아가 협력적 관계를 추구하여 상호 양립 가능한 안보목적을 달성코자 한다"

신범식, 「집단안보, 공동안보, 협력안보」, 함택영·박영준 편,
『안전보장의 국제정치학』, 사회평론, 2010. pp.271~272

15) 존 J. 미어셰이머 지음, 이춘근 옮김, 앞의 책, pp.526~527

이상에서 살펴본 것처럼, 남북협력은 미·중 패권경쟁시대에 남북 간 경제공동체, 생명공동체, 그리고 평화공동체를 지향함으로써 상호 윈-윈 하는 가운데 분단의 약점을 극복하고 자칫 강대국 다툼의 희생물로 전락하는 것을 방지하는 자기 방어적 의의를 지니고 있는 것이다.

2) 남북협력의 방향성과 원칙

남북협력과 남북통합은 결국 남·북한이 주도적으로 풀어야 할 문제이다. 하지만 평창올림픽을 계기로 순항하던 남북관계가 장기간 교착상태에 빠진 데서 보듯, 남북협력은 남한의 의지만으로는 한계가 있다. 북한이라는 상대 외에 현실적으로 미국 등 국제사회의 입장을 무시할 수 없기 때문이다. 만일 북핵문제를 해결하지 못한 상태에서 미·중 패권경쟁이 심화된다면 남북협력은 당사자의 의지에도 불구하고 큰 시련과 난관에 봉착할 것이다.

- **미국은?**
  국제사회의 제재를 내세워 남북협력에 비협조적으로 나올 소지가 크다.

- **중국은?**
  북한을 끌어들여 미국의 대중국 포위망에서 완충역할을 수행할 수 있도록 활용하려고 할 것이다.

- **러시아는?**
  미국에 대항하여 중국과 전략적 협력을 강화할 것이다.

> **• 일본은?**
> '인도·태평양 전략'을 내세워 미국과 더욱 밀착할 것이다.

이렇게 되면 한반도는 신냉전 전선이 고착화되면서 통일은 물론 남북협력마저 어려움에 빠질 가능성이 높다. 향후 10년이 남북관계는 물론 동아시아 안보환경과 관련해 매우 중차대한 시기라는 점을 직시할 필요가 있다.

따라서 성공적인 남북협력을 위해서는 앞에서 언급한 '3대 협력'을 조화롭게 추진하면서, 다음과 같은 세 가지 원칙에 유념해야 한다.

첫째, '일관성'이다.
상황에 따라 대응방법이나 수순에 약간의 차이가 있을 수는 있지만 남북 간 신뢰확보를 위해서는 기본적으로 일관성이 유지되어야 한다. 북한은 남한이나 미국이 정권이 바뀔 때마다 예전에 한 약속을 뒤집는다는 주장을 펼친다. 남한 내 보수세력은 북한이 매번 약속을 어긴다고 주장한다. 보는 관점에 따라 생각에 차이가 있을 수는 있다. 그러나 책임을 상대에게 전가하는 방식으로는 진정한 협력을 이룰 수 없다. 적어도 한국은 약속한 바를 성실히 이행한다는 일관된 믿음을 주는 것이 남북 간 신뢰회복과 성공적 교류협력의 관건이 될 것이다.

둘째, '효과성'이다.
남북협력은 성과를 극대화할 수 있는 방향으로 추진되어야 한다. 북한은 우수한 인적자원에도 불구하고 여러 가지 이유로 저개발국가에 머물고 있다. 후발주자이니만큼 어려움은 있지만, 시행착오를 반면교사로 삼아 짧은 시간 내에 많은 것을 이뤄낼 수도 있다. 협력의 성과를 극대화하기 위해선 당사자인 북한의 수요와 기대를 감안한 남북협력이 필요하다. 또한 손쉬운 분야부터 시작해서 차츰 어려운 분야로 협력을 확대하는 것이 바람직하다.

예를 들어 북한은 경제발전 과정에서 경공업 분야가 중공업이나 농업 분야에 비해 투입대비 산출효과가 높은 것으로 판단되므로 산업협력의 경우 경공업을 우선하여 협력하는 것이 바람직하다. 그리고 시장화의 급진전이나 4차 산업혁명을 겨냥한 경제협력 또한 필요할 것이다.

셋째, '지속가능성'이다.
북한의 발전은 물론 한반도공동체의 미래를 위해서도 지속가능한 발전을 고려해야 한다. 지속가능발전목표(SDGs: Sustainable Development Goals)를 강조하고 있는 UN과의 협력을 활용할 필요가 있다. UN의 대북전략은 ① 식량 및 영양안보, ② 사회개발 서비스, ③ 복원력과 지속가능성, ④ 데이터와 개발관리 등 주요 4가지 카테고리로 분류하여 SDGs 사업과 연계하는 방식으로 구성되어 있다. 사업 중 기아종식을 위한 농업협력과 기후변화 대처 등 한반도 생태환경 개선사업에서 관련기구와 협력을 모색할 필요가 있다. 중장기적으로는 북한 산업발전에서 최대 장애요인이 되고 있는 에너지난 해소와 인프라 개선 등에서 협력사업을 추진하는 것이 바람직하다.

3) 남북협력의 실천 방안

2019년 2월 하노이 북미정상회담 결렬 이후 남북관계는 이렇다 할 진전을 보지 못하고 있다. 2018년 9월 평양 정상회담 때, 능라도 5·1경기장에서 문 대통령에게 15만 군중을 향해 역사적인 연설 기회까지 주었던 북한 당국이 조롱에 가까운 막말을 던지기도 했다. 2020년 6월에는 2018년 「판문점선언」에 의해 개설한 남북공동연락사무소 건물을 일방적으로 폭파하기도 했다. 이러한 상황에 직면하면서 남북협력에 원론적으로 찬성하던 국민들도 실망과 분노를 표하곤 한다.

하지만 남북협력은 일시적인 감정이나 이해타산에 급급해서는 안 되는 장기적 과제이다. 남북협력을 성공적으로 이끌기 위해서는 앞에서 언급한 원칙을 염두에 두면서 큰 그림 속에 남북협력을 진행할 필요가 있다. 현 시점에서 필요한 전략은 두 가지이다. 하나는 남북협력이 나아갈 방향, 즉 통일문제까지 고려한 정치경제공동체건설이라는 중장기적 대응방안이며, 다른 하나는 남북협력을 가로막고 있는 결정적 원인인 북핵문제를 슬기롭게 해결하기 위한 중단기적 대응방안이다.

(1) '남북경제공동체' 형성과 '남북연합' 구축 병행
민주화 이후 노태우 정부는 '한민족공동체 통일방안'을 마련했으며, 김영삼 정부는 이를 다듬어 '민족공동체 통일방안'으로 제시한 바 있다. 이후 보수와 진보정파 간의 정권교체와 남북관계의 변화는 있었지만, '화해협력 → 남북연합 → (법적인) 통일'이라는 3단계 통일정책(민족공동체 통일방안)은 큰 틀에서 대한민국의 명실상부한 통일방안으로 자리 잡으며 현재

에 이르고 있다.[16] 이 방안은 남북 양 체제가 일정기간 병존하면서 체제 간의 차이나 격차 등을 점진적으로 해소하는 과정을 통해 통일에 이른다는 현실적 판단에 근거하고 있다.

따라서 앞으로의 남북협력 과정과 통일 프로세스는 국민적 합의가 확보된 동 방안에 맞추어 단계적으로 실행에 옮기는 것이 바람직하다. 아울러 북한과의 관계에 있어서도 경제교류와 협력을 통한 경제공동체 건설을 추진하면서 동시에 남북연합을 구축하는 노력을 병행할 필요가 있다.

이는 분단 이후 최초로 열린 2000년 6월 정상회담에서 채택된 「6·15 공동선언」 제2항 "남과 북은 나라의 통일을 위한 남측의 연합제안과 북측의 낮은 연방제안이 서로 공통성이 있다고 인정하고 앞으로 이 방향에서 통일을 지향시켜 나가기로 하였다"를 실천하는 길이기도 하다. 2021년부터 약 10년은 남북정치경제공동체 건설전략의 첫 번째 국면으로 다

[16] 강원택, 『한국정치론』, 박영사, 2019, p.431

〈그림 4〉 3단계 통일정책(민족공동체 통일방안)

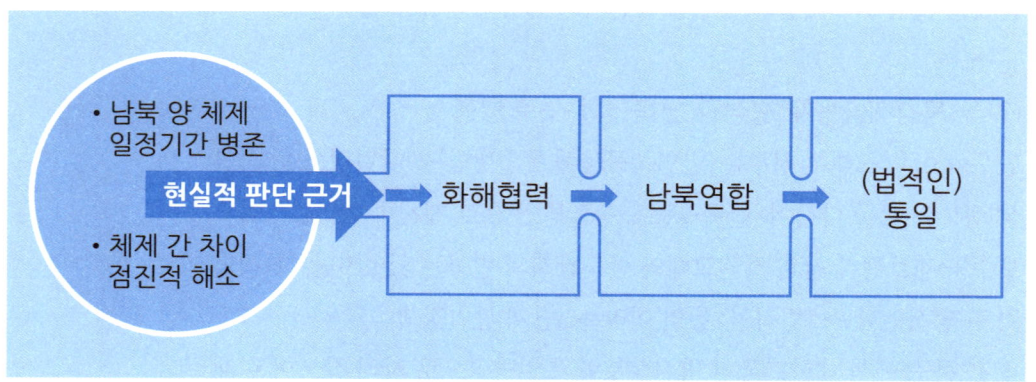

'뜨거운 두 손' 아래 '하나'
6·15 남북공동선언문 서명에 앞서 2000년 6월 14일 밤 평양 목란관 만찬에서 맞잡은 손을 들어올려
참석자들의 박수에 답례하는 김대중 대통령과 김정일 국방위원장.　　　　　　　　출처 : 연합뉴스

음 페이지에 있는 〈그림 5〉에서 보는 바와 같이 남북한이 교류·협력을 확대·강화하여 '남북경제공동체'를 심화·발전시키고(남북경제공동체 기반형성기), 평화체제 구축을 통해 '남북연합'의 실현을 준비한다.(경쟁적 공존 후반부). 이 기간은 '사실상의 통일'을 준비하는 시간이기도 하다. 제1국면이 지나 제2국면(약 11년 이후부터 20년 간)에 접어들게 되면 북한의 체제안전이 보장되면서 북한이 사회주의 시장경제를 받아들여 본격적인 개혁·개방에 나설 수 있을 것으로 기대된다. 이때쯤(약 2040~2060년 경)이면 남북경제공동체가 경제통합 측면에서 자유무역단계를 거쳐 관세동맹 수준으로 진입하게 되며 정치적으로는 '남북연합'을 완성하여 '사실상의 통일(de facto unification)'을 달성할 수 있게 될 것이다.

<그림 5> 남북정치경제통합모델

단계* 모델 및 이론		과거 1단계	현재			미래	
			2단계	3단계		4단계	5단계
정치통합		적대적 공존	경쟁적 공존	남북연합		연방국가	완전한 통일국가
경제통합	남북경제 공동체		남북경제공동체				
			기반 형성기	심화 발전기	성숙기		
	경제통합 단계**		자유무역				
				관세동맹			
					공동시장		
						경제·화폐동맹	
							완전한 경제통합
남한의 통일방안			화해협력단계	남북연합		통일국가	

* 단계별 구분에서 1단계는 한국전쟁 이후부터 1990년대 초반까지, 2단계는 1990년대 중반부터 향후 남북경제공동체 기반형성 시점까지이며, 3단계 이후는 기간을 구체적으로 명시하지 않았음
** 경제통합단계 중 음영부분의 옅은 색은 통합의 낮은 정도를, 짙은 색일수록 높은 정도를 의미함

자료 : 추원서, 『신기능주의적 관점에서 본 남북경제공동체 연구 - 정치통합조건으로서의 경제통합』, 고려대 박사학위논문, 2005.12, p.241

잠깐만 보고 갈까요!!

'경제통합'의 측정징표와 이정표로 활용함에 있어서…

경제통합 수준의 측정 징표로 발라사(Balassa)의 5단계 경제통합론(①자유무역지대, ②관세동맹, ③공동시장, ④경제 및 통화동맹, ⑤완전한 경제통합)이 있다. 그의 고전적 경제통합론은 이질적 경제체제와 커다란 경제격차, 주권문제를 가진 남북한 경제통합에 그대로 적용되기에는 무리가 있지만, 경제적 이질성을 해소해 나가고 경제격차를 좁혀나가는 경제통합 수준의 측정징표와 이정표로 이를 활용코자 함이다.

'사실상의 통일'의 정치적·제도적 표현인 '남북연합'은 그 자체가 통일로 가는 과도기 정치연합이라는 점에서, 그리고 남북정상이 분단 이후 최초로 합의한 통일방안의 현실적 구현이라는 점에서 중대한 역사적·실질적 의미를 안고 있다. 문재인 정부 역시 큰 틀에서 볼 때 이와 같은 방향으로 통일문제를 추진하고 있는 것으로 보인다. 따라서 앞으로 약 10년 동안은 남북 간 신뢰를 바탕으로 남북연합을 착실히 준비하고 남북경제공동체 형성을 위해 전력투구하는 것이 중요하다.*

> * '남북연합' 실현 시기는 언제, 어떤 전제로?
> 남북연합의 실현시기를 놓고 '김대중의 3단계 통일론'은 남북한 주민들 자신이 통일을 원하고 남북당국이 정치적 결단을 내릴 경우 어렵지 않게 이루어질 수 있다고 보는 반면, 본고의 필자는 어느 정도 남북한 간에 신뢰가 구축된 이후에야 가능하다고 보았던 정부의 공식 입장에 가까운 견해를 가지고 있다.
>
> 아태평화재단, 『김대중의 3단계 통일론- 남북연합을 중심으로』,
> 아태평화출판사, 1995, p.38 중에서

한편 남북경제공동체가 심화 발전기를 거쳐 성숙기에 들고 남북연합이 이루어지면, 남북 간 인적·물적 이동과 교류가 보다 원활하게 이루어지면서 남북주민 간 통일국가라는 인식과 정서적 유대가 공유되기 시작한다.

경제통합 수준에서도 관세동맹이 성숙되어 공동시장에 접근하게 되어 통일의 마지막 단계인 '법적인 통일'로 가는 기반을 마련하게 될 것이다. 남북연합은 절반의 통일을 의미한다고 할 수 있다. 이 상태가 되면 한국은 미·중 패권경쟁에서 운신의 폭을 넓히면서 동북아 평화를 견인하는 역할을 수행할 수 있게 된다. 향후 남북협력은 북한으로 하여금 흡수통일에 대한 의구심을 지워주면서 남북 모두 수용 가능한 '남북정치경제공동체 건설'이라는 큰 틀 내에서 이루어지는 것이 보다 효율적이며 바람직할 것이다.

(2) 북핵문제의 슬기로운 해결

남북협력의 진전을 가로막고 있는 최대 장애요인은 북핵문제이다. 김정일 시대에는 상당수준의 협력이 이루어지던 시기도 있었으나, 김정일 시대 말부터 좁아지던 남북 간 경제협력의 문은 김정은 시대 들어 2016년 2월 북한이 4차 핵실험과 장거리 미사일(로켓)을 발사하자 남한 정부가 개성공단 폐쇄를 결정하면서 완전히 닫히게 되었다. 북한은 2013년 3월 '경제-핵 병진 노선'을 제시한 후 핵과 미사일 실험을 계속하다 2017년 11월 화성15형 장거리 미사일 발사를 끝으로 '핵 무력 완성'을 선언하기에 이른다. 이 시기를 전후하여 한때 전쟁 위험성마저 거론되기도 했다.

2018년 초 평창올림픽을 계기로 남북관계가 급진전되면서 북한은 동년 4월 20일 노동당 중앙위원회 제7기 제3차 전원회의를 열어 '경제-핵 병진 노선'을 공식 폐기하고 '경제건설에 총력을 집중'하는 전략을 채택하였다. 또한 "4월 21일부터 핵실험과 대륙간탄도로켓(ICBM) 시험발사를 중지할 것"과 "핵실험 중지를 투명성 있게 담보하기 위하여 공화국 북부 핵실험장을 폐기할 것"을 천명하고 실천에 옮겼다. 이후 4월부터 5개월 간 세 차례에 걸쳐 남북정상회담이 개최되었고 6월에는 역사적인 북·미 정상회담이 개최되었다. 이 과정을 통해 한반도 비핵화와 평화체제 정착, 그리고 새로운 북·미 관계 수립 등에 대한 합의가 이루어졌다.

특히 4·27 「판문점선언」에서는 한반도의 완전한 비핵화를 위해 남북이 공동 노력키로 합의했다. 하지만 이후 어렵게 열린 2019년 2월 하노이 2차 북·미 정상회담이 결렬되면서 북핵 문제는 다시 미궁에 빠지고 말았다. 동년 6월 30일 판문점에서 남·북·미 정상의 회동이 성사되면서 돌파구가 마련될 것으로 기대되었지만 이후 이렇다 할 진전이 없는 상태이다.

북한은 자신이 설정한 2019년 말까지 미국의 양보가 없자, 2019년 12월 28일부터 31일까지 노동당 중앙위원회 제7기 제5차 전원회의를 열고 '자력갱생을 통한 정면돌파'를 선언하면서 '새로운 전략무기 개발'과 '충격적 실제행동'을 공언하기에 이른다.[17]

이에 따라 그동안 중재자와 촉진자를 자처하며 문제해결에 진력하던 한국의 입장이 어려운 상황에 처하게 된다. 무엇이 잘못된 것일까? 하노이 노딜의 문제점을 지적하지 않을 수 없다. 당시 북한이 제안한 영변 핵 시설 폐기 범위와 대가(제재 해제)에 대해 양측 주장이 달라 어느 쪽에 책임이 크다고 단언할 수는 없지만, 하노이 노딜은 어렵게 시동을 건 비핵화 열차를 멈추게 만든 결정적인 원인이었다는 점은 부정하기 어렵다. 물론 북핵문제가 미국이 원하는 바대로 가까운 시일 내에 좋은 결말을 낼 수만 있다면 기다리는 것도 한 방법이 될 수 있다. 그러나 지금까지의 경과

[17] 박종철, 「북한의 새로운 길의 전략과 북미 협상 전망」, UN 피스코 2020 신년포럼 발제문, 2020.1.8

로 볼 때 미국의 복안은 현실화되기 어려울 것이다. 강력한 제재는 대화와 양보를 압박하는 수단으로 어느 정도 효능이 있겠지만, 북핵문제의 본질적 해결수단으로는 한계가 있기 때문이다. 북한은 많은 기회비용을 지불하면서 핵 보유에 매진해왔다. 제재가 강화되면 어쩔 수 없이 북한이 핵을 포기하리라는 생각은 순진한 생각이다. 분명한 것은 체제안전에 대한 보장이 없다면 북한은 이미 개발한 핵무기를 포기할 가능성이 전혀 없다는 점이다.

따라서 한국 정부는 다시 냉정한 현실인식을 토대로 '중재자'에서 팔을 걷어붙이고 '해결사'로 나서야 한다. 이를 위해서는 먼저 새롭게 출범한 미국의 바이든 정부와 조율을 통해 1999년 클린턴 정부에서 마련된 '페리 프로세스*'와 같은 합리적이면서도 단계적인 해결방안을 마련해 실행에 옮겨야 할 것이다. 미국 역시 진정으로 북핵문제 해결을 원한다면, 한반도문제의 당사자인 한국의 독자적 공간을 인정하고 한국 정부에 힘을 실어주어야 한다.

> *** 페리 프로세스(Perry Process)**
> 북한의 대포동 로켓(1998. 8) 발사 등으로 인한 북·미 간의 위기상황이 고조되면서 미 클린턴 정부가 대북정책 조정관으로 페리 전 국방장관을 임명, 1999년 5월 방북 등 양국 현안 논의 끝에 동년 10월에 내놓은 대북정책. 대북 포용 기조 하에 1단계 북한의 미사일 발사 중지와 미 대북 경제제재 해제, 2단계 북한의 핵과 미사일 개발 중단, 3단계 북미 및 북일 관계정상화와 한반도 평화체제 구축 등을 권고하는 내용.

그렇다면 왜?

북한 핵문제는 이번 기회가 아니면 해결이 쉽지 않다고 보는가.

그것은 북한의 입장도 있지만
미국 역시 북핵문제를 미·중 패권경쟁시대에
외교·군사적 카드로 활용할 가능성이 있기 때문이다.

북핵해결이 어렵다고 볼 경우 미국은 군사적 옵션 외에 한국과 일본의 핵무장을 용인할 수도 있다. 그렇지만 더 가능성이 높은 것은 북핵불용을 외치며 이를 이용하여 일본과 한국 등 부강한 동맹들을 대중 견제에 활용하려고 할 가능성이 있다는 점이다.

사실 이번 기회를 놓치게 되면,

북한은?

국제사회의 제재로 계속 경제적 곤궁에서
벗어날 수 없게 되며,

한국은?

남북협력과 신북방 정책을 사실상
진전시키지 못한 채
외교의 자율성을 속박당하는 딜레마에
빠질 가능성이 높다.

결국 패자는 남과 북이 되고 마는 것이다.

이와 같은 냉정한 현실과 과거의 시행착오를 감안할 때, 북핵문제 해결을 위한 남한정부의 창의적 해법 마련과 실천이 그 어느 때보다 절실한 상황이다.

5. 맺는말

동아시아는 이미 미·중 간 패권경쟁시대에 돌입했다. 이에 따라 향후 10~30년에 걸쳐 동북아 안보 및 경제환경은 격랑에 휩싸일 가능성이 높다. 중국의 경제력은 2030년을 전후해 미국을 추월하겠지만, 군사력을 포함한 종합국력에서는 여전히 미국이 패권적 지위를 유지할 것이다. 한국은 향후 미·중 관계가 우호적이고 협력적인 방향으로 전개되는 것을 원하지만, 양국 관계는 전략경쟁과 전략적 충돌 사이에서 요동칠 가능성이 높아 보인다. 지금까지 안보는 미국에, 경제는 중국에 많은 부분을 기대며 발전을 거듭했던 한국으로서는 난처한 처지에 직면할 수도 있을 것이다.[18]

> **잠깐만 보고 갈까요!!**
>
> **'이념' 탓에 같은 민족끼리 철천지 원수?**
>
> 이념(Ideology)은 19세기 유럽에서 생겨났지만, 정작 그들은 이념의 포로가 되어 같은 민족끼리 피를 흘리며 싸우지는 않았다. 세계사적으로 이념 때문에 같은 민족끼리 철천지 원수처럼 싸운 나라는 어디에도 없다. 그렇다면 남과 북, 우리는?

---

[18] 미국이 대 중국 견제를 위한 군사포위망에 한국의 참여를 요구하거나 중거리 미사일의 한국 배치를 시도하는 경우 등이다

이러한 상황에서 한국의 대응전략의 핵심은 '자강을 기초로 한 3대 협력의 전개'이다. 강대국을 주변에 둔 약소국이 자신의 안전을 확보하는 방책은 국가의 내부역량을 극대화하고 외부로부터 가해지는 영향력을 극소화시키는데 있다. 주변 강대국에 휘둘리지 않기 위해서는 꾸준히 경제를 발전시키고 스스로를 지킬 수 있는 국방력을 갖추는 한편, 국민의 힘을 결집시킬 수 있는 남남협력, 실용적이면서도 균형적인 국제협력, 자해행위를 삼가면서 민족역량을 극대화하는 미래 지향적 남북협력을 추진해야 한다.

안타깝게도 한국인은 흑백논리와 이분법적 사고에 익숙하다. 이성보다는 감정에, 실리보다는 명분에 치우치는 경향이 있다.

앞으로 한국은 미·중 경쟁 사이에서 양자택일의 배타적 선택을 거부하고, 한·미동맹을 발전적으로 유지하면서도 중국으로부터 우호적 협력을 확보해 나갈 필요가 있다. 한국은 미국의 충실한 동맹국이긴 하지만, 지정학적 위상과 통상구조로 인해 미국의 안보구상을 마냥 추종할 수만은 없는 입장에 있다.[19] 장차 한반도의 통일을 위해서도 미·중 두 나라의 협조를 구하는 것은 매우 중요하다. 이러한 특수한 상황에 대해 한국은 미국의 이해를 구할 필요가 있다.

만일 북한 핵문제를 해결하지 못한 상태에서 미·중 패권경쟁이 격화된다면 남북협력은 당사자의 의지에도 불구하고 어려움에 봉착할 가능성이 높다. 미국은 국제사회의 제재를 내세워 남북협력에 비협조적으로 나올 소지가 있으며, 중국은 북한을 끌어들여 미국의 대중국 포위망에서 완충

[19] 전봉근, 앞의 글, p.59

역할을 수행케 함으로써 한반도에는 새롭게 신냉전 전선이 고착화될 가능성이 있다. 향후 10년이 남북관계는 물론 동아시아 안보환경과 관련해 매우 중차대한 시기라는 점을 직시해야 할 것이다.

남북협력은 한국경제에 새로운 성장 돌파구를 제공하며, 한반도에 살게 될 미래세대의 건강을 지켜주며, 미·중 패권경쟁에서 비롯되는 전쟁 위험으로부터 벗어날 수 있는 안전핀의 역할을 하게 될 것이다. 다시 말해 한반도를 경제공동체, 생명공동체, 평화공동체로 만들어 준다는 의미가 있다. 특히 남북협력을 통한 한반도에서의 평화정착은 자칫 있을지도 모를 미·중 간 충돌을 막아줌으로써 한반도와 동북아지역의 전쟁방지와 평화에 기여하게 될 것이다.

남북협력을 실행함에 있어서는 일관성, 효과성, 지속가능성이라는 세 가지 원칙을 중시해야 한다. 필요한 실천방안은 두 가지이다.

하나는 남북협력이 나아갈 방향, 즉 통일문제까지 고려한 중장기적 대응방안으로 남북정치경제공동체 건설, 즉 '남북경제공동체' 형성과 '남북연합'의 구축을 병행해서 추진하여 **'사실상의 통일'**을 이루는 것이다.

다른 하나는 남북협력을 가로막고 있는 결정적 원인인 **북핵문제를 슬기롭게 해결하는 것**이다. 북핵문제 해결을 위해 모처럼 찾아온 이번 기회를 놓치게 될 경우, 북한은 국제사회의 제재로 계속 경제적 곤궁에서 헤어날 수 없게 되며, 한국은 남북협력과 신북방정책을 사실상 진전시키지 못함은 물론, 외교의 운신 폭을 크게 제한받는 딜레마에 빠질 가능성이 높다. 다시 강조하지만 결국 패자는 남·북한이 되고 만다.

냉정한 현실 인식과 과거의 시행착오를 감안하여 북핵문제 해결을 위한 한국 정부의 창의적 해법 마련이 어느 때보다 절실한 상황이다. 이제 '중재자'가 아니라 '해결사'로 나서야 한다. 힘은 국민으로부터 나오게 될 것이다. 어느 때보다 성숙된 국민의 정치의식과 국민적 단합이 필요한 때이다. 특히 정치권의 각성과 언론의 건설적 역할, 그리고 지식인들의 분발과 헌신이 긴요하다. 지금은 통일한반도의 주춧돌을 놓기 위한 역사적인 과업에 모든 국민이 힘을 모을 시간이다.

참고문헌

강원택, 『한국정치론』, 박영사, 2019

구애림, 조정훈, 조진희, 『북한을 읽다: 지속가능발전 프로젝트』, 두앤북, 2019

김근식, 「남북관계와 통일」, 장달중 편, 『현대북한학강의』, 사회평론, 2014

남궁 영, 『강대국 정치와 한반도: 미·중의 패권경쟁』, 오름, 2016

리처드 맥그레거 지음, 송예슬 옮김, 『미국, 새로운 동아시아 질서를 꿈꾸는가』, 메디치미디어, 2019

민족화해협력범국민협의회 정책위원회 엮음, 『남북교류협력의 재조명』, 늘봄플러스, 2015

아태평화재단, 『김대중의 3단계 통일론- 남북연합을 중심으로』, 아태평화출판사, 1995

앨프리드 맥코이(Alfred McCoy) 지음, 홍지영 옮김, 『대전환(In the Shadows of the American Century)』, 사계절, 2019

이민주, 『북한의 보건의료체계 현황』, Bio Economy Brief, October 2018, Issue

이춘근, 『미중 패권경쟁과 한국의 전략』, 김앤김북스, 2017

이호재, 『약소국 외교정책론』, 법문사, 1978, p.115

전봉근, 「미중 경쟁시대 한국의 '중간국' 외교전략 모색」, 『정책연구시리즈 2019-03』, 국립외교원 외교안보연구소, 2019. 12. 29

조지프 S. 나이 지음, 이기동 옮김, 『미국의 세기는 끝났는가(Is the American Century Over?)』, 프리뷰, 2015

존 J. 미어셰이머(John J. Mearsheimer) 지음, 이춘근 옮김, 『강대국 국제정치의 비극: 미중 패권경쟁의 시대』, 김앤김북스, 2017

추원서,「신기능주의적 관점에서 본 남북경제공동체 연구 - 정치통합조건으로서의 경제통합」, 고려대 박사학위논문, 2005.12

한용섭,『미중 간 변화하는 세력균형과 동북아의 평화구조』, 한용섭 편,『미중 경쟁시대의 동북아 평화론: 쟁점, 과제, 구축전략』, 아연출판부, 2010

함택영·박영준 편,『안전보장의 국제정치학』, 사회평론, 2010

Balaam, David N. and Bradford Dillman, Introduction to International Political Economy, Boston: Pearson Education, Inc; 5th ed, 2011

Dougherty, James E and , Robert L. Pfaltzgraff, Jr., Contending Theories of International Relations, Philadelphia: J.B. Lippincott Company, 1971

Bergsten, C. Fred, Charles Freeman, Nicholas R. Lardy and Derek J. Mitchell, China's Rise, Washington, DC: Peterson Institute for International Economics, 2008

중앙일보 등 언론기사

Chapter 02 　바이든 新행정부의 대외전략과 한반도정책

동맹 복원·강화, 재구상 아래 '미국이익' 견지 '1순위'

1. 미 대통령 선거 결과와 의미
2. 미 민주당의 대외정책과 바이든 대통령 정치성향
3. 바이든 행정부의 대외전략
4. 바이든 행정부의 한반도정책
5. 미 新행정부 출범과 한미관계 시사점

조성렬

서울대 공과대학 화학공학과 졸업
성균관대 대학원 정치외교학 정치학 박사

현, 국가안보전략연구원 자문연구위원
    북한대학원대학교 초빙교수
    청와대 국가안보실 정책자문위원
    국방부 정책자문위원
    민주평통 상임위원
    남북국회회담 추진 자문위원
    동북아평화협력연구원 연구위원
전, 한국국제정치학회 부회장
    한국평화연구학회 부회장
    북한연구학회 회장
    일본 도쿄대학 방문연구원
    일본 게이오대학 방문연구원
    중국 외교학원 방문연구원

〈저서〉
- 『정치대국 일본: 일본의 정계개편과 21세기 국가전략』, 나라사랑, 1994
- 『주한미군 역사 쟁점 전망』(2인공저), 한울아카데미, 2009
- 『한반도 평화 체제: 한반도 비핵화와 북한 체제의 전망』, 푸른나무, 2007
- 『뉴 한반도 비전: 비핵 평화와 통일의 길』, 백산서당, 2012
- 『전략공간의 국제정치: 핵, 우주, 사이버 군비경쟁과 국가안보』, 서강대학교출판부, 2016
- 『한반도 비핵화 리포트: 포괄적 안보-안보 교환론』, 백산서당, 2019
- 『닉슨 행정부 시기 주한미군 감축협상』, 국립외교원, 2020

〈주요 연구 및 논문〉
- 「새로운 동북아 비핵질서의 모색: 한반도 비핵화와 동북아 비핵지대의 병행 추진」, 『JPI 정책포럼』 2017-9, 제주평화연구원, 2017. 12
- 「문재인 정부 대북정책의 과제와 전망: 한반도 비핵화와 평화체제 비전을 중심으로」, 『통일정책연구』 제26권 1호, 통일연구원, 2017. 6
- 「한반도문제의 해결과 3단계 평화론-적극적 평화론을 중심으로」, 『동북아연구』 제30권 1호, 조선대학교, 2015

• E-mail : innscsr@naver.com

Chapter 02 바이든 新행정부의 대외전략과 한반도정책[1]

동맹 복원·강화, 재구상 아래
'미국이익' 견지 '1순위'

1. 미 대통령 선거 결과와 의미

바이든 후보가 역대 최다득표인 8,128만 표를 얻어 제46대 대통령에 당선되었다. 지금까지 최다득표의 기록은 2012년 오바마 대통령이 얻은 6,950만 표였다. 이번에 트럼프 대통령도 비록 낙선했으나 7,422만 표를 얻었다. 4년 전에 6,300만 표로 당선됐을 때보다 1,100만 표 이상을 더 얻은 것이다.

지금까지 현직 대통령이 재선에 실패한 경우는 5번으로 윌리엄 태프트, 허버트 후버, 제럴드 포드, 지미 카터, 조지 H.W. 부시 등이다. 트럼프는 현직에서 재선에 실패한 6번째 대통령이 되었다. 재선에 성공해서 2회

[1] 이 글은 한국군사문제연구원의 반년간지 『KIMA 정책연구』제2호(2021년 1월)에 게재된 논문을 수정, 보완한 것임

이상 대통령을 지낸 사람이 45대 대통령 중 20명으로, 프랭클린 루즈벨트 대통령은 그중에서도 3회 연임을 했으며, 그로버 클리블랜드는 22대 대통령을 지낸 뒤 24대에 다시 당선되어 대통령을 지냈다.

이번 미 대통령 선거와 함께 치러진 상원의원 선거에서는 35석을 놓고 공화당과 민주당이 다투었다. 그 결과 2021년 1월 5일에 실시된 조지아주 결선투표(run-off)에서 민주당 후보가 2석을 모두 차지함으로써, 전체 100석 가운데 민주당과 공화당이 50석씩 나눠 갖게 되었다. 2016년 공화당 51석, 민주당 49석이었고, 2018년 공화당 53석, 민주당 47석(무소속 1석 포함)으로 연속해서 공화당이 다수당이었지만, 이번 선거결과 부통령이 당연직 상원의장이 되어 캐스팅 보트권을 쥐게 된 집권 민주당이 사실상 다수당이 되었다. 미 대선 및 상원의원 선거와 함께 실시된 하원의원 선거에서는 전체 435석 가운데 민주당 223석, 공화당 212석으로 민주당이 다수당 지위를 유지했다. 기존 의석수는 공화당 197석, 민주당 232석으로 민주당이 다수당이었으나, 이번 선거로 공화당이 15석 증가하고, 민주당은 9석이 삭감되는 등 변동되었다.

이번 대통령 선거와 상·하원 선거 결과, 미 민주당이 행정부와 상하 양원을 모두 장악하는 삼관왕(triple crown)을 기록했다. 이번 선거에서 민주당이 행정부와 연방의회를 장악한 것은 바이든 행정부가 선거캠페인에서 내건 여러 정책들이 안정적으로 추진될 수 있는 입법기반이 마련된 것을 의미한다. 미국의 주요 외교정책은 조약방식의 경우 상원 2/3의 동의를 통해 합의가 이뤄지기 때문에 민주당이 일방적으로 운영하긴 어렵다. 다만 일반적인 외교사안의 입법화하는 의회행정협정의 경우는 하원과 상원에서 과반수의 동의가 필요하기 때문에 민주당 행정부의 대외정책이 안정적으로 운영될 수 있게 될 것이다.

이 글은 미국의 신행정부의 대외정책과 한반도정책을 분석하고 전망하는 것을 목적으로 하고 있다. 그동안 민주당의 정강정책과 바이든의 기고문, 선거연설, TV토론, 그리고 바이든 캠프의 주요 인사들이 밝힌 입장 등을 통해 바이든 신행정부의 대외정책과 한반도정책을 분석해 볼 수 있을 것이다.

2. 미 민주당의 대외정책과 바이든 대통령 정치성향

1) 미 민주당의 대외정책 특징

(1) 미 민주당 대외정책의 두 흐름

역대 미 민주당의 대외정책은 크게 트루만 형(型)과 카터 형(型)의 두 흐름

> **잠깐만 보고 갈까요!!**
>
> **역대 미 민주당의 대외정책 흐름 '주류 대 비주류'**
> - ▶ **주류 입장 트루만 형**(型)
>   - 이데올로기 색깔이 짙은 국제협조주의 표방하면서도 하드파워 효용을 부정하지 않고 힘의 외교 적절히 구사
> - ▶ **비주류 대변 카터 형**(型)
>   - 국제협조주의가 내포한 유연한 이상주의에 바탕을 두고 군사력 증강이나 무력개입에 소극적인 태도 견지

이 존재한다. 베트남 전쟁 이후 민주당이 외교안보정책에 취약하다는 인상을 미국민들에게 심어주게 된 것은 당내 반전(反戰) 세력의 영향을 받아 군사력 증강이나 무력개입에 소극적인 자세를 보인 카터 형 정책을 취했기 때문이다. 이후에도 주로 국내 사회문제를 둘러싸고 정책이데올로기 차이로 인한 민주당 내의 분열로 외교안보정책에 대한 통일된 정책 수립이 차질을 빚곤 했다.

미 민주당의 외교안보정책이 부재하다는 미국국민들의 불신은 2001년 9·11 테러사태 이후 증폭되어 2002년 중간선거, 2004년 대선에서 민주당이 연속 패배하는 결과를 가져오기도 했다. 2004년 대선에서 공화당의 강경한 대테러 정책과 달리 민주당이 확고한 안보정책을 제시하지 못한 것이 패인이라는 자체평가가 나오면서, 민주당의 오바마 후보는 2008년 11월 대선 때 트루만 형 외교안보정책에 역점을 두게 되었다.

(2) 미 민주당 대외정책과 진보적 의제

이념을 내세워 공화당의 선거승리를 가져온 이른바 1994년의 '깅그리치 혁명' 이후 미 공화당과 민주당의 이념적인 간격이 점차 확대되었다. 1950년대 아이젠하워 행정부 이래 40여 년 간 의회 내 소수파였던 공화당이 선명한 '보수' 기치를 내건 공화당 하원의장 깅그리치의 지도력에 힘입어 1994년 선거 이후 상·하 양원에서 다수파를 차지하기에 이른 것이다. '깅그리치 혁명'*에 자극을 받은 미 민주당도 진보적 이념색채를 강화하여 2004년 대선에서의 석패(惜敗)를 끝으로 2006년 중간선거에 승리함으로써 상·하 양원의 다수파 지위를 회복하였다. 특히 민주당 내 진보파들은 2008년 대선에서 오바마 상원의원을 후보로 추대하여 당선시킴으로써 미국 양당 간의 이념적 간극은 더욱 확대되었으며, 민주당

> **✳ '깅그리치 혁명'**
>
> 1950년 아이젠하워의 대통령 재임시절 이래 1994년까지 소수당에 불과하던 공화당. 그러나 1979년 의회에 입성, 89년부터 공화당 하원의원회 총무총대를 쥔 뉴트 깅그리치의 개혁적 이념정당으로의 탈바꿈 노력 끝에 1994년 말 치러진 선거에서 40여 년 만에 처음으로 민주당을 물리치고 상·하 양원을 장악하는 전대미문의 정치적 성공을 이룬다.

이 상·하 양원을 지배함으로써 진보정치의 실현 가능성도 커졌다. 하지만 유례없는 금융위기를 극복하기 위해 미 의회의 협조가 절대적으로 필요했던 오바마 행정부는 이념적 격차를 선명히 하기보다 초당파 내각을 구성하여 위기 돌파를 모색하게 되었다. 그리하여 오바마 대통령은 진보적 의제를 '오바마케어' 등 국내 현안에 국한시키고, 당내 중도보수파 힐러리 클린턴을 제1기 행정부 국무장관에 임명하여 외교를 지휘하게 했을 뿐만 아니라 공화당계 인물까지 내각에 두루 기용함으로써 급격한 정책 전환을 자제하였다.

이로 인하여 오바마 대통령을 적극적으로 밀었던 민주당 내 진보파들이 강한 불만을 나타내자, 제2기 행정부에 들어와 웨스트포인트 연설(2014. 5. 28.)연설에서 '오바마 독트린'을 발표하는 등 진보색채를 다소 회복하는 모습을 보였다. 민주당 내 진보층은 2016년과 2020년 대통령선거 경선에서 사회민주주의자 버니 샌더스 후보를 지지하여 돌풍을 야기하였다. 2020년 미 대통령 민주당 경선에서 샌더스는 중도 사퇴하며 바이든 후보를 지지하는 대신에 정책공약에 진보적 의제를 다수 반영하는 데 주력했다.[2]

[2] Katie Glueck, Shane Goldmacher and Glenn Thrush, "Now Comes the Hard Part for Joe Biden," The New York Times, April 8, 2020

2) 바이든의 정치성향과 주요정책

(1) 바이든의 정치경력

바이든 대통령은 1972년 만 30세의 나이에 처음으로 상원의원이 된 이후 1978, 1984, 1990, 1996, 2002년에 연속 6차례 당선되었고, 2008년 11월 4일 대통령 선거 및 상원의원 선거에서 오바마 대통령 후보의 부통령 러닝메이트로 출마해 당선되었다. 그는 1987~95년까지 상원 법사위원회 위원장을 역임했으며, 2007~2009년 상원 외교위원회 위원장, 2009년 1월~2017년 1월 오바마 행정부에서 부통령을 지냈다.

그는 1988년에 대선후보 경선에 첫 출마했으나 전 영국노동당 당수 닐 키녹(Niel Kinnock) 등 외국 정치인들의 연설문을 표절했다는 주장에 휘말려 중도에 사퇴하고 말았다. 2008년 두 번째로 대선후보 경선에 도전했으나, '오바마 열풍' 속에서 아이오와주에서 열린 첫 번째 경선에서 1% 미만의 지지를 받자 중도 사퇴하였다. 그는 2008년 대통령 선거운동을 시작하기 전부터 미국 최초의 흑인대통령 후보에 나선 오바마의 인종적 특징을 거론해 논란이 되면서 자질론*이 대두되었다.

> * "주류 흑인 처음 등장... 동화에 나올 법한 인물"
> 바이든 대통령은 당시 『뉴욕 옵서버』지와의 인터뷰에서 오바마를 "발음이 또렷하고, 밝고, 깨끗하고, 잘 생기기까지 한 주류 흑인이 처음 등장했다"며 "동화에 나올 법한 인물"이라고 평가해 논란을 불러일으켰다.

2016년 미 대선 캠페인 중에 아내와 딸을 잃은 1972년의 교통사고 속에서 중상을 입고 살아남았던 두 아들 가운데 장남 보 바이든(Beau Biden)이 뇌종양으로 사망하는 일이 발생하였다. 당시 힐러리 클린턴 후보와의 경쟁에서 열세를 보이는 등 복합요인으로 결국 그는 또다시 대통령 후보의 출마를 포기하였다.

(2) 바이든의 3대 대외정책 기조

바이든 대통령의 대외정책의 바탕은 "미국은 왜 다시 리더가 되어야 하나?" 제하의 『포린 어페어즈』 2020년 3·4월호 기고문에 잘 드러나 있다. 이 글을 통해 신행정부가 지향하는 대외정책의 3대 기조를 알 수 있다.3)

첫째는 국내 민주주의의 갱신(Renewing Democracy At Home)이다.

이를 위해 부패와의 전쟁을 벌이고, 권위주의 공세에 대응하며, 인권증진을 정책 우선순위에 놓고 오바마 행정부 시절 추진되었던 핵안보정상회의를 본받아 '민주주의 정상회의'(The Summit for Democracy)를 신설한다는 구상을 밝혔다.

둘째는 중산층을 위한 대외정책(A Foreign Policy For The Middle Class)이다.

그는 중국을 비롯하여 경제원칙을 무너뜨리는 세력과의 경쟁에서 이기기 위해 미국은 스스로의 혁신과 민주주의 국가들과의 단결이 필요하다고 강조하고 있다. 그리하여 경제안보가 국가안보이며 미국의 통상정책은 중산층을 강화하는 정책에서부터 시작되어야 한다고 역설하고 있다.

3) Joseph R. Biden, Jr., "Why America Must Lead Again: Rescuing U.S. Foreign Policy After Trump," Foreign Affairs, March/April, 2020

> **셋째는 리더 지위의 회복(Back At The Head of The Table)이다.**

세계에서 가장 강력한 미국의 군사력을 유지하고 테러 퇴치에 주력하되 미국의 역량을 갉아먹는 갈등에 개입하지 말아야 한다는 입장을 밝혔다. 이에 따라 아프가니스탄과 중동에서 알카에다와 이슬람국가(IS)의 퇴치 같이 미시적인 임무에 투입된 미군을 철수할 것이며 예멘에서도 퇴각해야 한다고 주장한다.

그는 대외정책에서 외교가 미국의 주된 정책수단이어야 하며, 외교를 통해 공통의 이해를 찾아내고, 관계를 이어가며, 갈등요소들을 관리해야 한다고 밝히고 있다. 미국의 동맹국들은 자신의 정당한 몫을 부담해야 하지만 미국의 동맹에 대한 목적이 방위비 분담에 국한되지는 않는다는 점을 분명히 하고 있다.

북한과 관련해,

협상팀에게 권한을
최대한 실어줄 것이며,
동맹국들과 중국을 포함한
다른 국가들과 함께 지속가능하고
조율된 대응을 할 것이라고 천명하고 있다.

하지만 바이든 대통령은 부통령 재임 당시 오바마 대통령과 주요한 대외정책에서 입장 차이를 드러내기도 했다. 러시아의 크림반도 합병과 우크라이나 동부지역의 친러 반군 활동에 대응해 우크라이나정부에게 대전차 미사일을 제공하는 데 찬성한 반면, 리비아 비행금지구역 설정이나 아프가니스탄 미군 병력 증강과 같이 불요불급한 전쟁 개입에 반대했으며, 무바라크 이집트 대통령의 퇴진과 같은 내정간섭 행위에 반대하는 등 오바마 대통령보다 원칙적이면서 다소 온건한 입장을 보였다.

<표 1> 오바마 대통령과 바이든 부통령의 대외정책 입장 차이(당시)

주요 대외정책	오바마 대통령	바이든 부통령
우크라이나 대전차 미사일 제공	반 대	찬 성
리비아 비행금지구역 설정	찬 성	반 대
아프가니스탄 미군 병력증강	증파 (17,000명+30,000명)	반 대
이집트 무바라크 대통령 퇴진	조기퇴진 찬성	반 대

<출처> Hans Nichols, "Biden's doctrine: Erase Trump, re-embrace the world," AXIOS, July 12, 2020.[4]
https://www.axios.com/joe-biden-doctrine-allies-matter-foreign-policy-d0d37753-6701-415b-bb69-ab60d0354662.html

3. 바이든 행정부의 대외전략

1) 미 민주당 정강 초안 : 리더십 회복(America Must Lead Again)

미국 민주당은 2020년 7월 27일 발표한 정강 초안에서 트럼프 대통령의 '미국 우선주의'가 미국의 명성과 영향력을 누더기로 만들었다며, 바이든은 대통령 집권 시, 이를 폐기하는 일부터 시작할 것이라고 밝혔다.[5]

[4] Hans Nichols, "Biden's doctrine: Erase Trump, re-embrace the world," AXIOS, July 12, 2020

[5] Michael Scherer, "Democrats propose new draft to party platform, revealing shifts in focus since 2016," The Washington Post, July 22, 2020

민주당 정강은 트럼프 대통령이 글로벌 동맹에서 탈퇴하는 '미국 우선주의' 시대를 시작했다면, 바이든 행정부는 그 반대로 △세계와의 재결합, △동맹 재구축을 위한 노력에서 출발할 것이라고 공약했다. 바이든 신행정부가 취할 대표적인 조치로서 세계보건기구(WHO), 유엔 인권위원회, 파리기후변화협정(PCA) 등 트럼프 대통령이 탈퇴한 국제기구나 협정으로 복귀하는 것은 물론, 2018년 5월 트럼프 대통령이 백지화한 이란핵합의(JCPOA)도 복원하겠다는 입장을 분명히 하였다.

미국의 해외 군사적 개입과 관련해서는 2014년 5월 오바마 대통령(당시)이 밝힌 '오바마 외교독트린'*을 계승하여.

- 목표가 분명하고 달성 가능한 경우
- 미국의 중대한 이익 보호라는 조건이 충족됐을 때

등의 경우에만 허용하겠다는 입장을 나타냈다.

* **'오바마 외교독트린'의 무력사용 3대 원칙**
오바마 대통령은 미 육사졸업식(2014. 5)에서 밝힌 '오바마 독트린'에서 "'2개의 전쟁'에서 지불한 대가가 너무 컸다"면서 ① 다자주의 : 동맹, 우방의 국제공조로 국제분쟁 해결, ② 온건파 반군 지원 및 대테러방식 전환, ③ 미국 안보이익이 직접 침해될 때에만 '무력사용' 원칙을 천명한다.

이에 따라 고위급회담을 통한 아프가니스탄 주둔 미군의 완전철수, 탈레반과의 평화회담 추진을 공약했다. 또한 민주당 정강은 트럼프 대통령이 북대서양조약기구(NATO) 회원국을 비난하고 협의도 없이 독일에서 미군 철수를 위협했다고 비판하였다. 또한 일방적인 해외미군 감축 위협은 미국이 외교적 합의나 상호방위를 중요하게 여기는지 의심받게 하는 행동으로 적대국들이 꿈꿔왔던 방식이라고 비판하면서 이 때문에 동맹이 약해지고 있다고 지적하였다.

2) 분야별 대외정책

(1) 동맹정책 : 동맹의 복원과 재구상

바이든 신행정부가 밝힌 대외정책의 핵심은 민주주의 가치를 중심으로 동맹을 복원·강화하고 재구상(Restore and Reimagine Partnerships)함으로써 국제협력을 이끌어내 리더십을 되찾겠다는 것이다.6) 이에 따라 임기 첫해에 부패척결, 권위주의 반대, 인권증진을 목표로 내건 글로벌민주주의정상회의(GSD)를 개최하여 민주주의 연대(coalition of democracies)를 강화하겠다는 입장을 밝혔다.7)

바이든 대통령은 무엇보다 북대서양조약기구(NATO)의 복원에 나선다는 계획이다. 그는 트럼프 대통령이 '회원국 1개국에 대한 공격은 회원국 전체에 대한 공격'8)이라고 명시한 나토 조약의 제5조 규정에 대한 미국의 약속을 저버렸으며, 독일정부와 협의 없이 일방적으로 주독미군의 감축을 결정하였다고 비판했다. 또한 한국이 핵위기 상황에 처해 있는데도 방위비분담금을 무리하게 늘려 동맹국인 한국을 갈취하려 하였다고 비난하였다.

6)
Joseph R. Biden Jr., "The Power of America's Example: The Biden Plan for Leading The Democratic World to Meet The Challenges of The 21st Century," July 11, 2019.
https://joebiden.com/americanleadership

7)
op. cit.

8)
NATO Article 5: "The Parties agree that an armed attack against one or more of them in Europe or North America shall be considered an attack against them all …"

> **잠깐만 보고 갈까요!!**
>
> **트럼프, 방위비 증액 않는 회원국 비판하며 "나토, 한물간 것"**
>
> 2014년 NATO회원국들은 새로운 위협에 공동대응하는 집단방위(collective defense)의 일환으로 GDP 2%를 국방비에 사용하기로 합의했다. 트럼프 대통령은 그동안 나토에 대해 "한물간 것"이라며 "다른 나토 회원국들이 방위비를 충분히 지출하지 않고 있다"고 비판해 왔다.
>
> Sarah Pruitt, "What Is NATO's Article 5?," https://www.history.com/topics/cold-war/formation-of-nato-and-warsaw-pact. Jul. 19, 2018

신행정부는 중국, 러시아와 같은 권위주의로부터 세계를 지키기 위해 민주주의를 방어해야 하며, 경제안보가 국가안보라면서 중국 등과의 미래경쟁에서 이기기 위해 전 세계 민주주의국가들의 결속을 주장하고 있다. 그는 민주주의국가들이 혁신적 우위를 선점해 민간 주도의 5G 네트워크를 개발해 네트워크 보안 및 사이버공간 위협에 대응하자고 역설했다.

신행정부는 트럼프 행정부가 망가뜨린 역사적인 동맹체계를 복원(restore)하는 데 그치지 않고 새롭게 재구상(reimagine)하겠다고 약속했다. 제2차 세계대전 이후의 동맹체계는 옛 소련과의 재래식 전쟁을 억지하고 봉쇄하는 데는 성공적이었지만, 남중국해에 대한 영유권을 확대해나가고 시장경제를 취하고 있는 중국에 대해서는 기존의 동맹체계로는 한계가 있다고 보기 때문이다.[9]

---

9) 김현욱, "바이든 대 트럼프의 외교정책 전망," 『주요국제문제분석』(2020.9.24), pp. 20~21

(2) 중국정책

바이든 대통령은 상원의원 시절부터 오바마 행정부 부통령 시절까지 친중 성향을 유지해왔다. 그는 미국의 최대 전략적 실수로 평가되는 중국의 2001년 세계무역기구(WTO) 가입 허용에 앞장섰다는 책임에서 자유롭지 못하다. 그는 상원 외교위원회 소속이던 2000년 9월 중국과의 '항구적 정상무역관계(PNTR; Permanent Normal Trade Relations)를 지지하는 원내 연설과 찬성투표(pro-PNTR vote)를 한 바 있다.10)

또한 그는 2011년의 『뉴욕타임즈』 칼럼에서 "중국이 성공하면 우리나라가 덜 번영하는 것이 아니라 더 번영할 수 있다"고 주장하기도 했다.11) 그는 부통령 시절인 2013년 12월 아들 헌터 바이든과 함께 중국을 방문하고 돌아온 뒤 10일 만에 헌터가 운영하는 사모펀드에 국영 중국은행(BOC)의 15억 달러(약 1조 8,000억 원) 투자가 성사되어 중국 정부의 로비가 아니냐는 논란을 야기하기도 했다.

하지만 중국이 경제적으로 급부상하자 그의 대중관이 바뀌기 시작했다. 오바마 행정부의 부통령 시절 그는 환태평양경제동반자협정(TPP)을 지지하면서 중국의 영향력을 견제하는 데 도움이 될 것이라고 주장하였다.12) 2020년 1월 체결된 트럼프 대통령의 '제1단계 미중 무역협정'을 비판하며 베이징의 '큰 승리'라며 미국산 농산물의 구매 증가로 중국의 불법적 불공정한 경제 관행을 해소하지 못할 것이라고 주장하였다.

바이든 대통령은 중국의 국제무역규칙 위반, 부당한 보조금 지급, 미국기업 차별, 지적재산 절취를 해결하기 위해 트럼프식의 고율관세가 아니라

10)
David Bossie, "Biden wrong on China his entire career-let's look at the record," Fox News, May 15, 2020. https://www.foxnews.com/opinion/biden-wrong-china-career-check-record-david-bossie

11)
Joseph R. Biden Jr., "China's Rise Isn't Our Demise," The New York Times, Sept. 7, 2011. 해당 원문은 다음과 같다. "I remain convinced that a successful China can make our country more prosperous, not less."

12)
Candidates Answer CFR's Questions, "Joe Biden Answers Our Questions," December 24, 2019. https://www.cfr.org/election2020/candidate-tracker/joe-biden

기존 무역법을 활용한 중국에 대한 표적 보복과 동맹국 연합전선 구축을 대안으로 주장하였다. 2020년 코로나19 사태 발생 이후 미국 내 반중 정서가 고조되면서 친중 이미지를 탈피하려 노력하고 있다.

그는 민주당 대선후보에 나서면서 중국의 부상을 심각한 도전이라고 비난하며, 중국에 맞서는 것을 외교안보정책 최우선순위 중 하나로 주장하기 시작했다. 특히 대중국 전선의 모든 분야에서 '동맹 강화'를 방법론으로 제시했으며, "아시아–태평양 지역에서 미 해군의 주둔을 늘리고, 한국, 일본, 호주, 인도네시아와의 관계를 심화해 태평양강국으로 미국을 재활성화"하겠다고 공약했다.13)

그는 중국당국이 홍콩국가보안법을 제정해 홍콩의 자치와 민주적 절차를 침해한 데 대해 트럼프의 대응이 미약하다면서 중국책임자들에 대한 제재를 강화하겠다고 밝혔다. 그는 중국이 신장지역에 100만 명 이상의 이슬람교도들을 억류한 것을 지적하며, 미국은 유엔안보리의 비난뿐 아니라 관련 개인과 기업에 대한 제재도 지지할 것이라고 언급하기도 했다.

(3) 러시아정책14)

바이든은 러시아 푸틴 대통령이 북대서양조약기구(NATO) 약화, 유럽연합(EU) 분열, 미국 선거제도 훼손을 꾀하며 "서구 민주주의의 근간을 무너뜨리고 있다"고 비판하면서 러시아가 수십억 달러를 돈세탁하기 위해 서구의 금융기관을 이용하는 것에 대해서도 경고하였다.

그는 북대서양조약기구(NATO)에 더 많이 투자해야 하며, 러시아의 군사

---

13) The Editorial Board, "Joe Biden, Former vice presi-dent of the United States," The New York Times, Jan. 19, 2020; Kurt Campbell and Ely Ratner, "Competition without Catastrophe," Foreign Affairs, 2019

14) Candidates Answer CFR's Questions, "Joe Biden Answers Our Questions," December 24, 2019. https://www.cfr.org/election2020/candidate-tracker/joe-biden

적 침공을 저지하기 위해 동유럽에 더 많은 병력을 배치해야 한다고 주장하였다. 그는 2014년 러시아의 우크라이나 침공 이후 오바마 행정부가 러시아에 가한 제재를 필요하다면 지속적으로 확대해야 하며, 우크라이나 동부 영토 내 친러시아 반군에 맞서기 위해 정부군에 무기를 지원할 것을 주장하기도 했다.

그는 러시아의 정책목표에 대한 불신에도 불구하고, 핵무기 감축에 적극적인 태도를 보여왔다. 그는 1979년 소련지도자 브레즈네프와 미 대통령 카터가 서명한 제2차 전략무기제한협정(SALT-Ⅱ)에 대해 미 의회가 비준을 거부하자, 소련외상 그로미코를 만나 미국의 입장을 설명하며 상원 외교위원회의 반대 입장을 변경시키겠다고 약속해 성사시킨 사례가 있다. 바이든 신행정부는 핵무기 비축량을 줄이기 위해 2021년 종료되는 신전략무기감축조약(New START treaty)의 연장을 비롯해 모스크바와 새로운 무기통제협정을 추진해야 한다고 주장하고 있다.

그는 트럼프 대통령이 크림반도 강제병합 후 제명된 러시아의 G7 재가입을 주장하자 이에 반대한다는 입장을 분명히 했다. 이러한 그의 러시아관에 따라 트럼프 대통령이 중국을 견제하기 위해 기존의 G-7을 확대해 한국을 비롯해 러시아, 호주, 인도가 참여하는 G-11으로 확대하자는 주장에도 반대 입장을 밝힌 바 있다. 그 대신 가치를 공유한 각국의 국가지도자와 시민사회단체들이 참여하는 글로벌민주주의정상회의(GSD)를 대안으로 제시하고 있다.

4. 바이든 행정부의 한반도정책

1) 대북정책

(1) 한반도 비핵화

바이든 대통령은 신행정부의 대북정책과 관련해 "원칙에 입각한 외교에 관여하고 북한 비핵화와 통일된 한반도를 향해 계속 나아갈 것"이라고 밝혔다.15)

바이든 대통령은 선거캠프 공식 웹사이트에서 북한문제와 관련해 "협상가들에게 힘을 실어줄 것"이라고 밝히고, 트럼프 대통령의 북미 정상외교를 비판하며 북한이 일정 조건을 충족해야 김정은과 만날 것이라고 언급하였다.16)

북핵 문제에 대한 바이든 대통령의 입장은 트럼프 행정부에 대한 비판에서 시작된다. 그는 "(북한의) 미사일이나 핵무기는 한 대도 파괴되지 않았으며, 조사관 한 명도 현장에 있지 않다"고 트럼프 행정부의 정책을 비판한다. 전임 부시 행정부나 오바마 행정부 때는 북한의 핵·미사일 능력이 아직 미 본토를 타격할 수준이 되지 않았기 때문에 '은근한 무시', '전략적 인내' 정책이 가능했지만 지금은 북한이 '국가핵무력 완성'을 선언한 상태이기 때문에 바이든 행정부로서도 북핵 해결을 정책의 우선순위에 놓지 않을 수 없다.

그는 북한 핵문제 해결을 위한 청사진으로 자신이 부통령 당시에 체결한

---

15)
조 바이든, "더 나은 미래를 위한 희망," 연합뉴스 2020년 10월29일자

16)
Joseph R. Biden Jr., "The Power of America's Example: The Biden Plan for Leading The Democratic World to Meet The Challenges of The 21st Century," July 11, 2019.
https://joebiden.com/americanleadership/

이란핵합의*(JCPOA)를 들었을 뿐만 아니라, 당선된다면 이란핵합의를 복원하겠다는 의지도 피력해 평화적 북핵 해결에 방점을 찍었다. 이것으로 볼 때 바이든 행정부는 트럼프 때와 달리 단계적이고 점진적인 북핵 해결방식을 지지하고 있음을 보여준다.17)

> *** 이란 핵합의(JCPOA)**
> 이란의 핵능력을 근원적으로 제거하기보다 핵시설의 추가설치를 금지하고 기존 핵시설의 수량을 단계적으로 줄여나가는 대가로 미국이 제재해제와 국교정상화를 제공하는 핵군비통제 접근법.

바이든 행정부는 북한이 모든 핵·미사일 프로그램을 포기할 때까지 대북제재를 지속한다는 원칙적 입장을 내놓고 있다. 하지만 실제 협상에서 북한이 비핵화에 협조할 경우 제재완화도 가능하다는 입장을 내놓고 있다. 카멜라 해리스 부통령 당선인은 북한이 핵프로그램을 되돌리는 진지하고 검증가능한 조치를 취한다면, 약속위반 때 바로 제재를 복원하는 스냅백(snapback)을 전제로 북한주민들의 삶을 개선하기 위한 선별적 제재 완화가 가능하다고 밝히고 있다.

바이든 신행정부가 북미 양자협상을 추진할 경우 실무진의 협상을 통해 위로 올라가는 버텀업(Bottom up) 방식의 협상이 진행될 가능성이 높다. 그는 북핵문제의 외교적 해법을 지지하나 트럼프-김정은 대화는 성공하지 못했고 부분적으로 역효과를 낳아 '독재자 합법화'에 그쳤다고 비판하고 있기 때문이다.

17) Anthony Blinken, "The Best Model for a Nuclear Deal with North Korea," The New York Times, June 11, 2018

그는 북한과의 협상 지속을 지지하지만,
김 위원장과의 직접 개인외교는
계속하지 않을 것이며,
북미 정상회담은
김 위원장이 최종목표인 완전한 비핵화에
동의하고 핵폐기를 위한
구체적 조치를 취할지 여부에 따라
결정된다는 입장을 나타내고 있다.

미 민주당 정강(Democratic Party Platform 2020)에는 "핵 없는 한반도를 위해 일본, 한국과 관계를 강화하고 중국이 북한에 압력을 넣도록 압박할 것"이라고 밝히고 있다.[18] 이와 관련해 양자협상이 아닌 다자협상으로 북핵협상이 이뤄질 가능성도 없지는 않으나, 과거 6자회담 방식이 될 것 같지는 않다. 당시는 중국이 6자회담 의장국을 맡아 주도했지만, 최근 미·중 관계를 고려할 때 이러한 방식의 다자협의체를 구성하지는 않을 것으로 예상된다. 그보다는 한·미·일 3자 협의체를 복원하여 동맹

[18] "Full Analysis of the December Democratic Debate," The New York Times, Dec. 20, 2019

<표 2> 트럼프와 바이든의 북핵 문제 접근법 비교

트럼프 행정부 정책	바이든 대통령 공약
톱다운 방식 • 정상회담으로 해결	**버텀업 방식** • 실무협상을 거쳐 정상회담으로
양자방식 • 한국 참여도 불원	**다자방식** • 한국, 일본 및 중국 등 참여 고려
일괄타결식 접근 • 리비아해법은 배제	**단계적 점진적 접근** • 이란 핵합의(JCPOA) 방식이 모델

간의 공조를 강화하면서 합의이행을 압박하기 위해 중국을 활용하는 방식이 될 가능성이 높다.

(2) 대북제재와 인도적 지원

바이든 행정부에서 대북제재는 지속될 것으로 보이지만, 인도적 지원도 함께 이루어지는 투 트랙으로 진행될 가능성이 높다. 대북 경제제재의 변화 가능성은 낮으나 제재의 틀 내에서 허용 가능한 인도적 지원의 폭을 넓히고 운용의 유연성을 높이는 것에 대해서는 트럼프 행정부에 비해 전향적인 태도를 보일 것으로 예상된다.

바이든 행정부는 북핵문제는 물론 인권유린, 납치자문제 등 민주주의적 가치와 인권문제를 중요한 판단기준으로 삼아 정책을 결정할 것으로 보인다. 민주당 정강 초안(2020. 7. 27)에 "북한주민을 잊지 않을 것"이라며 "인도주의적 원조를 지원하고 인권침해를 중단하도록 북한정권을 압박할 것"이라고도 명시하고 있다. 바이든 행정부는 현재 운영되고 있는 미국 정부의 대북 경제제재의 틀을 변화시키기 위해서는 북한의 정치제도와 인권부분의 상당한 개선을 선결조건으로 요구할 것으로 전망된다.

'코로나19'로 인한 피해가 글로벌 차원의 문제이므로 도덕적·이념적 차원에서 인류의 공생을 위해 선진국들이 인도적 지원과 같은 공공재를 지원하여야 한다는 정책취지에는 적극 호응할 것으로 예상된다. 대북 인도적 지원문제를 인류 공생의 문제, 글로벌 위기인 감염병에 대한 공동극복의 문제 틀에서 접근할 경우, 트럼프 행정부에 비해 바이든 행정부가 상대적으로 유연한 태도를 보일 것으로 보인다.

(3) 한반도 종전선언과 평화협정, 북미 관계정상화

한반도 종전선언이 가역적이고 상징적인 정치선언이라는 점에서 바이든 행정부는 북한 핵문제의 진전에 따라 종전선언 추진에 유연하게 대응할 것으로 보인다. 미 하원에서는 민주당 의원들을 중심으로 '한반도 종전선언과 평화협정 촉진을 위한 결의안'을 추진해 왔으나 116기 연방하원의 회기가 끝나 자동 폐기되었다. 차기 연방하원 외교위원장 후보인 브레드 셔먼, 그레고리 믹스, 호아퀸 카스트로 등 3명이 117기 연방하원에서 재추진 의사를 밝히고 있어 성사가 기대된다.

하지만 한반도 평화협정의 경우는 유엔사령부의 존립 근거, 나아가 주한미군의 한반도 주둔 근거를 상실하지 않을까 하는 우려로 인하여 바이든 행정부는 북한의 비핵화가 마지막 단계에 들어섰다는 확신이 서고 검증 완료된 뒤에 수용할 것으로 보인다. 이 경우에도 북한에 대해 주한미군과 유엔사령부와 관련한 미국의 기득권을 보장하도록 요구할 가능성이 높다.

바이든 대통령이 이끄는 미 행정부의 대북정책 옵션 중에 미국과 북한의 외교관계 정상화는 후순위의 옵션이 될 것으로 예상된다. 두 나라의 외교관계 정상화는 북한 핵문제의 진전뿐만 아니라 인권문제 등이 먼저 개선된 이후 고려 가능한 옵션으로 제시할 가능성이 높다.

바이든 대통령은 북핵문제의 외교적 해법을 지지하나 트럼프-김정은 대화는 성공하지 못했고 잠재적 역효과를 낳아 '독재자 합법화'에 그쳤다고 비판하고 있기 때문이다.[19] 그는 북한과의 협상 지속을 지지하지

[19] https://www.cfr.org/election2020/candidate-tracker/joe-biden

트럼프를 위한 변명

(중략) 트럼프, 그는 이 시대 미국인의 꿈을 실현하려던 영웅인가, 아니면 정치적 야욕을 채우는 데 급급했던 간웅일 뿐인가? 트럼프시대가 빨리 끝나길 바랐던 사람으로서, 바이든 당선자가 성공한 대통령이 되기 위해서는 트럼프 지우기(Anything but Trump)를 넘어 트럼프가 꾼 미국의 꿈을 반면교사로 삼아야 할 것이다.(중략)

트럼프가 꾸었던 두 번째 꿈은 세계 패권의 지위를 계속 유지하는 미국이다.(중략) 미국 주류들의 눈에는 대안 제시도 없이 중국을 밀어붙이고 동맹을 압박하는 트럼프가 비정상으로 보였다. 하지만 트럼프 생각은 달랐다. 중국이 이미 세계무역기구(WTO) 회원국이기 때문에 국제규범을 따르게 되면 결국은 중국의 추월을 막을 수 없다고 본 것이다. 자신이 우선 중국을 때리고 기존 질서를 부수는 동안에 미국 관료집단이 대안체계를 마련할 걸로 생각한 것이다.(중략)
바이든은 트럼프와 달리 실무협상을 중시하는 하향식 협상을 선호하기에 당분간 북·미 정상회담을 기대하기 어렵다. 북한 핵능력이 고도화된 지금 오바마 때의 전략적 인내로 돌아갈 가능성은 낮으며 이란핵합의(JCPOA)를 모델로 단계적 접근을 취할 경우 한반도 비핵화의 진전을 기대해 볼 수도 있다. 만약 바이든이 북핵 협상을 성공시킨다면 그것은 트럼프에게도 공이 돌아가야 한다.
트럼프의 접근방식은 진정성은 부족하나, 다양한 대북 접근 시도로 새로운 협상에 필요한 경험과 교훈을 남겨주었다. 적어도 트럼프의 과감한 대북 접근은 한반도 평화프로세스의 돌파구를 마련해준 것은 분명하다. 민주당의 클린턴이 베트남과 수교하고, 오바마가 쿠바와의 수교 선언, 이란과의 핵합의를 이룩했듯이, 바이든도 한반도 평화에 전기를 마련해주기 바란다.

- 본고 필자의 경향신문 2020년 11월10일자〔조성렬의 신한반도 비전〕칼럼 중에서 -

만 김 위원장과의 직접 개인외교는 계속하지 않을 것이며, 북미 정상회담은 김 위원장이 최종목표인 완전한 비핵화에 동의하고 핵폐기를 위한 구체적 조치를 취할지 여부에 따라 결정된다는 입장을 나타내고 있다.

2) 한미동맹의 갱신

(1) 한미 방위비 분담금

바이든 대통령은 한미동맹에 관해 "한미동맹을 통하여 공동번영과 가치, 안보증진, 국제사회 도전에 공동 대응"한다는 인식을 보여주었다.[20] 이는 바이든 신행정부는 트럼프 행정부 시기에 아시아에서 미국의 지도력과 영향력이 상실되었다고 판단해 훼손된 동맹관계를 복원하고 동맹의 변환을 통해 국제사회의 도전에 대응한다는 정책기조에 따른 것이다.

이러한 기조에서 바이든 행정부는 한미동맹의 갈등을 야기한 방위비분담금 증액에 대해서는 부정적인 입장을 취해왔다.

따라서 바이든 행정부는 이미 한미 실무진이 합의한 13% 인상안 수준에

> **잠깐만 보고 갈까요!!**
>
> **방위비분담금 증액요구는 '갈취행위'**
>
> 바이든 대통령은 2020년 10월 22일 열린 대통령선거 TV토론과 10월 29일자 『연합뉴스』 기고문에서 "주한미군 철수라는 무모한 협박으로 한국을 갈취하는 식의 행위는 하지 않을 것"이라는 입장을 분명히 밝혔다.

[20] 조 바이든, "더 나은 미래를 위한 희망," 연합뉴스 2020년 10월29일자

'영향력' 증대 그 한반도 잣대는?
조 바이든 미국 대통령 당선인이 2021년 1월 7일(현지시간) 델라웨어주 윌밍턴에서 대선 승리 선언 연설을 하고 있다.
출처 : 연합뉴스

서 방위비분담금 증액 문제를 타결할 것으로 보인다.

이에 따라 바이든 행정부는 방위비분담금협정(SMA) 협상문제로 주한미군의 위상에 영향을 미치는 조치는 취하지 않을 것이다. 해외주둔 미군의 감축은 트럼프 대통령의 동맹정책으로 인식되고 있기 때문에 바이든 행정부에서 동맹 압박용으로 주한 미군을 포함하여 해외주둔 미군의 감축은 이뤄지지 않을 것으로 보인다. 트럼프 대통령의 주독미군 12,000명 감축 발표에 대해 바이든 후보측 앤서니 블링큰 전 국무부 부장관은 신행정부에서는 감축계획을 백지화할 것이라고 밝히기도 했다.[21]

21) 연합뉴스 2020년 7월 10일자

(2) 주한미군과 '전작권' 전환

미국은 북핵협상보다는 자국의 영향력 증대를 정책 우선순위에 둘 것으로 보이고 있어 바이든 행정부가 북한과의 협상에 주한미군 감축을 카드로 활용할 가능성도 낮은 것으로 판단된다. 미 민주당은 트럼프 대통령이 대북협상에 주한미군 감축카드를 쓸 것을 우려해 상·하 양원에서 통과된 「2019국방수권법」, 「2020국방수권법」 및 미 하원을 통과한 「2021국방수권법」에서 까다로운 감축조건을 설정하기도 했다.

바이든 행정부가 한미 연합군사연습에 대해 명확한 입장을 밝히고 있지는 않지만, 이를 대북압박과 동시에 대중압박으로도 유용한 군사부문의 카드로 판단하고 이를 적극 활용할 것으로 전망된다. 그런 점에서 북핵협상이 부진할 경우에 트럼프 행정부에서 연기하거나 축소한 연합군사연습에 대해 바이든 행정부가 원상회복을 우리 정부에 요청할 가능성이 크다.

미 신행정부는 한미 국방당국 간에 진행되어온 3단계 '전작권' 전환을 차질 없이 이행할 것으로 예상된다. 2019년 8월 제1단계 기초운용능력(IOC) 검증평가를 통과하였으나, 2020년 8월에 실시된 한미군사연습은 코로나19로 인해 축소 실시되는 바람에 제2단계 완전운용능력(FOC) 검증평가는 이뤄지지 못했고 2021년으로 연기되었다. 그렇기 때문에 제3단계 완전임무수행능력(FMC) 검증평가는 문재인 정부의 임기 내에 실시하기 어렵게 되었다.

미 신행정부가 외교안보라인을 인선하고 동아시아 및 한반도정책에 대한 검토를 최종적으로 마무리하는 시점은 2021년 여름쯤으로 예상된다. 그렇기 때문에 한반도정세가 급격히 악화되거나 우리측의 준비태세가 현저히 미흡한 경우가 아니라면 전작권 전환은 '조건'을 충족하는 대로 추진될 것으로 전망된다.

(3) 인도-태평양 전략과 한·미·일 협력

현재 2016년 7월 사드배치 이후 3단계 성능개량사업으로 △유선지휘방식의 원격무선방식 전환, △사드레이더 활용한 패트리엇의 교전능력 지원, △저고도용 패트리엇과 고고도용 사드의 통합운용을 추진하고 있다. 바이든 행정부에 들어와 환경영향평가를 마치고 사드체계가 정식 배치될 뿐만 아니라 성능개량사업도 본격적으로 이뤄질 가능성이 높다.

바이든 행정부가 동맹의 복원을 중시함에 따라 한·미·일 협력의 복원을 본격화할 것으로 보인다. 트럼프 행정부는 한·일 간의 갈등에 대해 당사자 해결원칙을 내세워 개입을 자제하는 태도를 보였으나, 바이든 행정부는 적극적으로 한·일 갈등의 봉합에 나설 것으로 보인다. 실제로 바이든 대통령이 부통령이었던 오바마 행정부 때 미국의 적극적인 중재로 한·미·일 군사정보보호약정(TISA, 2014. 1)과 한일 위안부 합의(2015. 12), 한일 군사정보보호협정(GSOMIA, 2016. 11)이 체결된 전례가 있다.

오바마 행정부 때부터 본격화된 아시아재균형정책이 트럼프 행정부에 들어와 인도-태평양 전략으로 구체화되었다. 바이든 대통령이 당선인 신분으로 가진 문재인 대통령과의 첫 전화통화에서 "한국이 인도-태평

<표 3> 미국의 대중국 전략변화와 중국의 입장

구분	미국		중국
	트럼프	바이든	시진핑
하나의 중국	TAIPEI Act (2019)	TAIPEI Act +	반국가분열법 (2000)
안보전략	FOIP & FONOP	FOIP & FONOP	일대일로(BRI)
	Quad & Quad plus	Quad & GSD	
	Five Eye plus	Five Eye	-
경제전략	EPN	TPP (← CPTTP)	역내포괄적경제동반자협정 (RCEP), 한중일FTA
	Clean Network	Clean Network	쌍순환 전략

* TAIPEI Act : 타이완 동맹 국제보호·증진 발의법(The Taiwan Allies International Protection and Enhancement Initiative Act)
FOIP전략 : 자유롭고 개방된 인도·태평양 전략
FONOP : 항행의 자유 작전
Quad: 미국·일본·호주·인도 4개국 협의체
Five Eye: 미·영·캐나다·호주·뉴질랜드 5개국 정보공동체
TPP: 환태평양경제동반자협정
CPTTP: 포괄적·점진적 환태평양경제동반자협정

출처 : 필자 작성

양 안보 번영의 핵심축(linchpin)"이라고 언급했듯이, 미국 신행정부에서도 중국을 겨냥한 '자유롭고 개방된 인도-태평양(FOIP)' 전략과 '항행의 자유 작전'은 계속될 것으로 전망된다.

하지만 트럼프 행정부가 강하게 밀어붙인 미국·일본·호주·인도 4개국 협의체인 쿼드(Quad)의 확장을 위한 '쿼드 플러스'는 더 이상 추진하지 않을 것으로 보인다. 10월 3일 도쿄에서 열린 쿼드 외무장관 회담에서도 내부이견 때문에 공동성명의 채택이 무산되기도 했다. 10월 20일 비건

22) 연합뉴스 2020년 10월21일자

미 국무부 부장관도 "쿼드 확장을 위한 미국의 계획된 정책은 없다"면서 "쿼드가 다소 정의되지 않은 실체인 만큼 확장에 관해 얘기하는 것은 시기상조"라고 밝혀 당분간 '쿼드 플러스'를 추진하지 않을 것임을 분명히 했다.22)

바이든 신행정부는 인도-태평양판 나토로 인식되어 동맹국과 우호국들에게 부담을 주는 방식의 '쿼드 플러스'를 추진하는 대신에 이미 바이든 대통령이 공약했듯이 가치를 공유한 국가들의 글로벌민주주의정상회의(GSD)을 통해 미국의 리더십을 발휘해 중국 견제에 나설 것으로 보인다.

5. 미 신행정부 출범과 한미관계 시사점

바이든 대통령은 트럼프 행정부의 대외정책을 전면적으로 재검토해 나갈 것으로 보인다. 그는 트럼프 행정부의 변칙적인 정책과 기본적인 민주주의 원칙조차 지키지 않는 태도로 인해 세계에서 미국의 지위가 무너지고 민주주의 동맹이 훼손되었으며, 중국의 도전에 부응하기 위해 다른 국가들을 동원하는 능력이 약화됨으로써 미국의 안보와 미래가 위협받고 있다고 진단했다.23)

바이든 신행정부의 대외정책 목표는 중국의 추격을 좌절시키는 데 두고 있다는 점에서 트럼프 대통령과 다르지 않다. 차이가 있다면 트럼프 대통령이 동맹관계를 훼손시킨 채 정책대안도 없이 미국 단독으로 중국 때리

23) Joseph R. Biden Jr., "The Power of America's Example: The Biden Plan for Leading The Democratic World to Meet The Challenges of The 21st Century," July 11, 2019

기에 나서는 바람에 목소리만 컸지 실효성이 없었던 데 비해, 바이든 대통령은 국제규범과 제도에 기초하면서 동맹의 복원과 재구상을 통한 다자주의를 통해 중국을 압박하겠다는 것이다.

바이든 신행정부의 대외정책이 아직 구상단계라 어떻게 구체화될지 단언할 수는 없다. 만약 신정부의 정책이 트럼프 방식의 부정과 오바마 시대로의 회귀에 그친다면 중국의 추격 속도를 늦출 수 있을지는 모르나 저지할 수 있을지는 불명확하다. 미어셰이머 교수가 지적했듯이 중국의 경제력이 미국 GDP의 70%에 육박한 상태에서 속도 늦추기로는 중국의 추격을 저지할 수 없기 때문이다.[24]

국제분쟁에 대한 바이든의 정책은 오바마 독트린처럼 미국의 군사개입을 최대한 자제하고 외교를 우선적으로 활용하되 불가피한 경우에도 동맹국들을 활용하겠다는 것이다. 이는 미국의 적대국들을 국제적으로 고립시키고 미국의 불필요한 국력소모를 막는다는 점에서 바람직할 수 있다. 하지만 이것이 과도한 줄세우기로 나타나거나 남중국해 분쟁에 한국군의 참여를 요청하는 등 '연루'*의 위험을 높이는 것이어서는 안 된다.

> *** 그럼, 과거에 어떤 일이?**
> 2013년 12월 방한한 바이든 부통령(당시)은 박근혜 대통령과 만난 자리에서 "미국의 반대편에 베팅하는 게 좋은 베팅인 적이 없었다"며 당시 우리 정부의 친중 태도에 대해 불쾌감을 나타냈었다.

[24] John J. Mearsheimer, The Tragedy of Great Power Politics, updated edition, W.W.Norton & Company, 2014, chap. 10

동맹관계를 중시하는 바이든 행정부의 특성으로 볼 때, 한·미 간에 갈등요인이 됐던 방위비분담금이나 전작권 전환, 한미군사연습, 그리고 주한미군 감축문제 등은 원만하게 해결될 것으로 보인다. 또한 대북정책에 있어서도 그동안 포괄적인 단계적 접근법을 제시했던 우리정부의 입장이 바이든 행정부의 정책에 충분히 반영될 가능성이 높다.

미 신행정부의 대외정책 기조와 관련해 일본의 일방적인 대한(對韓) 수출규제와 화이트리스트 배제로 야기된 한·일 갈등에 개입하려고 할 가능성이 있다. 한·일 갈등은 양국이 과거사와 현안을 분리하는 투 트랙(two track) 방식으로 대화와 협상으로 풀어나가는 것이 바람직하다. 설사 그렇지 못하더라도 미 신행정부가 관여하여 한·일 간의 갈등을 일방적으로 조정하려 나서는 것은 바람직하지 않다.

언제나 그러하듯이 미국에 어떠한 정부가 들어서더라도 접근방식과 태도의 차이가 있을 뿐 미국 대외정책의 우선순위는 자국의 국가이익이다. 한미동맹이 우리의 국가생존과 이익을 지키기 위한 것이라면, 트럼프 행정부든 바이든 행정부든 우리나라가 대미관계에서 지켜야 할 원칙은 중장기적인 국가목표 아래 국가이익을 토대로 한미협력을 모색하는 것이 되어야 한다.

참고문헌

김현욱, 「바이든 대 트럼프의 외교정책 전망」, 『주요국제문제분석』, 2020. 9. 24

연합뉴스 2020년 7월10일자

연합뉴스 2020년 10월21일자

조 바이든, "더 나은 미래를 위한 희망", 연합뉴스 2020년 10월29일자

Anthony Blinken, "The Best Model for a Nuclear Deal with North Korea," *The New York Times*, June 11, 2018

Candidates Answer CFR's Questions, "Joe Biden Answers Our Questions," December 24, 2019

Council on Foreign Relations, "President-Elect Biden on Foreign Policy." (*https://www.cfr.org/election2020/candidate-tracker/joe-biden)

David Bossie, "Biden wrong on China his entire career-let's look at the record," *Fox News*, May 15, 2020

"Full Analysis of the December Democratic Debate," *The New York Times*, Dec. 20, 2019

Hans Nichols, "Biden's doctrine: Erase Trump, re-embrace the world," *AXIOS*, July 12, 2020

John J. Mearsheimer, *The Tragedy of Great Power Politics*, updated edition, W.W.Norton & Company, 2014

Joseph R. Biden Jr. "China's Rise Isn't Our Demise," *The New York Times*, Sept. 7, 2011

-----, "The Power of America's Example: The Biden Plan for Leading The Democratic World to Meet The Challenges of The 21st Century," July 11, 2019

-----, "Why America Must Lead Again: Rescuing U.S. Foreign Policy After Trump," *Foreign Affairs,* March/April, 2020

Katie Glueck, Shane Goldmacher and Glenn Thrush, "Now Comes the Hard Part for Joe Biden," *The New York Times,* April 8, 2020

Kurt Campbell and Ely Ratner, "Competition without Catastrophe," *Foreign Affairs,* 2019

Michael Scherer, "Democrats propose new draft to party platform, revealing shifts in focus since 2016," *The Washington Post,* July 22, 2020

Sarah Pruitt, "What Is NATO's Article 5?," Jul. 19, 2018 (*https://www.history.com/topics/cold-war/formation-of-nato-and-warsaw-pact)

The Editorial Board, "Joe Biden, Former vice president of the United States," *The New York Times,* Jan. 19, 2020

Chapter 03　미·중 패권경쟁과 新남방정책의 나아갈 길

미·중 쏠림 '의존관계'에서
　　실리추구 '균형외교'로

1. 미·중 갈등과 한국의 新남방정책의 전개
2. 미·중 패권경쟁과 아세안(ASEAN)의 대응
3. 한국의 新남방정책과 아세안의 위상
4. 현 국제질서 재인식과 韓-아세안의 협력방향
5. 남방국가들과의 협력으로 지역평화·번영도모

최 재 덕

중 북경대 박사 (한중관계 전공)

현, 원광대 한중관계연구원 한중정치연구소 소장
　　연세대 통일연구원 전문연구원
　　민주평화통일자문회의(민주평통) 자문위원
　　국회(민주당) 동북아평화협력특별위원회 정책위원
　　전북도청 남북교류협력위원회 정책위원
　　국제정치학회 / 동북아학회 / 슬라브유라시아학회 이사
　　동북아평화협력연구원 연구위원
전, 대통령직속 북방경제협력위원회 전문위원
　　통일부 통일교육원 교육위원

〈저서〉
- 대한책략, 논형, 2019
- 글로벌 혼돈의 시기, 한중관계의 진화(공저), 한중관계연구원, 2020
- (이슈로 본) 한중관계의 오늘과 내일(공저), 한울아카데미, 2017

〈주요 연구 및 논문〉
- 「한반도 신경제지도와 일대일로 협력의 기회요인과 위협요인: 북방경제협력과 연계모색 중심으로」, 『평화학연구』, 한국평화연구학회, 2018
- 「한반도 평화체제 구축 과정에서의 남북한 주도권 강화 방안: 지경학적 접근을 중심으로」, 『국가전략』, 세종연구소, 2018
- 「일대일로의 이론과 실제: 중국의 지역패권주의 강화와 일대일로 사업추진에서 발생된 한계점」, 『한국동북아논총』, 한국동북아학회, 2018
- 「신남방정책과 '인도-태평양 전략'의 상호연계 모색: 지정학과 지경학의 상호 보완성을 중심으로」, 『세계지역연구논총』, 한국세계지역학회, 2019
- 「차이나 리스크에 대한 대비와 한반도의 전략적 지정학 정립의 필요성-북방경제협력을 중심으로」, 『슬라브학보』, 한국슬라브유라시아학회, 2019
- 「일대일로2.0과 중러 관계의 제한성」, 『평화학연구』, 한국평화연구학회, 2019
- 「미중패권경쟁의 전망과 한국의 외교전략-아세안과 신남방정책의 협력을 중심으로」, 『슬라브학보』, 한국슬라브유라시아학회, 2020
- 「코로나 팬데믹 시대, 국제질서의 변화와 러시아의 외교전략 - 중러·미러 관계를 중심으로」, 『중소연구』, 아태지역연구센터, 2020
　외 다수

• E-mail : jedeka88@naver.com

Chapter 03 미·중 패권경쟁과 新남방정책의 나아갈 길[1]

미·중 쏠림 '의존관계'에서 실리추구 '균형외교'로

1. 미·중 갈등과 한국의 新남방정책의 전개

2018년 시작되었던 미·중 간 무역분쟁이 2020년 1월 1단계 합의를 도출했다.

이는 근본적 타결이 아닌 미봉책에 불과한 임시적 성격이었음에도 불구하고, 단계적 갈등해결의 청신호로 평가되었다. 하지만 이후 전 세계를 혼란에 빠뜨린 '코로나19' 팬데믹에 대한 미 트럼프 행정부의 중국책임론 제기, 화웨이에 대한 제재 강화, 그리고 중국의 홍콩보안법 제정강행 등이 맞물리면서 양국관계는 심각한 국면에 접어들었다. 2020년 재점화된 갈등은 기왕의 이슈에 더해 군사적 충돌 가능성과 이념논쟁으로까지 번졌다.

[1] 이 글은 슬라브학보 (KCI등재학술지) 35권 2호(2020.6.30)에 게재된 「미중패권경쟁의 전망과 한국의 외교전략- 아세안과 신남방정책의 협력을 중심으로」를 재구성 및 수정·보완한 것임

이와 같이 무역분쟁과 보호주의 강화, 세계경기 침체, 인도·태평양 지역의 군사적 긴장, 편 가르기로 인한 외교적 마찰과 경제보복 우려까지 겹치면서 직접적인 영향권에 있는 인도·태평양 국가들은 더욱 명민한 외교전략을 요구받고 있는 상황이다. 특히 양국과 긴밀한 안보·경제 협력관계에 있는 한국에게 미·중 패권경쟁의 심화는 국가운영에 있어 심대한 도전이 아닐 수 없다.

이렇듯 요동치는 국제정세 속에서 문재인 정부는 한반도신경제구상을 핵심 축으로 삼고 번영을 이끌 국가발전 전략의 하나로 신남방 국가와의 교류·협력 관계를 4강 수준으로 격상시키고, 교역규모 역시 중국의 수준까지 확대하려는 '신남방정책'*을 추진해왔다.

> * '신남방정책'은?
> 인도·아세안과의 외교적 협력을 통해 중견국 외교와 교량국가 역할을 확대하고, 상생과 번영의 파트너 관계 형성, 인적교류 증대를 통한 상호이해 증진, 한반도와 인도·태평양 지역의 평화를 위한 안보협력을 추진하는 정책.
>
> 본고 필자의 「신남방정책과 '인도-태평양 전략'의 상호연계 모색: 지정학과 지경학의 상호보완성을 중심으로」, 『세계지역연구논총』 제37집 제4호(2019), p.322 중에서

미·중의 지정학 전략의 격전지가 된 인도·태평양지역 국가들은 한국의 주요 경제·외교·안보 파트너이자 에너지 안보 측면에서도 매우 중요한 의미를 갖는다. 특히 아세안 국가들이 위치하고 있는 동남아 지역은 미국과 중국이 군사적으로 가장 첨예하게 대립하는 지역의 하나로, 군사적 충돌

시 한반도 안보가 위협받게 되며 한국의 신남방정책 역시 이 지역의 평화가 전제되어야 한다는 점에서 깊은 관심과 주도면밀한 대응전략이 요청된다. 특히 2021년 미국에서 동맹과 국제협력을 중시하는 바이든 정부가 새로 출범하면서 문재인 정부의 신남방정책도 어떤 형태로든 영향을 받을 것으로 예상되고 있다.

이에 이 글은 미·중 패권경쟁의 전개양상과 미래를 전망한 후, 아세안 국가들의 대응전략과 동향을 고찰코자 한다. 이어 한국이 추진코자 하는 신남방정책을 통해 아세안 및 인도 등 남방국가들과 안보 및 경제협력을 강화하는 것이 왜 한국의 국익에 부합하는지, 그리고 그 방향과 역할은 어떤 모습이어야 하는지에 대해 살펴보고자 한다.

2. 미·중 패권경쟁과 아세안(ASEAN)의 대응

1) 미·중 패권경쟁의 전개와 전망

중국은 지난 30여 년 간의 경제발전에 이어 '부강한 사회주의 강대국 건설'이라는 '중국의 꿈(中國夢)'을 목표로 설정하고 새로운 국제질서 구축에 나서고 있다.

중국의 외교정책은 도광양회(韜光養晦), 분발유위(奮發有爲), 유소작위(有所作爲)로 점진적으로 변화하였고, 국제관계에서도 중국위협론을 잠재우기 위해 친성혜용(亲诚惠容), 의리관(義利觀), 호혜공영(互惠共榮), 공동향유(共

> **잠깐만 보고 갈까요!!**
>
> ### 'G1' 꿈꾸며 미국 위로 올라서려는 중국
>
> 시진핑(習近平) 주석이 내건 '중화민족의 위대한 부흥'의 상징적 시한 '2개의 100년'의 청사진으로 제1단계는 중국공산당 창당 100주년인 2021년까지 '전면적 샤오캉(小康)사회 실현'(전 인민의 의식주 해결)과 제2단계로 중화인민공화국 건국 100주년인 2049년까지 '부강한 사회주의 강대국 실현'(미국을 제치고 세계 유일의 패권국)'이라는 두 개의 백 년 전략을 제시한 것. 그래서 사실상 중국의 모든 국가전략의 시간적 범위는 2049년에 맞춰져 있다.

同享有) 등의 평화담론을 펴왔다. 또한 국제관계에 있어 '중국 특색의 대국 외교'를 '인류운명공동체', '신형국제관계'로 구체화하여 책임 있는 강대국의 역할을 추구해 왔다. 특히 중국은 2008년 뉴욕발 금융위기를 계기로 신자유주의와 기축통화로서 달러의 문제점을 재인식했으며, 발전경험과 경제성장에서 얻은 자신감을 바탕으로 기존의 국제정치·경제질서에 대한 본격적인 변화를 도모하기 시작했다.[2]

중국 중심의 거대통합경제권을 목표로 하는 일대일로 전략, 국가주석 임기 제한규정 삭제를 통한 시진핑 주석의 장기집권 가능성, 세계 1위의 첨단 제조국을 목표로 하는 '중국 제조 2025'*, 세계 일류군대를 목표로 하는 강군(强軍)전략** 등 2000년대 들어 중국이 추진해온 발전 전략들은 국제사회에서 미국 패권에 도전하는 구체적인 전략으로 여겨져 왔다.

[2] 유희복, 「중국 경제의 진화: 국가발전에서 글로벌 거버넌스 변화의 도구로」, 『아태연구』 제26권 제2호 (2019), p.56

* 세계 1위 쟁탈전략 중 1호 '중국 제조2025'

미·중 무역전쟁의 촉매제 역할을 한 '중국제조 2025'는 2015년 중국 정부의 산업고도화 10년 계획 중 첫 10년인 2015~2025년의 발전전략을 수립한 것으로 첨단제조업 중심의 빅데이터, IT, 항공산업, 신소재, 인공지능, 생명과학 등 현재 미국이 최고의 경쟁력을 가진 분야에서 세계 1위를 쟁탈하려는 전략이다. 이를 위한 중국의 중장기적인 목표로 2025년 제조업 강국, 2035년 독일·일본 추월, 2049년 미국을 초월하여 세계 1위의 첨단 제조국이 되는 것을 설정했다.

이성현, 「미중무역전쟁의 함의와 전망」, 『정세와 정책』
제17호(2018), pp.1~3

** 세계 일류군대 목표 '강군(强軍)전략'

중국은 미국의 대중국 해양봉쇄 전략 무력화, 전략무기 현대화, 비대칭 무기 강화, 신속대응 작전 능력, 정보전 등에 주력하여 2050년까지 세계 일류군대를 목표로 하고 있다. 중국의 국방예산은 2018년 기준 1조 1.289억 위안(약 192조 8.000억 원)으로 2006년 대비 4배 증가했으며, 세계 각지에서 중국의 이익과 안보, 중국인의 재산과 생명보호를 위해 해외군사 활동 영역을 확대하고 자국의 핵심이익(Core Interest)을 지키기 위해 강압적 전쟁 수행능력을 제고시켜 나가고 있다.

정재흥, 「중국의 강대국화 전략과 한국의 과제」, 『세종정책브리프』
제5호(2019), pp.8~9

특히 일대일로 전략과 해군력 증강을 통해 해양진출을 본격화하면서 지정학적 요충지 확보, 남중국해 영유권 주장과 인공섬 건설 및 군사기지화, 미국의 '항행의 자유' 작전과의 대치로 인해 남중국해에서 미·중의 군사적 긴장이 고조되었다. 대중무역 적자에 대한 트럼프 대통령의 지속적인 비판, 2018년 중국의 대미무역 흑자 최고치 경신, 미국 정·재계에서의 중국위협론 심화 등 고조된 미·중 갈등이 무역전쟁으로 표출되었다. 트럼프 대통령은 2018년 3월 무역법 301조에 의거하여 중국의 지적재산권 침해에 대한 대응으로 관세부과, 세계무역기구(WTO) 제소, 대미투자 제한 등을 골자로 하는 행정명령에 서명하고, 수차례에 걸쳐 중국

* 대만 무기수출 잇단 승인에 '미·중 군사적 긴장' 고조

미국이 2019년 100억 달러(약 12조 4,400억 원)가 넘는 무기판매를 승인한 데 이어 2020년에도 추가로 무기판매를 승인하며, 미국이 대만을 인도·태평양전략 파트너로서 대중국 봉쇄카드로 적극적으로 이용할 것을 시사했다. 중국은 대만에 단시간 안에 대규모 병력을 쏟아 붓기 위한 상륙·공수작전 능력확충에 열을 올리고 있어 미·중의 군사적 긴장이 고조되고 있다.

차대운, "중국 견제해라…대만군 현대화 밀어주는 트럼프", 연합뉴스 2020년 5월25일자

존 J. 미어셰이머는 2018년에서 2019년까지 이어진 미·중 무역전쟁에서 미국의 조치들을 언급하면서 냉전시대 소련과 미국이 행했던 제한조치들이며 "미·중 패권경쟁에서도 같은 조치가 일어날 수 있다"고 언급했다.

존 J. 미어셰이머(John J. Mearsheimer), 『강대국 국제정치의 비극』, 이춘근 옮김, 김앤김북스, 2017, p.523

수입품에 고율 관세를 부과하였고 중국은 매번 보복관세로 대응하면서 전면전으로 돌입했다.3)

이후, 미·중 무역분쟁은 미국의 반(反)화웨이 정책, 미국 내 '공자학원' 폐쇄 움직임, 중국 기업인들의 미국 첨단기업 투자·인수·합병 및 산·학 협력에 대한 관리감독 강화, 첨단기술 관련 중국 유학생·과학자·기업인에 대한 비자제한 조치, 대만에 대한 국가인정 시도 및 첨단무기 수출승인* 등 전 방위적으로 확산되었다. 격화되던 무역분쟁이 18개월 만인 2020년 1월 1단계 무역합의**에 도달하면서 휴식기에 접어드는 듯 보였다.

> **** '미·중 무역합의' 1단계 내용을 보면?**
>
> 중국은 농산물(320억 달러)과 공산품(777억 달러), 서비스(379억 달러), 에너지 분야(524억 달러) 등에서 향후 2년 간 2,000억 달러 (231조 7,000억 원) 규모의 미국산 제품을 추가 구매하기로 했고, 미국은 2,500억 달러 규모의 중국 제품에 부과해오던 25% 관세 이외의 추가 관세부과 취소 및 완화, 환율조작국 지정해제를 약속했다.
>
> 중국은 미국 기업들에 대한 기술이전 강요금지, 미국의 지식재산권 보호강화, 중국 금융시장 접근완화, 인위적인 위안화 평가 절하중단 등을 약속했다. 핵심쟁점 중 하나였던 중국의 국영기업 등에 대한 보조금 지급 문제는 이번 합의에서 제외됐다. 중국은 중국의 합의사항 미 이행 시 미국이 다시 관세를 부과하는 데 합의했다.
>
> 이귀원, "미중, 1단계 무역합의 서명…중, 2년 간 2천억 달러 미 제품 구매", 연합뉴스 2020년 1월16일자

3) 최재덕,「차이나 리스크에 대한 대비와 한반도 지정학의 전략적 지정학으로의 전환」,『슬라브학보』제34권 제2호(2019), pp.283~384

가고, 남고, 하지만…
일대일로 전략 對 인도·태평양 전략 '맞불' 등 미·중 간 패권경쟁은 떠나는 트럼프에 이어 '동맹과 국제협력'을 중시하는 바이든 행정부에서도 첨예할 것으로 예상된다. 출처 : 연합뉴스

그러나 합의가 이행되기도 전에 2019년 12월 중국 우한에서 발생하여 1백91만3천417명(2021년 1월 9일 14시 현재)의 사망자를 내며 전 세계를 마비시키고 있는 코로나19 팬데믹에 대한 중국 책임론과 중국의 홍콩보안법 제정, 미국의 화웨이 제재강화 등으로 미·중 갈등은 재점화되었다. 일본은 미국의 반(反)화웨이 전략에 동참하였고 영국은 홍콩 시위와 관련 중영 관영매체 중국국제TV에 제재결정을 내렸다. 반면 러시아와 이란, 북한은 홍콩보안법 제정이 중국의 내정이라는 입장을 밝혀 경제, 군사, 외교, 안보 등 전 분야에 걸쳐 신냉전 확산우려가 팽배하다. 2018년 미·중 무역분쟁은 패권국과 도전국 간의 예측된 패권전쟁[4] 이 시작된 것이라는 분석이 지배적이었고, 글로벌 교역질서 위축, 경기둔화와 금융시장 충격, 세계경제의 경직성 증가 등 전 세계가 겪어야 할 경제적 타격에 초점이 맞추어져 있었다. 전문가들은 남중국해에서의 군

[4] 그레이엄 앨리슨(Graham Allison) 하버드대 교수는 '예정된 전쟁(Destined War)'에서 미중 갈등을 '투키디데스의 함정'에 비유하였다. 투키디데스는 펠로폰네소스 전쟁은 아테네의 발전과 그로 인해 스파르타에 주입된 공포로 인해 시작되었다고 설명했다

사적 긴장에도 불구하고 상호 군사적 충돌은 피할 것이라고 예측했다.

그러나 2020년 미·중 갈등이 전 방위적으로 재점화되면서 홍콩보안법에 대한 미국의 강경대응 예고에 대해 시진핑 주석은 5월 26일 전국인민대표회의에서 무장경찰부대에게 "각종 복잡한 상황에 제때 효과적으로 대응해 국가주권과 안보, 발전이익, 국가전략의 전체적인 안정을 결연히 수호하라"고 지시했고, 중국군에 "전쟁대비 업무를 전면적으로 강화하라"고 강조함[5]으로써 중국이 핵심이익으로 간주하며 전쟁도 불사한다고 말해온 대만, 홍콩 문제에 있어 군사적 충돌에 대비하고 있음을 시사했다. 또한 2020년 8월 25일 미군 정찰기가 중국이 정해놓은 남중국해 내 비행금지구역에 진입한 것에 대해 8월 26일 중국이 '항공모함 킬러'로 불리는 둥펑(東風·DF)-21D와 '괌 킬러'라는 별명을 가진 DF-26B를 해상으로 발사했다. 이에 미국은 미사일 발사 징후와 궤적을 추적하기 위해 '코브라볼' RC-135S 정찰기를 띄웠고, 같은 날 중국의 남중국해 군사기지화 관련 시설 건설에 참여한 24곳의 중국 기업과 개인을 처음으로 제재했다.

군사적 긴장을 동반한 미·중 패권경쟁이 장기화될 수밖에 없는 이유는,

미·중의
전략적 목표가
이해상충하며, 주요쟁점이
국가의 핵심이익에 해당하여
양보와 타협의 여지가 없다는 데 있다.

[5] 이정은, "트럼프, 홍콩보안법 강력 대응 조치 vs 시진핑, 전쟁대비 전면 강화", 동아닷컴 2020년 5월 27일자

중국에게 '굴욕의 100년'의 아픔을 딛고 옛 영광을 회복하여 아시아 패권을 장악하는 것이 중국 특색 사회주의 강대국 건설의 당연한 목표일 것이다. 반면 미국은 서반구 전체의 패권국으로 역사적으로 다른 대륙의 패권국 등장을 허용하지 않았던 것과 같이 중국이 아시아 패권을 장악하지 못하도록 모든 방법을 동원할 것으로 보는 지적들이 있다. 국제체제의 흐름 속에서 강대국의 쇠퇴와 도전국의 부상은 반복되어왔고 기존 패권국과 도전국 간에 평화로운 세력 전이가 이루어지기 어려웠다.

미·중 간의 군사적 충돌은 곧 한반도의 안보와 직결된다. 패권경쟁이 심화될수록 경제적 손실은 물론 미·중의 편가르기, 쟁점이슈에 대한 양자택일·경제보복의 압력에 직면하여 한국이 사면초가 상황에 직면할 수 있다. 특히 비용을 중시하는 트럼프 행정부와 달리, 가치와 동맹을 중시하는 바이든 행정부는 한국에 반중연대 동참을 행동으로 보이라고 압박할 여지가 높다. 따라서 장기적 관점에서 미·중 패권경쟁을 전망하고 이에 대한 대책을 강구하는 것이 한국의 안보와 외교전략에 매우 중요하다. 이를 위해선 미·중관계의 본질과 변화에 입각한 면밀한 분석이 요구된다.

2) 아세안(ASEAN)의 대응

중국의 부상과 미·중 패권경쟁 심화, 그리고 인도·태평양지역 국가들의 빠른 경제성장과 글로벌 가치사슬(GVC; global value chain)의 변화로 21세기 경제, 외교, 안보의 중심이 아시아로 이동하고 있다. 이로 인해 인도·태평양지역의 지정학적 가치가 급상승하면서 동 지역에서 미·중의 지정학적 경쟁이 치열해지고 인도와 아세안을 우군으로 만들고자 하는 양국의 영향력 확대경쟁이 심화되고 있어, 중국과의 경제협력 및 미국과의 안보협력이 필요한 아세안의 고심이 깊다.

아세안은 2015년 아세안 정치안보공동체(ASEAN Political-Security Community), 아세안 경제공동체(ASEAN Economic Community), 아세안 사회문화공동체(ASEAN Socio-Culture Community)로 외연을 확대하고 공동체 협력 심화를 위해 아세안 공동체로 새롭게 출범하였다. 이후 아세안 정치안보공동체(APSC)는 아세안 중심성(Centrality)에 기초하여 역내 평화와 안전, 법의 지배와 인권, 민주주의를 실현하고, 역외 다자체제에서도 아세안 중심성을 관철하려는 노력을 기울임으로써 국제체제에서 아세안의 입지가 강화되고 있다.[6]

(1) 도전받는 아세안 중심성(Centrality)과 단일성(Unity)

아세안은 개별국가의 국력, 제도, 이념의 다양성과 느슨한 구조에도 불구하고 지역통합과 국가이익 극대화라는 공동의 이익창출을 위해 협력하고 있다. 또한 동 지역에서 미국과 중국의 영향력 확대 경쟁심화에 따라 아세안 중심성을 지키면서 내부결속력 강화를 위한 노력을 경주하고 있다.

이러한 상황에서 인도·아세안을 동반자로 만들려는 중국의 노력에도 불구하고 지역패권을 장악하려는 노력이 계속되는 한, 중국 위협론은 더욱 고조될 것이다. 남중국해 영유권 주장과 인공섬 건설 및 군사기지화, 일대일로 사업을 통한 이권독점, 최소 6곳에서 벌어지고 있는 영토분쟁[7]

[6] 최재덕, 「신남방정책과 '인도-태평양 전략'의 상호연계 모색: 지정학과 지경학의 상호보완성을 중심으로」, 『세계지역연구논총』 제37집 제4호 (2019), pp.345~346

[7] 중국은 1949년 이후 23개의 국경분쟁 중 17개를 해결했다. 현재 외교적 해결책을 강구하기 어려운 국경분쟁 지역은, 대만, 남중국해 파라셀(Paracel)군도, 남중국해 스프라틀리(Sprately)군도, 동중국해 센카쿠 제도/다오위다오 제도, 인도 및 부탄 지역이다

과 군사력 강화 등으로 중국은 신뢰할 수 있는 국가가 되기 어렵다는 평가가 있다. 미국도 이들 국가와 협력을 모색하고 있지만, 탈냉전 이후 상대적으로 감소한 안보위협과 중국의 경제적 부상, 이에 따른 경제협력의 확대로 그동안 동 지역에 대한 미국의 잠재적 영향력은 감소해왔다. 더욱이 1997년 동아시아 경제위기 당시 미국이 주도하는 신자유주의적 경제협력의 한계를 체험한데다 이후 미국이 자국의 편익에 따라 관여함에 따라 미국의 의지나 영향력에 대해 근본적인 의문이 제기된 바 있다.[8]

아세안에게 미국도 역시 신뢰할 수 있는 국가는 아닌 것이다. 〈그림 1〉에서 보다시피 2019년 초 싱가포르 동남아연구소가 아세안 10개국 외교안보 전문가, 관료, 언론인 등 1,000명을 대상으로 한 설문조사에서 아세안에서의 미·중 충돌 가능성에 대해 68.4%가 충돌 가능성이 있다고 답했고, 45%는 중국이 현 지역 질서를 바꾸려 시도하며, 47%는 중국의 일대일로에 동남아 경제가 예속될 것이라고 답했다. 결정적으로 응답자의 각각 51.5%, 50.6%가 중국과 미국에 대해 신뢰하지 않는다고 응답했다. 아세안 역시 미국에 대한 확신도, 중국에 대한 믿음도 크지 않다는 말이다.

2019년 6월 24일 제34회 아세안 정상회의에서 정상들은 '인도·태평양에 대한 아세안의 시각(outlook)'이라는 별도의 성명을 채택하여 2017년 시작된 미국의 '인도·태평양 전략'에 대한 아세안의 입장을 처음으로 발표했다.[9] '아세안은 싸움의 장이 아니라, 상생의 공간, 윈-윈의 장이라는 사실을 강조하며, 미국의 중국 압박전략에 대해 포용원칙과 지역의 경제협력을 우선시한다'는 입장을 천명했다. 이는 중국과의 협력이 위험과 기회를 동시에 내포하고 있지만, 중국과의 경제협력을 경제발전의 기회로

[8] 이동윤, 「APEC과 ASEAN+3 사이에서: 동아시아 경제협력의 중복성과 보완성」, 『사회과학연구』, 제33권 제2호(2007), p.63

[9] "ASEAN OUTLOOK IN THE INDO-PACIFIC", https://asean.org/asean-outlook-indo-pacific

삼아야 하는 아세안으로서 미국의 중국 봉쇄전략으로 인식되는 인도-태평양 전략에 가담하기란 쉽지 않다는 뜻이다. 중국의 군사도발을 억제하기 위해 미국의 전략적 관여가 필요하지만, 미국의 패권 추구를 위해 중국을 자극하여 인도·태평양 지역에서 전쟁의 위험이 증가할 수도 있음을 우려하고 있는 것이다.

현실주의적 관점에서 국가는 다른 국가들에 대해 상대적 영향력을 증진하고, 강대국에 의한 힘의 우위나 잠재적 패권경쟁에 대해 힘의 균형을 맞추어 안정적 국제질서를 유지하고자 한다. 하지만 국제체제 속에서 모든 국가들이 항상 외부적 압력이나 위협에 대응하여 동맹관계를 맺고 세력균형을 시도하는 것은 아니다.10) 현실적으로 미국과 중국의 동아시아 패권경쟁에서 편승에 따른 위험이 존재하는 한 아세안 국가들이 어느 한 국가의 편을 드는 균형이나 편승은 이루어지기 힘든 상황이다.11) 국제

10) Paul Fritz and Kevin Sweeney, "The limitations of Balance of Power Theory", International Interactions, Vol.30, No.4 (2004), p.287

사회를 주도하는 강대국이 지역 질서의 새로운 행위자로 등장할 경우 상대적으로 국력이 미약한 국가 혹은 집단은 전통적 영향력을 지닌 강대국에 연합하여 새로운 강대국의 영향력을 견제하는 균형정책을 추진할 수 있으며, 다른 한편으로 새로운 행위자에 대해 편승을 통해 자신의 이익을 추구하는 방안을 고려할 수 있다. 그러나 국제정치의 이해관계는 매우 다층적이기 때문에 **어떤 개별국가나 집단도 역내패권에 대해 편승과 균형 중 어느 한 가지 노선만을 고집할 수 없다.** 특히 아세안은 10개의 회원국으로 구성된 지역연합체로서 개별국가마다 의견이 상이하여 일관된 하나의 정책노선을 견지하는 데 많은 어려움이 따른다. 아세안은 당면한 국제정치적 변화와 환경에 대응하여 각 사안마다 지역적 이익과 개별국가의 이익을 판단기준으로 전통적 영향력과 새롭게 부상하는 영향력 사이에서 전략적으로 균형과 편승 사이를 오가는 복합적인 대외관계를 유지하고 있는 것으로 평가할 수 있다.[12]

(2) 아세안의 현재 상황과 대응

아세안은 2018년 기준 무역의존도가 93.8%에 달해 코로나 사태로 인한 세계 경제성장률 저하에 큰 타격을 받을 것으로 예상된다. 2020년 6월 IMF(국제통화기금)가 발표한 세계경제 성장전망치는 -4.9%로 4월 전망치인 -3%보다 1.9%포인트(P) 낮아졌다. 아세안은 유럽, 미국 등 주요국에 비해 제한된 코로나19 확산, 정책당국의 적극적인 대응, 상대적으로 낮은 국내 서비스산업 비중 등을 근거로 주요 경제권에 비해 나은 -2% 전후의 성장률을 예상했고, 태국 -6%대, 말레이시아 -4%대, 필리핀 -3%대, 인도네시아 -1%대의 성장률을 예상한 반면, 베트남은 4%대(2019년 베트남의 경제성장률 7.02%)의 플러스 성장률을 달성할

---

[11] 이희옥. 「중국의 주변지역전략과 대동남아 정책의 새로운 조정」, 『중소연구』 제35권 제2호(2011), p.22

[12] 이동윤 「아세안(ASEAN)의 강대국 외교관계: 미국과 중국 사이에서」, 『국제관계연구』 제17권 제1호 (2012), pp.199~200

것이라고 예상했다.13) 2010년~2019년 아세안 회원국들의 연평균 경제성장률이 5.3%였던 것을 감안하면 코로나로 인해 아세안이 받은 경제적 충격이 적지 않다. 코로나 사태 이후 아세안이 중국의 경제성장률 둔화에 큰 영향을 받지 않고 글로벌 무역환경 변화에 대응하기 위해서는 대중국 경제의존도를 낮추고 교역파트너를 다변화하여 글로벌 수요감소와 보호무역주의에 대응하는 자유무역 시스템을 확보하는 것이 아세안 경제의 성장동력을 유지하는 데 필수적이다.

아세안은 보호무역주의와 해외 주요 투자국의 리쇼어링(Reshoring) 움직임에 대비해 적극적인 FDI 유치정책을 입안하고 아세안종합투자협정(ASEAN Comprehensive Investment Agreement)을 통해 투자매력도 증진을 위해 노력하고 있다. 또한 아세안은 아세안 경제공동체 청사진 2025(AEC blueprint 2025)에서 밝혔듯이 역내 금융통합, 금융 포용성, 금융안정성을 통한 경제공동체 목표를 추진하고 있으며, 4차 산업혁명과 디지털경제 활성화를 중점적으로 추진할 것을 강조하고 있다.14) 2020년 베트남이 아세안 의장국을 맡으면서 2019년 11월 4일 제35차 아세안 정상회의에서 응우옌 쑤언 푹(Nguyen Xuan Phue) 베트남 총리는 이제는 아세안이 "공동체처럼 생각하고 행동할 시기"라면서, 2020년 아세안 의장국 주제를 '결속과 대응(cohensive and responsive)'이라고 발표했다. 베트남은 중국의 남중국해 침범행위를 저지하기 위해 국제법 활용을 언급했으며, 남중국해 문제해결을 위해 국제법에 근거한 절차 진행에 앞서 아세안의 합의도출을 위해 노력할 것이다. 아세안 중심성과 법에 근거한 집행 등의 원칙과 함께 아세안 정체성을 찾기 위한 노력도 전개할 것이다. 2020년 11월 캄보디아에서 열린 제13차 ASEM 정상회의 주제인 '공동성장을 위

13) 신은진, "전세계 마이너스 성장 중, 베트남 등 아세안만 선방," 조선일보 2020년 7월6일자

14) 최윤정, 「2019년 아세안 정세 평가와 2020년 전망」, p.5

한 다자주의 강화'에서도 알 수 있듯이 다자주의 확대에도 앞장설 것이다. 아세안은 타 지역에 비해 여전히 높은 경제성장률을 구가하는 지역으로 다자주의를 기반으로 무역협정을 확대해 나가면서 글로벌 자유무역의 구심점으로 입지를 높여나갈 것이다. 2019년 11월 4일 15개국이 합의한 RCEP(역내포괄적경제동반자협정) 협정문이 7년 만에 타결되어 참가국들은 교역·투자 활성화와 수출시장 다변화를 통한 새로운 기회 창출을 기대하고 있다. 이러한 움직임은 한국이 추진하고 있는 신남방정책에도 긍정적으로 작용할 것으로 예상된다.

3. 한국의 新남방정책과 아세안의 위상

1) 신남방정책의 의의와 중요성

'신남방정책'은 2017년 11월 문재인 대통령이 「APEC, 아세안+3, 동아시아정상회의」 참석차 베트남, 인도네시아, 필리핀을 방문하여 '신남방정책'과 '한-아세안 미래공동체 구상'을 밝히면서 구체화되었다. 신남방정책은 문재인 정부의 경제·외교·안보의 외연확장 전략 중 하나로 신북방정책과 함께 '동북아플러스 책임공동체 구상'중 '번영의 축'에 해당한다.

인도·아세안(ASEAN) 국가들과의 협력수준을 주변 4대강국 수준으로 끌어올리고 교역규모를 2020년까지 중국의 교역규모 수준인 2,000억 달러 수준으로 확대하며, 외교 다변화를 통해 중견국 외교의 지평을 확장하고, 신남방 국가들과 안보협력을 강화해 안보영역을 확장하는 데 목적이 있다. 또한 단순한 상품교역 등의 무역을 넘어 기술, 문화예술, 인적교류를 확대하여 신남방 지역을 상생 파트너로서 주요 협력대상국으로 격상시키는 데 목적이 있다.[15] 신남방정책은 미·중 의존적 경제·외교 관계에 다변화를 추구하고 아세안·인도와 양자·다자협력을 강화하는 것을 의미한다. 이는 미·중과의 관계를 유지하면서 외교와 경제협력 공간을 확대하여 신북방정책과 연계해 번영의 축을 완성하고, 장기적으로 한반도 평화시대에 대비하자는 것이다. 따라서 주변 4강과 더불어 남방·북방 지역과 함께 전략적 이해관계를 공유하면서 균형외교에 기초해 실리를 추구하는 대외정책이라고 할 수 있다. 이는 미국의 자국 우선주의와 동아시아 지역에서 영향력을 확대하려는 중국에 대응하기 위해 미·중 양극구조를 다극구조로 전환하고, 중견국으로서 발언권을 강화하는 전략이며, 미·중의 영향력이 강한 인도·태평양 지역에서 상대적으로 중립적인 아세안과 인도를 협력 파트너로 삼고 아시아의 새 협력체제를 구축하려는 것이다.[16]

> **잠깐만 보고 갈까요!!**
>
> ### '동북아플러스 책임공동체 구상'이란?
>
> 역내 협력을 통해 평화와 번영을 함께 책임지는 거시적 비전으로 한반도 평화의 기반을 확대하는 '평화의 축'으로서 '동북아 평화협력플랫폼' 구축과 남방·북방 지역을 '번영의 축'으로 삼는 '신남방정책'과 '신북방정책'을 추진하여 한반도의 항구적인 평화와 번영을 이루려는 구상. 미·중·일·러가 동아시아에서 새로운 세력권 구축을 시도하며 한국을 자국의 영향권으로 편입하려는 주변국들의 시도에 대응할 중장기적 전략이다.
>
> 이대우 외, 「동북아플러스 책임공동체 구상」, 『세종정책총서』 제1호 (2019) 중에서

[15] 최재덕, 「신남방정책과 '인도-태평양 전략'의 상호연계 모색: 지정학과 지경학의 상호보완성을 중심으로」, 『세계지역연구논총』, 제37집 제4호 (2019), p.327

[16] 곽성일, "문재인 정부의 신남방정책 본질은 한반도 평화 시대 대비", 이코노미 인사이트 2018년 8월10일자

문재인 대통령은 2017년 필리핀, 2018년 베트남과 인도, 싱가포르, 2019년 3월 말레이시아와 캄보디아, 브루나이, 2019년 9월 태국, 미얀마, 라오스를 방문하여 아세안 10개국 순방을 마쳤다. 이를 통해 아세안과 인도에 신남방정책에 대한 지지를 견인하고 협력의지를 확인했으며, 그들도 협력파트너로서 한국의 비전과 협력에 높은 기대와 신뢰를 보여주었다. 2019년 11월 한-아세안 정상회의와 제1회 한-메콩 정상회의를 성공적으로 개최하여 신남방정책 추진에 더욱 힘을 실었다. 문재인 대통령은 25일 '한-아세안 CEO 서밋' 연설에서 한국과 아세안의 협력 3원칙인 '사람 중심의 포용적 협력', '상생과 번영과 혁신성장 협력', '연계성 강화를 위한 협력'을 천명했다.[17]

2) 신남방정책의 주요 파트너로서의 아세안

그러면 한국의 신남방정책 파트너인 아세안에 대해서는 어떤 점을 주목하고 협력해야 할까?

첫째, 아세안의 경제적 중요성은 신흥시장으로서의 성장잠재력이다.

아세안은 총인구 6억 5,000만 명, 경제규모는 세계 7위이며 최근 3년 간 한국과의 교역규모가 연평균 16% 성장했다. 이 지역은 중위연령이 30세 미만으로 잠재적 소비력을 갖추고 있으며, 소비시장이 연평균 15%씩 성장하고 있다. 아세안은 중국에 이어 한국의 제2 교역대상으로, 한국은 글로벌 보호무역주의와 미·중 무역분쟁에 대응하여 포스트 차이나로 부상하는 아세안과의 전략적 협력을 확대해야 한다. 특히 새로운 성장동력 확

---

17) 채송무, "[한-아세안] 문 대통령 '한·메콩 협력기금, 연간 300만 달러로 확대할 것'", 뉴스핌 2019년 11월 25일자

보를 위해 세계경제의 미래성장 동력으로 주목받는 메콩유역 5개국(캄보디아, 라오스, 미얀마, 태국, 베트남)과 한-메콩 행동계획 '6대 우선협력분야'인 인프라, ICT, 녹색성장, 수자원개발, 농업, 인적자원개발을 중심으로 협력전략을 구체화해야 한다. 한국은 2013년부터 2019년까지 총 742만 달러를 공여했으며, 신남방정책의 일환으로 '대메콩 ODA와 한-메콩 협력기금확대', '한-메콩 행동계획 이행', '한-메콩 비즈니스 포럼' 등 협력 사업을 추진하고 있다.18)

둘째, 아세안의 안보적 중요성은 신남방정책을 통한 안보협력이다.

한국은 신남방정책을 통해 기존 정부의 동아시아 정책을 보완하여 한반도와 동 지역의 안보적 연계성에 공감하고, 인도·태평양 지역의 평화를 위한 조력자로서 기여할 필요가 있다. 인도·태평양 지역 안보협력의 참여는 신남방국가와의 신뢰형성, 중견국으로서 한국의 위상제고, 상생 파트너로서의 경제협력 활성화를 가능하게 할 것이다. 아세안은 남중국해에서 해양협력, 방산 능력 확충을 위한 한국의 지원을 희망한다. 아세안은 한국의 '한반도 평화 프로세스'를 전폭적으로 지지하며 향후 남중국해에서 중국의 위협이 현실화되는 경우 한국의 전략적 지지와 협력을 요청함으로써19) 신남방정책을 통한 경제적 상호이익뿐만 아니라 상호보완적 안보협력을 원하고 있다. 따라서 한국은 아세안과의 안보협력을 인도·태평양 지역의 안정과 평화의 중요한 당사자로서 국제사회의 안전과 평화를 수호하는 세계국가로서 책임과 의무를 다한다는 관점에서 접근해야 한다. 한국은 연7회 이상 진행되는 인도적 지원과 재난구호 작전에 참여할 수 있고 비확산(non-proliferation)과 같은 초국경 위협관리 등에 참여

18)
"강경화 장관, 한-메콩 협력 관계 발전 논의," 외교부, 보도자료. (http://www.mofa.go.kr)

19)
한국군사문제연구원, 「한국 신남방정책과 한국-아세안 간 안보협력」, 『KIMA 뉴스레터』제377호

하면서 동 지역의 평화에 기여하여 세계국가의 일원으로서의 책무를 수행하는 책임있는 모습을 보여야 한다.[20]

셋째, 아세안은 자유무역과 자유주의적 국제질서 수호의 '협력적 파트너'

아세안은 중심성과 단일성을 바탕으로 자유주의적 국제질서 아래 자유롭고 개방적이며 규칙에 기초한 무역체제 지속의지를 보여 왔다. 2019년 8월 1일 태국 방콕에서 열린 아세안 관련 외교장관회의(한·아세안/APT/EAS/ARF/한·메콩)의 5개 회의체별 의장성명 곳곳에서 보호무역주의 및 반세계화에 따른 글로벌 불안정성과 국가 간 무역긴장에 대한 우려를 표명했다. 또한 EAS 의장성명 제18항은 법에 기반한 다자무역시스템과 비즈니스 환경의 투명성 및 예측 가능성 증진을 통해 시장을 보다 개방적, 포용적, 경쟁적으로 유지하겠다는 정상 간의 약속을 재확인했다. 또한 APT와 한-아세안, 한-메콩 외교장관회의 의장성명에서 공통으로 개방적이고 포용적이며, 투명하고, 규칙에 기반한 다자무역체제에 대한 강력한 지지를 재확인했다.[21]

보호주의와 자국 우선주의 등 강대국의 현실주의적 경쟁과 갈등상황에서 현 자유주의적 국제질서 수호는 중견국과 약소국에 매우 중요한 사안이다. 공격적 현실주의 이론의 결말대로 강대국의 패권다툼이 전쟁으로 귀결된다면 지나온 역사에서 그랬듯이 세계사적 전쟁에서 중견국과 약소국이 희생될 가능성이 크다. 따라서 중견국과 약소국은 강대국들의 경쟁이 규칙에 기반할 수 있도록 자유주의적 국제질서 강화를 위해 협력해야 하며 국제질서 내에서의 갈등해결 기제가 작동하도록 노력해야 한다.

---

[20] 홍규덕, "인도·태평양 전략과 신남방외교... 접점을 찾다서", 중앙일보 2019년 7월 10일자

[21] "아세안 관련 외교장관회의, 성명 발표를 통해 한반도 평화 프로세스와 ㅈ·유무역주의 원칙에 공감하다- 아세안 관련 외교장관회의 성명 결과," 외교부, 보도자료. (http://www.mofa.go.kr)

4. 현 국제질서 재인식과 韓-아세안의 협력방향

존 J. 미어셰이머는 저서 『강대국 국제정치의 비극(The Tragedy of Great Power Politics)』에서 '중국은 평화롭게 부상할 수 있을까?'라는 질문에 그럴 수 없다고 답한다. 저서의 제목에서 알 수 있듯이 공격적 현실주의 이론의 결말은 비극이며 전쟁으로 귀결된다. 미·중 패권경쟁으로 전쟁이 일어난다면 그것은 미국과 중국의 비극만이 아니라 직접적 영향권에 드는 한반도를 비롯한 전 인류의 비극이 될 것이다. 중국이나 미국 모두 섣불리 전쟁을 촉발하지 않겠지만, 중국은 미국의 군사적 공격에 대비해 만반의 준비를 하고 있으며 향후 경제력과 국제사회에서의 영향력이 증대되면 미국과의 안보경쟁은 더욱 치열해질 것이다. 중국이 추구하는 전략은 국경을 접하거나 영토분쟁 중인 국가들에게 큰 위협으로 여겨지며 주변국이 연합세력을 형성하여 중국의 부상에 대응하려 할 것이다. 중국은 주변국들의 경계를 받는 이상 자국의 생존과 발전을 위해 또는 영유권분쟁, 인권문제, 소수민족 독립과 홍콩·대만과의 통합문제와 같이 국제사회의 정당성을 확보해야 하는 문제들을 보다 유리한 위치에서 마무리하기 위해 힘에 기반한 강대국화를 계속 추구할 수밖에 없다.

2차 세계대전 이후 미국의 주도로 설계·운영된 현 국제질서는 서구의 이익에 편중되어 있다는 비판에도 불구하고 보편적 특성이 있다. 아이켄베리(G. John Ikenberry)가 '자유주의 패권적 질서(liberal hegemonic order)'라고 명명한 이 질서는 흔히 규칙에 입각한 자유주의 국제질서(RBO: Rules-Based Liberal International Order)로 불린다.[22] 자유무역, 다자주의, 동맹 파트너십, 민주주의 연합, 인권, 미국의 패권적 리더십 등을 특징으로 하

[22] Ikenberry, G. John, "The Future of Liberal World Order." Japanese Journal of Political Science. Vol. 16. No. 3 (2015), p.450

참고에 유익한 관련도서 / **대한책략**

'한반도 미래 평화·번영 100년' 최상의 시나리오는?

바이든 행정부라고 '트럼트' 때와 다를 리 없는 미국의 '자국이익 우선주의'는 미·중 패권경쟁 2라운드 역시 점입가경의 쟁탈전을 예상케 한다. 한일관계 역시 선을 긋고 관여치 않던 트럼트의 '알아서들' 때와 달리 동맹강화 결속 차원에서 중재에 나설 바이든 행보에 따라 온도 차는 날지 몰라도 스가 총리 취임 이후 '강제징용' 입장차가 여전한 가운데 아직까지 냉랭하기만 하다.

그렇다면 '각자도생' '자국우선주의' 팽배 속 불확실성만 짙어지는 세계, 그리고 동북아의 불안정한 정세 속 한반도 미래는? 이에 우리가 나아가야 할 바로서 남-북-미-러 협력과 한-중-일의 대등한 외교를 이 책은 제언하고 있다. 러시아어로도 출간되어 화제가 된 이 책은 총8장으로 구성되어 있는데 미·중의 편가르기 압박에 직면해 있는 한국이 전략적 모호성을 표방함에 있어 자칫 미·중 양국에게 신뢰를 주지 못하는 상황에 빠지는 것은 아닌지 생각하게 한다. 그리고 지정학적, 외교·안보적 측면에서 좀 더 깊이 고민하고 나아갈 길을 모색해야 하는 이유에 대해 적시하고 있다.

마지막 제8장에서 항구적 한반도 평화를 위한 최상의 시나리오를 언급하고 있는 저자는 "지금이야 말로 구한말 자강의 기회를 살리지 못하고 제국주의에 무릎을 꿇었던 역사를 거울삼아 '한반도 미래 100년'을 설계해야 할 중대한 시점"이라며, 줏대 있는 한반도의 미래에 대해 생각할 때라고 강조한다.

최재덕(본고 필자) 지음 • 논형 • 2019. 8. 8 / 편집자 주는 이 질서가 추구하는 목표는 '평화(peace)', '번영(prosperity)', '정의(justice)'로 압축된다. 아이켄베리는 이 질서가 수십 년 동안 성공적으로 지속될 수 있었던 이유로 '비차별(non- discrimination)과 시장 개방성(market openness)', '미국을 중심으로 한 국가들의 연합에 기초한 리더십'23), '밀도 있고(dense) 포괄적이며(encompassing) 광범위하게 인정받는(broadly endorsed) 규칙과 제도 체계'의 세 가지 특징을 들고 있다. 24)

그는 현 국제질서가 직면한 위기를 질서 자체와 리더십으로 분리시켜 위기의 본질이 이 질서 자체가 아닌 질서의 정점에 있는 미국의 리더십에 있다고 보았다. 즉 미국 주도의 국제질서의 위기는 '권위(authority)' 혹은 '권위관계(authority relations)'의 위기이지 자유주의적 국제주의 자체의 위기는 아니라는 것이다. 그는 현실주의자들이 전개하는 세력전이와 새로운 질서의 도래에 대해 반박하며 현재의 자유주의 국제질서가 지속, 통합, 진화해 갈 것이라고 주장한다. 그는 현 자유주의 국제질서는 미국이 이끄는 질서가 아니며, 자유주의만 독존하는 질서도 아니라고 한다. 그는 이 질서 내에 G7, G20, UN 등 미국을 포함한 다양한 리더십 플랫폼이 있으며, 중국, 인도, 러시아 등 다양한 개발 및 정치 '이념'들이 수용되기 때문에 자유주의적 국제주의는 서구의 아이디어가 아니라, 궁극적으로 전 세계적으로 호소력을 가진 아이디어로 본다. 따라서 규칙에 기반한 개방적, 다자주의적 자유주의 국제질서는 서구뿐만 아니라 비서구 국가들 모두에게 혜택을 제공한다고 주장한다.

국제질서는 힘, 제도, 규범, 그리고 가치 지향성 등 다양한 요소들로 구성된다. 아이켄베리는 국제정치에서의 질서를 '규칙, 원칙, 제도를 포함하

23) 과거의 질서는 주로 한 국가가 지배해 왔으나 현 질서는 미국을 중심으로 한 이익 상관자들이 연합하여 정치, 경제, 안보 영역에서 군사적 수단보다 지속적인 협상과 거래를 통해 문제를 해결하고자 한다는 점이다

24) Ikenberry, G. John, "The Rise of China and the Future of the West: Can the liberal system survive?," Foreign Affairs. Vol.87. No.1(2008), pp.29~30

여 국가 간 관계를 규율하는 협약(governing arrangements)'으로 보았고, 국제질서의 개념을 국가 간 상호관계와 진행 중인 상호작용에 대한 공동의 기대를 규정하는 정해진 합의(settled arrangements)로 한정시켰다.[25] 그는 국제질서가 형성되는 방식을 현실주의에 토대를 둔 세력균형(balance)과 패권(hegemony), 그리고 자유주의적 시각이 반영된 법치주의(constitutionalism)로 구분했다. 또한 세력균형은 국제정치의 무정부상태(anarchy), 패권은 위계적(hierarchy), 법치주의는 법에 의한 지배(rule of law)를 각각 반영한다고 규정했다. 국제질서를 구성하는 요소들의 성격이 단일하지 않으며, 국제질서가 시기와 장소에 따라 세 가지 중 한 가지 기제 혹은 둘 이상의 기제의 혼합에 의해 수립된다고 보았다. 미국 주도의 국제질서는 세 가지 기제가 모두 반영된 질서의 사례라고 보았다.[26]

국제질서에서 가치는 규범에 반영되고 규칙을 형성하며 제도화된다는 측면에서 구성주의와 자유제도주의적 국제질서관의 기초가 된다. 규범

> **잠깐만 보고 갈까요!!**
>
> ### 국제질서의 구성요소에 대해 헨리 키신저는?
>
> 2020년 11월 16일(미 현지시각) 블룸버그 통신 개최의 신경제포럼 개막식에서 "미·중 갈등지속 땐 1차대전 대참사" 우려와 함께 바이든 행정부에 대해 중국과의 빠른 관계정상화를 촉구한 전 미 국무장관 헨리 키신저도 국제질서는 모두가 수용하는 규칙(commonly accepted rules)과 세력균형(balance of power)을 기반으로 하며, 힘과 함께 가치의 요소를 반영한다고 봤다. 그는 힘과 정당성 혹은 도덕적 요소가 균형을 이룰 때 국제질서 자체가 일관성을 유지할 수 있다고 보았다.[27]

---

[25] Ikenberry, G. John, "After Victory: Institutions, Strategic Restraint, and the Rebuilding of Order After Major Wars." New Jersey: Princeton University Press, (2001), p.23

[26] Ikenberry, G. John, "Liberal Leviathan: The Origins, Crisis, and Transformation of the American World Order," New Jersey: Princeton University Press, (2011), pp.13~14

[27] Kissinger, Henry, "World Order: Reflictions on the Character of Nations and the Course of History," New York: Penguin Press, (2014), p.8

과 제도는 이러한 가치의 측면과 함께 힘에 의해 강제될 수 있다는 측면에서 현실주의적 국제질서관의 기초가 되기도 한다. 동일한 가치에 의한 지향이 다르다는 것 자체는 또 구성주의적 혹은 탈실증주의적 시각을 반영하기도 한다. 따라서 아이켄베리의 지적처럼 국제질서는 세력균형과 패권, 동인의 측면에서 모두 반영되어 수립 및 운영될 수 있고, 키신저가 주장하듯 힘과 정당성의 극단 사이에서 균형을 이룰 때 안정적으로 일관성 있게 유지될 수 있으며, 알렉산더 웬트(Alexander Wendt)가 주장하듯 정체성과 간주관적 인식에 따라 변화될 수 있을 것이다.

5. 남방국가들과의 협력으로 지역평화·번영도모

이 글은 앞에서 미·중 패권경쟁의 전개양상을 전망하고 지정학적 격전지인 아세안 국가들의 대응을 고찰하면서 한국의 입장에서 신남방정책을 통해 아세안과의 안보 및 경제협력의 지평을 확대해나갈 필요가 있음을 지적했다. 아울러 자유주의적 국제질서의 강화가 규칙과 제도에 의해 미·중 패권경쟁의 공격성을 일정 부분 상쇄시킴으로써 공격적 현실주의에서 제시하는 강대국 패권경쟁의 결말인 전쟁을 막는 예방적 기제로 작용할 수 있음을 시사하였다.

물론 향후 중국의 부상이 지속될 것인가에는 상반된 논쟁이 있을 수 있다. 그러나 중국의 성장을 낙관적으로 본다면, 향후 중국은 무엇을 추구할 것이며 어떤 강대국으로 변모하게 될지 예측하면서 대응책을 강구하는 것은 매우 중요한 일이다. 이는 지리적으로 인접해 있으며 경제·외교·

안보·통일 등 전 분야에 걸쳐 큰 영향을 받는 한국의 입장에선 결코 소홀히 할 수 없는 일이다. 중국과 미국은 인도나 아세안 못지않게 한반도를 전략적으로 활용하고자 하며 각각 일대일로와 인도·태평양 전략 및 EPN* 참여를 원하거나 압박하고 있다. 많은 아세안 국가들과 마찬가지로 한국도 강대국 간 패권경쟁에서 외교적 선택지가 좁아지고 있다. 따라서 양자택일의 상황에 놓이지 않도록 외교·안보의 범위를 확장하고 신남방정책을 통해 아세안과의 안보 및 경제협력을 강화해야 한다.

> *** EPN**
>
> Economic Prosperity Network. 중국과 그 영향권을 배제하고 자국과 협력하는 국가들만의 산업공급망을 구축하려는 미국의 구상. 2019년 11월 제4차 한미 고위급 경제협의회(SED)에서 크라크(Krach) 미 국무부 경제차관은 "한국은 미국의 중요한 동맹이자 서로 신뢰의 파트너십을 만들어야 한다는 가치를 공유하고 있다"면서 "EPN 참여는 한국에 좋은 기회"라고 언급한 데 이어 2020년 5월 '탈중국 동맹' 차원에서의 EPN 한국 참여 압박.

현재 미·중 갈등은 지역패권을 추구하려는 중국과 이를 저지하려는 미국 간의 힘의 대결이지만, 양국의 지정학 전략에서 알 수 있듯이 군사력을 과시하는 힘의 논리 못지않게 '인정받는 패권국'이 되기 위해 인도·태평양지역 국가들의 지지와 호응을 중요하게 여긴다.

특히 2021년 1월 출범한 바이든 행정부는 대외적으로 대중국 압박 전략과 선택적 개입주의를 견지하면서 글로벌 리더로서의 입지를 다시 확립하려고 노력할 것이다. 군사력과 외교력을 중국의 부상을 저지하는 데 투입하고 동맹국과의 관계를 강화하여 비용과 책임을 나누면서 국제규범과 다자협력을 통한 중국 압박에 나설 가능성이 크다. 인도·태평양지역의 중요도는 변함이 없지만, 세부적인 전략은 변경될 가능성이 크다. 따라서 한국을 비롯한 인도·아세안 국가들은 현 자유주의적 국제질서 수호와 평화, 인권, 민주주의 등 보편적 가치추구를 통해 국제관계를 강화해야 하며,

> 미국과 중국 중
> 어느 일방을 선택하여
> 강대국 편 가르기에 편승하기보다,
> 미·중 패권경쟁이 전쟁 등
> 최악의 상황으로 귀결되지 않도록,
> 현 자유주의적 국제질서 내에서 해결점을
> 모색할 수 있어야 할 것이다.

아세안이 아세안의 중심성으로 결집하여 미·중 패권경쟁의 편 가르기에 동참하지 않는 것은 동 지역의 안보에 매우 중요한 방향성이다. 한국은 아세안과 적극적으로 협력하여 신남방정책이라는 중립적인 정책을 통해 일대일로와 인도·태평양 전략의 접점을 모색하고 포용하는 기회로 삼아야 한다. 현실주의적인 대안들, 예를 들면 균형연합 형성, 편승 등의 전략을 취할 때 군사적 충돌 위험은 더욱 증가하기 때문에 아세안 및 여타 중견국과 함께 자유주의적 국제질서체제를 유지·강화하기 위해 노력해야 한다. 실질적으로 미국과 중국도 현 국제체제를 인정하면서도 중국은 미국을 패권적 지위를 남용하는 국가로, 미국은 중국을 수정주의 국

한국만의 가치와 기준 더욱 확고히 해야

(중략) 바이든 정부는 북한의 핵감축을 전제로 한 미북 정상회담 가능성을 열어놓고 있으며, 트럼프 정부에 비해 체계적인 비핵화 과정을 추진할 가능성이 높다. 바이든 후보는 미 의회 상원 외교위원회 활동을 30년 이상했으며, 상원 외교위원장 자격으로 김대중 대통령을 접견했고, 부통령 자격으로 박근혜, 이명박 전 대통령을 접견하는 등 한국 정치, 한미동맹과 북핵 문제에 대한 이해가 높은 편이다.

외교에 능통한 바이든 후보가 중국 견제 수단으로 북한을 미국 편으로 끌어당기기 위한 체계적인 노력을 할 가능성이 있다. 한미동맹을 강화하면서 대북정책 추진 시 한국과의 협의를 중시할 것으로 예측되는 것도 좋은 신호다. (중략)

한미동맹 강화는 남북관계, 미북 비핵화 협상, 미중 사이에 놓인 한국의 곤란한 입장에 긍정적으로 작용하지 않을 수 있다. 북한의 한미동맹 비난, 상향식 또는 다자협력으로 진행될 더딘 비핵화 과정, 동맹국으로서의 충성도를 시험하는 미중 양자택일 강요 상황이 한국의 외교적 입지를 더욱 좁힐 수 있음을 염두에 두고 대미·대북전략을 구상해야 한다.(중략)

따라서 우리는 현 상황을 긴 시간적 프레임과 넓은 공간적 프레임에서 파악할 필요가 있으며, "미중 패권 경쟁과 북한의 비핵화"를 장기적인 안목으로 대응해야 한다. 한국이 당면한 사안을 면밀히 검토하고 유연한 대응을 취할 수 있도록 대비하면서 미국 차기 행정부의 대한반도 전략의 장점을 살리고 한반도의 항구적 평화 정착을 위해 끊임없이 기회를 만들어 나가야 한다,

- 최재덕(본고 필자)의 프레시안 2020년 11월4일자 기고문 중에서 -

가로 규정한다. 양국 모두 자국의 이익을 극대화하기 위해 자국 중심으로의 변화를 시도하고 있다. 또한 미국과 중국은 경제력과 군사력을 국제체제의 영향력으로 투사하기 위해 지지세력 확보를 중시하고 있다. 그러한 이유로 양국이 인도·태평양지역에서 지정학적 경쟁을 벌이면서 동맹국과 동반자를 확보하려는 것이다. 따라서 동 지역 국가들은 군사적 충돌을 배제하지 않는 미·중 간 패권경쟁을 자유주의적인 국제체제 내에서 견제할 수 있어야 한다.

지정학적 중요성을 지닌 인도·태평양지역 국가들은 경제발전을 위해 중국과의 협력을 유지하지만, 중국이 더욱 공세적인 군사력을 행사할 경우 국가안보를 우선할 것이며 중국의 군사력을 억지하기 위해 원거리에 있는 미국에 더 관용적인 태도를 보일 가능성이 있다. 반대로 미국이 중국을 봉쇄하기 위해 무리한 군사적 연합을 요구할 경우, 이들 국가는 미국을 지지하지 않음으로써 미국으로 하여금 인도·태평양 전략 전개에 부담을 느끼게 할 것이다. 현재 미·중의 패권경쟁 양상은 공격적 현실주의의 틀에서 전개되고 있는 것으로 판단된다. 산업혁명 이후 강대국의 식민지와 대리전의 전장으로 이용된 쓰라린 경험을 안고 있는 아세안은 이러한 미·중 패권경쟁이 야기할 인도·태평양지역의 군사적 긴장을 자유무역, 다자주의, 국제법 등에 입각한 자유주의적 관점에서 막으려 할 것이다.

따라서 비슷한 역사적 경험과 처지에 있는 한국은 미·중 패권경쟁 과정에서 일방적이고 강압적인 요구에 직면하지 않도록 아세안 및 인도 등 남방국가들과 함께 자유주의적 국제질서를 위한 협력과 다자주의적 대응으로 평화와 번영을 일구고 가꿔나가야 할 것이다.

참고문헌

강선주, 「지경학(Geoeconomics)으로서의 미국의 인도-태평양전략」, 『IFANS (Institute of Foreign Affairs and National Security』 제12호, 2018

곽성일, "문재인 정부의 신남방정책 본질은 한반도 평화 시대 대비", 이코노미 인사이트 2018년 8월10일자

김영권, "미 국무부 보고서 '북 핵·미사일 포기하도록 최대압박 지속'", VOA뉴스 2020년 4월6일자

김영만, "美 동맹강화로 中고립…인도태평양 파트너십·경제블록 구축", 연합뉴스 2020년 5월22일자

김이삭, "美, 中 '일대일로' 맞서 '푸른점 네트워크' 추진", 한국일보, 2019년 11월6일자

노현섭, "美 빠진 아세안회의, 힘 빠진 '中견제론'", 서울경제, 2019년 11월4일자

신은진, "전세계 마이너스 성장 중, 베트남 등 아세안만 선방", 조선일보 2020년 7월6일자

하정미, "시진핑 주석, 제5차 CICA 정상포럼 참석 및 연설", 인민망 한국어판, 2019년 6월17일자

유희복, 「중국 경제의 진화: 국가발전에서 글로벌거버넌스 변화의 도구로」, 『아태연구』 제26권 2호, 2019

이귀원, "미중, 1단계 무역합의 서명…중, 2년간 2천억 달러 미 제품 구매," 연합뉴스 2020년 1월16일자

이대우, 「미국의 인도·태평양 전략과 한반도」, 『정세와 정책』 제12호, 2019

이대우 외, 「동북아플러스 책임공동체 구상」, 『세종정책총서』 제1호, 2019

이동윤, 「아세안(ASEAN)의 강대국 외교관계: 미국과 중국 사이에서」, 『국제관계연구』 제17권 제1호, 2012

이동윤, 「APEC과 ASEAN+3 사이에서: 동아시아 경제협력의 중복성과 보완성」, 『사회과학연구』 제33권 제2호, 2007

이성현, 「미중무역전쟁의 함의와 전망」, 『정세와 정책』 제17호, 2018년 12월호

이성현, "미국의 대중국 전방위 압박, 트럼프 이후에도 지속된다", 중앙일보 2019년 4월24일자

이재현, "한국-아세안, 경제·사회 넘어 안보까지 협력의 장 넓혀야", 서울경제 2019년 4월16일자

이정은, "트럼프, 홍콩보안법 강력 대응 조치 vs 시진핑, 전쟁 대비 전면 강화," 동아닷컴 2020년 5월27일자

이창재, "시진핑, 무역전쟁 속 상하이협력기구 회원국에 단합 촉구," SBS뉴스 2019년 6월15일자

이희옥, 「중국의 주변지역전략과 대동남아정책의 새로운 조정」, 『중소연구』 제35권 제2호, 2011

정재흥, 「중국의 강대국화 전략과 한국의 과제」, 『세종정책브리프』 2019년 제5호

조영신, "중국, 일본에 경제 보복 암시", 아시아경제 2020년 5월29일자

존 J. 미어세이머, 『강대국 국제정치의 비극』, 이춘근 옮김, 김앤김북스, 2004

채송무, [한·아세안] 문 대통령 "한·메콩 협력기금, 연간 300만 달러로 확대할 것", 뉴스핌 2919년 11월25일자

최병일, 『미중전쟁의 승자, 누가 세계를 지배할 것인가? (미국편)』, 책들의 정원, 2019

최재덕, 「일대일로의 이론과 실제: 중국의 지역패권주의 강화와 일대일로 사업추진에 발생된 한계점」, 『한국동북아논총』 제23권 제3호, 2018

최재덕, 「신남방정책과 '인도-태평양 전략'의 상호연계 모색: 지정학과 지경학의 상호보완성을 중심으로」, 『세계지역연구논총』 제37집 제4호, 2019

최재덕, 「차이나 리스크에 대한 대비와 한반도 지정학의 전략적 지정학으로의 전환」, 『슬라브 학보』 제34권 제2호, 2018

홍규덕, "인도·태평양 전략과 신남방외교...접점을 찾아서", 중앙일보 2019년 7월10일자

"ASEAN OUTLOOK IN THE INDO-PACIFIC", https://asean.org /asean-outlook-indo-pacific

"INDO-PACIFIC STRATEGY REPORT: *Preparedness, Partnerships, and Promoting a Networked Region*", *(June 1, 2019)* by The Department of Defense

The ASEAN Secretariat. 2019. ASEAN Economic Integration Brief No.06/ November 2019.

David A. Cooper, "Challenging Contemporary Notions of Middle Power Influence: Implications of the Proliferation Security Initiative for Middle Power Theory," Foreign Policy Analysis 7-3, July 2011, pp.317~318

Edward Wong, "China Navy Reaches Far, Unsetting the Region," *New York Times,* June 14, 2011

Ikenberry, G.John, "After Victory: Institutions, Strategic Restraint, and the Rebuilding of Order After Major Wars." New Jersey: Princeton University Press. 2001, p.23

Ikenberry, G.John, "The Rise of China and the Future of the West: Can the liberal system survive?," *Foreign Affairs. Vol. 87. No. 1*, 2008, pp.29~30

Ikenberry, G.John, "Liberal Leviathan: The Origins, Crisis, and Transformation of the Ameri -can World Order," *New Jersey: Princeton University Press,* 2011, pp.13~14

Ikenberry, G.John, "The Future of Liberal World Order." *Japanese Journal of Political Science. Vol. 16. No. 3.* 2015, p.450

Jason Dean, "China warns U.S. to Stay out of Regional Disputes," *Wall Street Journal,* June 23, 2011

John J. Mearsheimer, The Tragedy of Great Power Politics. *New York: W. Norton & Company Inc.* 2001

Kissinger, Henry, "World Order: Reflictions on the Character of Nations and the Course of History," *New York: Penguin Press,* 2014, p.8

Paul Fritz and Kevin Sweeney, "The limitations of Balance of Power Theory," *International Interactions,* Vol. 30, No. 4, 2004

Part II

남북교류협력 어제와 오늘, 그리고 내일

Chapter 04 '남북경협' 평가와 평화경제전략으로서의 필요성 _ 권영경

경협동력 '수업료' 인정 하에
공존공영 '큰틀' 변화모색

Chapter 05 남북 민간교류에 대한 재해석 _ 윤은주

평화·공존 '통일론' 모색 속
'적대적 대립' 해소에 주안점

Chapter 06 하노이 회담 결렬 이후 남북경협의 미래 _ 임을출

'남북관계' 발전이
곧 '비핵화' 촉진동력

Chapter 07 남북경협, 그 새로운 출발을 위하여 _ 이태호
\- 북한과 남북경협에 대한 인식의 전환 -

"공동의 가치 실현을 위한
'고민'과 '상상력'을 모아야"

Chapter 08 경제발전에서의 외부지원 효과 _ 이정훈

"美 '원조' 교훈 아래,
北 경제발전에 진정한 '손길'을"

Chapter 04　'남북경협' 평가와 평화경제전략으로서의 필요성

경협동력 '수업료' 인정 하에
공존공영 '큰틀' 변화모색

1. 남북경협의 이론적 배경
2. 남북경협 27년(1989~2015)의 역사적 개관
3. 남북경협 27년의 평가
4. 평화경제전략으로서 남북경협의 필요성

권영경

연세대 대학원 경제학 박사

현, 통일부 통일교육원 명예교수
　　경기도 평화협력위원회,
　　고양시 연천군 남북협력위원회 위원
　　개성공단지원재단 자문위원
　　동북아평화협력연구원 연구위원
전, 통일부 통일교육원 교수
　　대통령 직속 북방경제협력위원회 민간위원
　　방송통신위원회 남북교류협력위원회 위원
　　평화재단 이사

〈저서〉
- 『북한이해』(공저), 통일교육원, 1998~2018
- 『승자독식사회』(공역), 웅진지식하우스, 2008
- 『북한정부론』(공저), 백산자료원, 2002
- 『김정일의 북한 어디로 가는가?』(공저), 한울아카데미, 2009
- 『기로에 선 북한, 김정일의 선택』(공저), 한울아카데미, 2011

〈주요 연구 및 논문〉
- 「북한의 개혁·개방 추진실태: 현황과 쟁점」, 『수은 북한경제』, 한국수출입은행, 2012 가을호
- 「북한시장의 구조화 과정과 김정은정권의 경제개혁 가능성 분석」, 『동북아경제연구』, 한국동북아경제학회, 2013. 12
- 「김정은시대 북한 경제정책의 변화와 전망」, 『수은 북한경제』, 한국수출입은행, 2014 봄호
- 「중국의 사례를 통해 본 김정은정권 경제개발구 정책의 과제와 향후 전망」, 『평화학연구』 제16권 1호, 한국평화학회, 2015
- 「신남북경협시대의 전망과 과제」, 『북한경제리뷰』, KDI, 2018. 11
- 「북한의 경제노선 변화과정에 대한 분석과 향후 전망」, 통일교육원, 2018
  외 다수

• E-mail : kwonyk58@hanmail.net

Chapter 04 '남북경협' 평가와 평화경제전략으로서의 필요성

경협동력 '수업료' 인정 하에 공존공영 '큰틀' 변화모색

1. 남북경협의 이론적 배경

남북경협은 노태우정부가 1988년 '7·7선언'을 통해 기능주의 통합이론에 토대를 둔 통일정책을 수립하여 남북 간 경제교류 및 협력을 공식화함으로써 시작될 수 있었다. 이에 따라 남북교역 통계는 1989년부터 작성되기 시작했다.

남북경협은 1990년 8월 '남북교류협력에 관한 법률'과 '남북협력기금법'이 제정된 이후 제도적 기반 위에서 본격화되어 나갔다. 남북경협의 개시는 단지 어느 한 정부의 정치적 욕망에서 비롯된 것이 아니라, 당시 한반도 내부의 변화와 한반도를 둘러싼 국제질서의 대전환을 반영한 역사적·필연적 행위로서 그 배경은 다음과 같다.

첫째, 사회주의권이 붕괴하고 탈냉전 시대로 돌입했음에도 불구하고, 한반도만이 '냉전체제의 비동시성'이라는 역사적 구조 속에 존재함으로써 북한의 변화가 절대적으로 요구되고 있었으며, 북한이 드디어 변화의 불가피성에 직면해 있다고 판단하였기 때문이다. 당시 북한은 체제위기 극복을 위해 자본주의 시장경제로 일원화된 세계경제질서에 편입되지 않으면 안 되는 불가피성에 처해 있었다. 이에 북한이 시장화 개혁과 남북경협이 불가피하도록 인식하는 정책을 촉진할 필요가 있었다.[1]

둘째, 같은 분단국가였던 독일이 (신)기능주의적 접근방식을 통한 평화적 통합이 가능함을 보여주었기 때문이다.

> **잠깐만 보고 갈까요!!**
>
> ### '기능주의 접근방식에 의한 통합이론'이란?
>
> '하위 정치'(low politics)의 영역, 즉 경제·사회문화·과학기술 등 분야에서의 협력이 첨예한 정치적 갈등 속에 있는 양자 간에 점차 공통의 이익추구를 가능케 하는 기능망과 협동망을 만들어 주고, 이것이 전쟁방지와 갈등예방에 기여하며 궁극적으로 '상위 정치'(high politics)에서의 협력과 협상도 이뤄지게 함으로써 정치통합을 가능케 한다는 이론. 한마디로 경제·사회분야·과학기술 등 분야에서의 협력의 확산효과(spillover-effect)가 경제공동체, 사회문화공동체, 정치공동체 등 단계별로 공동체를 형성하게 한다는 것이다.

---

[1] 김학노, 「평화통합전략으로서의 햇볕정책」, 『한국정치학회보』 제39집 5호, 한국정치학회(2015), pp.246~247

국제정치 이론가들은 (신)기능주의적 접근방식이 이질적 체제 간에서는 현실정치 차원에서 적용되기 어려울 것으로 보았다.

그 이유는? 통합의 성과가 유도되려면 대상국이 다원주의적 관점에 기초해 있어야 하고, 대상국 행위자들이 합목적적으로 행동하며 인지된 이익을 새로운 상황에 적용해 지속적으로 기능적 연계망을 창출해 나가야 하기 때문이다. (신)기능주의 통합전략은 자유민주주의와 시장경제라는 동질적 체제를 전제로 해야 그 효과성이 발현되는 전략이라고 고찰되고 있었다.

그런데? 독일 통일사례는 개방적이고 다원화된 민주주의 체제와 폐쇄적이고 전체주의적인 공산주의체제와의 관계에서도 (신)기능주의 접근방식의 효과성을 어느 정도 보여줌으로써 한반도에의 적용* 가능성에 대한 희망을 낳았다. 북한의 경제난과 극심하게 확대된 남·북한 경제력 격차가 그 동력이 될 것으로 인식하였다.

> *** '기능주의 통합이론' 관련해 당시 우리는?**
>
> 전 통일부 간부 출신이었던 박찬봉에 의하면, 한국정부가 정책적 차원에서 기능주의 통합이론을 검토하기 시작한 것은 1972년~75년 사이인데, 당시 많은 연구자들과 정책 당국자들은 북한을 압도하는 경제력과 전쟁도발을 억제할만한 군사력 확보가 필요하므로 한계가 있다고 보았다고 한다. 그러나 당시 정책당국자들 및 전문가들은 기능주의 통합론이 한반도 통합에 많은 시사점을 주는 것도 사실이므로 보다 더 체계적인 연구를 하고 향후 남북관계 개선에 대비해야 한다고 생각했다고 한다.
>
> 박찬봉,「'7.7선언체제'의 평가와 대안체제의 모색」,『한국정치학회보』 제42집 4호(한국정치학회, 2008), p.345

셋째, 세계화시대의 도래와 함께 전개된 구 사회주의국가들의 체제전환 및 중국의 개혁·개방은 당시 한국경제에 북방경제권으로의 새로운 경제영토 확장의 필요성을 국가발전전략상 요구하고 있었다. 이를 위해 남북관계의 실질적 변화가 필요했었다. 마침 당시 한국에 앞서 중국과 수교한 미국, 일본의 중국과의 평화공존 상태는 이념의 차이가 존재하더라도 산업화와 시장화를 지향하는 동일한 토대를 공유하고 있으면 (신)기능주의적 접근을 통한 평화공존이 가능하다는 경험을 인지하게 했다. 즉 '무역의 평화적 효과론' 및 '시장평화론'적 관점에도 주목하게 된 것이다.

물론 한국정부가 (신)기능주의 접근방식과 함께 시장평화론적 관점을 노태우정부(1988. 2~1993. 2)시기부터 실체적·의식적 정책틀로 가졌다고 보기는 어렵다. 시장평화론적 관점은 1990년대 후반 김대중정부(1998. 2~2003. 2) 이후 대북포용정책을 본격 실행하면서 남북경협의 이론적 토대로 편입되었고, 노무현정부(2003. 2~2008. 2) 시기 '평화경제론'이라는

> **잠깐만 보고 갈까요!!**
>
> ### 노무현정부의 '평화경제론'
>
> 노무현정부는 남북한 공동번영 및 동북아 공동번영과 한반도 평화증진을 동시에 추구하는 평화번영정책을 대북정책의 목표로 내세웠었다. 즉 남북한 사이에 다방면의 협력을 심화시켜 평화체제의 토대를 마련하고 궁극적으로 한반도 평화체제를(동시에 동북아 국가들 간 협력을 심화시켜 동북아 평화달성에 기여하는) 구축한다는 기능주의적 통합정책을 추진했다.

담론을 통해 남북경제협력의 이론적 토대가 되었다. 경제협력이 평화요소를 창출하고 이것이 경제협력을 심화시켜 나가면, 다시 평화요소가 누적되어 평화가 제도화되는 경제-평화의 선순환 관계가 된다고 보았던 것이다.

넷째, 냉전체제 붕괴 이후 미국의 대외정책 변화에 조응하며, 한반도 통일문제 해결의 '당사자 담론', 즉 우리민족 스스로 당사자가 되어 민족내부의 갈등을 완화하는 실행전략을 실제적으로 실행할 필요도 있었다. 냉전시기에 한반도 분단문제는 냉전체제에 구조적으로 규제받는 하위의 문제로서 남·북한이 직접 대화하며 당사자 역할공간을 만들기가 쉽지 않았다. 남·북한이 1972년 최초로 한반도문제의 당사자 시각에서 합의한 '7·4 남북공동성명' 합의문(자주·평화·민족대단결 통일 3대원칙)이 나올 수 있었던 것도 당시 미국의 동북아전략 변화와 미·중 간 화해, 그리고 냉전체제의 데탕트 분위기에 힘입은 것이었다.[2]

1990년대 탈냉전 이후 클린턴 행정부는 WTO체제의 전 세계적 안정화·확산과 더불어 미국 중심의 단극체제를 강고히 해야 하는 대외과제에 직면했었다. 이에 미국은 냉전의 승리 이후 새로운 안보틀을 구축하고 미국 주도를 거부하는 현상변경 대상국들에 대해 경제제재 등을 시행하면서도 다른 한편 구 공산권 국가들을 미국식 시장자본주의와 민주주의, 미국적 문화패러다임과 미국 주도의 다자주의 국제제도에 편입시키고 관리하는 '관여와 확대정책'(engagement and enlargement)을 시행했다. 미국 주도의 국제규범을 받아들이는 구 사회주의국가들 및 중국을 미국 주도의 세계질서로 편입시키는 확대정책을 시행하면서, 다른 한편 북한·베트

[2] 박광득, 「7.4 남북공동성명의 주요 내용과 쟁점 분석」, 『통일전략』 제14권 3호, 통일전략학회(2014), pp.1~15

남·이란 등 일탈 국가들에 대해서는 행동변화를 유도하고자 하는 전략적 '관여정책'을 시행했었다. 그 수단으로 접촉·교류의 관여행위만 시행한 것이 아니라, 제재(sanction)와 억제(deterrence) 수단도 활용하는 이중전략을 병행해 미국 중심의 질서가 유지 강화되는 방향으로, 이른바 불량국가의 현상변경을 적극 유도하려 했다.

미국의 이러한 대외정책은 1990년대에 제1차 북핵 위기가 전개되는 가운데서도 한국정부가 나름 '당사자 담론'을 시행할 수 있는 대외적 환경 여건을 조성해 주었고, 민족내부 간 관계의 관점에서 남북경협을 시행하

〈표 1〉 시대별 남북경협의 이론적 배경과 남북경협

김대중 정부	노무현 정부	구분	이명박 정부	박근혜 정부
(신)기능주의 통합전략	(신)기능주의 통합전략	남북관계 접근방법	(신)기능주의 통합전략 표명, 현실적으로는 현실주의적 접근	
병행론 정경분리론		남북경협, 북핵 문제와의 관계 인식	병행론, 정경연계론	
시장평화론	평화경제론	남북경협 정책의 이론적 배경	민주평화론 先'상위 정치' 문제 해결 후 경제통합의 기능적 역할 강조	
남북경협의 선도적 역할 강조				
포괄적 포용(관여)		포용(관여)의 성격	원칙적, 제도적 접근의 포용(관여)	
• 남북 접경지역 경협공간(금강산관광사업) 물꼬 • 일반교역·위탁가공교역 증진 • 비상업적 교역 점진 증대	• 남북 접경지역 경협공간(철도·도로 연결, 개성공단사업) 확대 • 일반교역·위탁가공교역 심화 • 비상업적 교역 심화	남북경협 정책의 결과	• 금강산관광객 피격 → 금강산관광사업 중단(2008. 8) • 천안함사태 → 5·24조치(일반·위탁가공교역, 투자협력사업 중단(2010. 5) • 제4차 핵실험 → 개성공단사업 중단(2016. 2) • 비상업적 교역 축소, 상업적 교역 위주 집중	

자료 : 필자 작성

려는데 필요조건이 되어주었다. 물론 2001년 9·11테러 이후 미국의 대외정책이 변화되고 북한의 핵·미사일 도발도 점증되어 감으로써 '당사자 담론'에 따라 남북경협을 일관되게 지속해 나가기 어려운 환경이 조성되었다. 그러나 남북경협은 민족내부의 갈등을 완화하고 평화통일의 인자를 산출하는 한반도 평화통일전략의 부인할 수 없는 행위요소라는 공감대가 국제사회에 일부 형성될 수도 있었다.

따라서 남북교역 통계가 작성되기 시작하는 1989년 이후 2016년 2월까지 지난 27년여 간 경험했던 남북경협은 대체로,

- (신)기능주의 통합이론
- 시장평화론
- 관여이론

등의 이론적 토대와 공감대 위에서 전개되어 왔다고 할 수 있다. 남북경협은 기본적으로 (신)기능주의 통합전략을 수행해 나갈 때 체제수렴을 조성해나가는 행위로서, 그리고 중장기적으로 북한의 개방과 시장화를 유도하는 현상변경적 관여수단으로 인식되어 왔다. 정책추진의 방법론에 차이가 있지만 역대 정부 모두 평화통일 전략수행의 주요 행동요소로 인식했었다. 이는 모든 정부가 헌법에 규정되어 있는 평화통일 정책을 추구하며 민족공동체 건설에 요구되는 포용(관여)정책의 필요성을 부인하지 않는 데서 찾아볼 수 있다.

그렇지만 각 정부의 남북경협과 남북 간 정치·군사적 문제 및 북핵문제

해결과의 관계 설정, 북한정권에 대한 인식의 차이에 따라, 포용(관여)의 실행 방법론은 달랐으며 이로 인해 남북경협 정책의 현실적 추진양상도 상이하게 전개되었다. 남북경협이 평화요소를 산출하는 기능망으로 인식될 때에는 '정경분리' 관점의 경협정책이 추진된 반면, 남북경협이 정치군사적 갈등을 완화시키지 못했고 북한 체제유지의 일부 재원적 토대가 되었다고 보는 관점 하에서는 '정경연계'의 경협정책이 추진되었다.

후자의 관점은 남북경협이 통일비용의 사전적 절감과 남북 간 이질체제를 수렴시키는 기능적 통합전략의 주요 행위 인자임을 인정하면서도, 현상변경적 관여수단으로서는 한계가 있다고 보았다. '한반도 문제'(Problem of Korean Peninsula)의 핵심인 북한의 비핵화와 정치군사적 문제해결이 먼저, 혹은 병행적으로 해결되는 가운데 남북경협을 기능적 통합전략 수단으로 삼아야 한다고 인식했다. 사실 북한이 2006년 1차 핵실험 이후 수차례의 핵실험과 장거리 미사일 발사 실험, 2010년 천안함·연평도 피격 및 도발까지 행함으로써 이러한 관점이 힘을 받기도 했음을 부인하기 어려울 것 같다.

그렇다면? 과연 한반도에서는 동일한 분단국인 동서독이나 중국-대만과 달리 민족내부 간 경제적 상호의존성 제고를 통한 경제공동체 형성의 가능성이 조성되기 어려운 것일까. 정치·이념적 갈등이 존재하더라도 상호 경제적 이익을 공유하며 민족내부 간 경제력 격차의 해소와 갈등을 완화시켜 나가는 상호 윈-윈의 게임이 불가능한 것일까?

되돌아보면? 지난 27년 간 전개되었던 남북경협은 기본적으로 문제점이 존재하지만, 양적·질적으로 확장되어 오면서 남북 간 협력과 상호이익의 공간을 점차 창출하는 모습을 현장에서 보이기도 했음을 인식할 필요가 있다.

2. 남북경협 27년(1989~2015)의 역사적 개관

남북경협은 이미 1980년대 후반경부터 일부 기업들에 의해 제3국을 통한 간접교역 방식으로 소규모, 비합법적으로 전개되고 있었다. 1990년 8월 '남북교류협력에 관한 법률', '남북협력기금' 등 남북교역 관련법제가 마련된 이후 남북경협은 합법화되었고, 그 규모는 1989~1990년 2천만 달러에도 못 미치는 규모에서 1991년 1억 1천여 만 달러로 대폭 확대되었다.

1992년부터 북한에 원자재를 제공하고 북한의 공장시설에서 위탁가공한 제품의 반입이 이루어지는 위탁가공교역도 추진되었다. 최초의 위탁가공제품 반입은 ㈜코오롱이 북한의 남포 공장에서 제작한 가방제품(1만 4,555개, 10만 1,000여 달러 상당)이었다. 남북 간 일반교역을 시작한 후 3년 만에 이루어진 위탁가공 교역은 남북교역 규모를 1억 달러대에서 2억 달러대로 확장시키는 역할을 했다. 당시 남북경협 환경은 1993년부터 제1차 북핵 위기가 발발해 불안정한 상황이었다. 그러나 김영삼정부는 남·북한 경제관계 발전에 있어서 위탁가공 교역의 역할을 중시하고, 1994년 10월 북·미 간 제네바합의가 이루어짐과 동시에 동년

11월에 위탁가공 시설반출 및 기술자 방북을 허용한 '제1차 남북경협활성화조치'를 취했었다. 그 결과 남북교역 규모에서 위탁가공 교역은 1996년도에 30% 비중까지 늘어났고, 이에 힘입어 경협규모도 확대되었다. 김영삼정부 5년 간(1993년~1997년) 연평균 남북 교역규모는 2억 4천만여 달러였다.

1995년 대북인도지원 선박에 대한 인공기 게양 사건, 1996년 북한 잠수함의 동해 침투사건으로 남북관계가 잠시 경색되고 남북교역 규모가 1995년 대비 1996년도에 전년보다 잠시 12% 감소하기도 했지만, 이 사건들은 남북경제관계에 일부 영향만 주었을 뿐이었다. 1996년부터는 ㈜대우에 의한 투자협력사업도 최초로 시작되었다. 아울러 1995년부터 식

〈표 2〉 남북교역액 현황(1989~2019년)

단위 : 백만 달러

연도 구분	'89	'90	'91	'92	'93	'94	'95	'96	'97	'98	'99	'00	'01	'02	'03	'04	'05
반입	19	12	106	163	178	176	223	182	193	92	122	152	176	272	289	258	340
반출	0	1	6	11	8	18	64	70	115	130	212	273	227	370	435	439	715
합계	19	13	111	173	187	195	287	252	308	222	333	425	403	642	724	697	1,056

연도 구분	'06	'07	'08	'09	'10	'11	'12	'13	'14	'15	'16	'17	'18	'19	합계
반입	520	765	932	934	1,044	914	1,074	615	1,206	1,452	186	0	11	0	12,607
반출	830	1,033	888	745	868	800	897	521	1,136	1,262	147	1	21	7	12,250
합계	1,350	1,798	1,820	1,679	1,912	1,714	1,971	1,136	2,343	2,714	333	1	31	7	24,857

* 반올림으로 인해 각 연도 반입과 반출 소계와 합계가 다를 수 있으며 1백만 달러 이하는 0으로 표시

량난을 겪고 있는 북한주민들에게 정부차원의 쌀 무상원조와 민간 인도 지원 단체들의 인도지원사업도 개시되었다. 한마디로 남·북한 경제협력 관계가 불과 6년 사이에 일반 단순교역에서 위탁가공 교역, 투자협력, 인도지원 사업 등으로 확장된 것이다.

한편 남·북한 사이에는 제네바 합의에 따라 북한의 함경남도 신포에서 경수로 건설사업이 시작됨으로써 1997년부터 2002년까지 막대한 공사

<그림 1> 그래프로 본 남북교역(1989~2019년) 추이

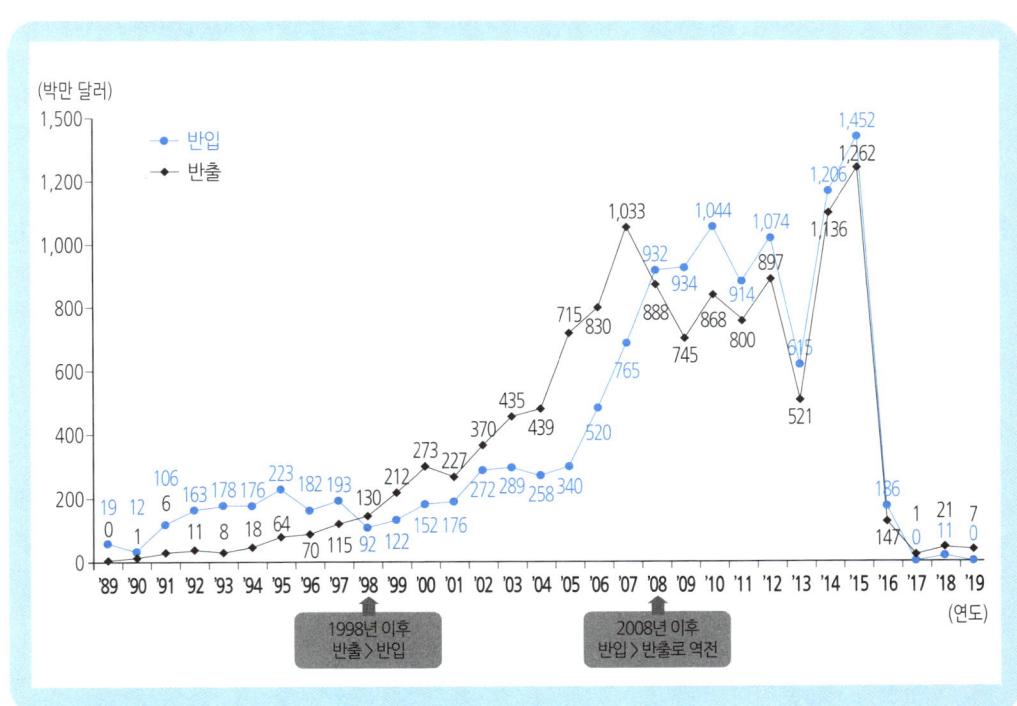

자료 : (앞 페이지 <표 3> 포함)
통일부, 『2020통일백서』 부록 II 남북관계 주요통계, p.273

관련 물자반출이 전개되기 시작했다. 여기에 1998년부터 금강산관광사업도 시작됨으로써 대북 물자반출이 급격히 증가하기 시작했다. 1998년에는 '제2차 남북경협활성화조치'도 취해져 1998년 2월부터 2002년 김대중정부 기간 동안 남북경협 규모는 연평균 약 3.2억 달러로 확대되었다. 또한 2000년 1차 남북정상회담 이후 동년 12월 '남북경협 4대 합의서'(투자보장, 이중과세 방지, 청산결제, 상사분쟁)도 만들어져 남북경제협력이 제도적으로 보다 확대 발전할 수 있는 여건도 조성되었다. 1999년과 2002년 남·북한 해군이 NLL상에서 충돌하는 1, 2차 서해교전이 있었고, 1999년 북한 금창리 지하시설 핵 의혹과 2002년 제2차 북핵 위기도 불거졌지만, 남북경협 규모는 2000년 4.2억 달러에서 2002년 6.4억 달러로 늘어났다.

그러나 김대중정부 시기 남북교역 규모는 상업적 거래의 핵심인 일반교역과 위탁가공 교역이 2002년 기준 각각 2억 달러 내외였으며, 비상업적 거래비중이 42.7%(2002년 2.7억 달러)나 되는 한계점을 보이고 있었다.

왜? 일반교역 수준이 이렇게 낮은 수준이었던 것은 북한의 취약한 산업 생산력으로 인해 북한이 남한에 판매할 수 있는 물품이 광물자원, 농수산물과 같은 1차자원에 지나지 않았던 반면, 당시 600~700달러 수준이었던 북한의 소득수준과 남한에 대한 경계심으로 인해 대남 반입액이 1천만~3천만 달러에 지나지 않았기 때문이다.

그리고 또? 　또한 북한의 열악한 인프라와 '3통 문제'(통행·통신·통관)로 인해 북한의 공장시설과 노동력을 활용하는 위탁가공 교역도 보다 적극적으로 늘어날 수 없었다. 이런 가운데 2000년대 이후 크게 늘어나기 시작한 인도지원 물자에 2000년~2002년 사이 가장 피크로 반출된 경수로 건설관련 물자, 게다가 2002년 9월 착공된 경의선·동해선 철도·도로 연결사업 관련물자 등의 반출 등으로 인해 비상업적 거래비중은 전체 교역규모에서 크게 늘어날 수밖에 없는 여건이기도 했다.

2003년 노무현정부 이후 남북경협은 정부가 철도·도로 연결 및 개성공단 조성 등에서 역할을 함으로써, 민관협력 하에 이루어지는 공공분야로까지 확대되어 나갔다. 이는 그동안 정경분리 하에 민간기업이 중심이 되어 일반교역, 위탁가공, 투자협력 등으로 남북경협의 영역을 넓혀 왔지만 남·북한 비무장 지대를 우회한 해운항로로 물자유통이 이루어짐으로써 남북경협의 지속발전에 한계가 있었기 때문이다.

동서독의 교역규모가 1960년 20억 DM에서 1980년 108억 DM로 급증한 데는 1972년 기본합의서 체결 이후 동·서독 간을 연결하는 도로, 철도 연결이 큰 역할을 했다고 할 수 있다. 이에 1차 남북정상회담 이후 자연스럽게 남·북한 사이에는 남·북한이 대치하고 있는 접경지대를 연결하고 이를 중심으로 협력공간을 조성하는 인프라 건설사업이 아래로부터 요구될 수밖에 없었다. 도로·철도 건설은 기본적으로 국가가 담당해야 하는 인프라 투자로서 남·북한 정부 당국자 간 협력이 불가피했다.

얼마나? 이에 남북경협은 정부 간 공공협력으로의 확대 분위기에 힘입어 2004년 이후 10억 달러 이상 규모를 돌파하기에 이르렀다. 노무현정부 시기 남북경협의 연평균 규모는 약 13.5억 달러로서 이전 정부 5년 간에 비해 약 4배 이상 급증하였다. 노무현정부 말기인 2007년도에는 남북경협의 다원화에 힘입어 남북경협이 보다 더 질적으로 제고되어 나갈 수 있는 방향성을 보여주기도 했다. 북한 내륙에까지 위탁가공 및 투자협력이 확장됨으로써 2007년도에 일반교역이 4억 달러, 위탁가공 교역은 3.2억 달러의 달성을 나타냈다.

특이점은? 특히 2004년 12월부터 가동되기 시작한 개성공단 사업이 2007년도에 4.3억 달러의 실적을 나타내고 금강산관광사업도 1.1억 달러의 실적을 보임으로써 상업적 거래규모가 전체 남북교역규모의 약 80%에 이르게 되었다. 즉 2007년경에 오면서 남북경협은 이제야 비교우위의 원리에 따라 경제적 효율성을 높일 수 있는 모습을 갖추기 시작한 것이다.

왜 비판을? 2000년대 이후 남북경협은 다른 한편, 시장원리에 의거한 상업적 거래위주로 추진되지 못하고 북한의 시장화, 개혁·개방, 그리고 남북 모두의 상호이익을 창출하는 경제관계가 아닌 지원성 관계일 뿐이라는 비판도 일부로부터 받고 있었다. 이는 일부 타당성이 있지만 통계분류의 잘못으로 오해를 불러일으킨 면도 있었음을 인식할 필요가 있다. 1990년대 말 이후 대북 인도지원 사업이외 경수로건설, 금강산관광사업, 남북간 도로 철도연결 사업 등이 전개되면서 남북교역 통계에는 일반교역 및 위탁가공교역 외에 다양한 거래항목이 포함되는데, 이들을 '비거래성 교역'항목으로 분류하는 오류를 범했었던 것이다. 남북경협은 민족내부 간 거래관계로서 일단 남북한 접경선을 오가는 모든 물자들의 반출·반입의 경제적 가치액을 통계치로 모두 추산한다. 이 때문에 남북경협 통계에는 정상적 국가 간 교역관계에서는 존재하지 않는 '비거래성 교역'이라는 항목이 존재하는데 2004년까지 그 분류에 다소 문제점이 있었다.

예를 든다면? 예컨대 1998년부터 시작된 금강산관광사업은 민간기업이 북한과 투자협력 사업으로 진행한 사업인데 금강산관광 관련인프라 물자들의 반출을 초기에 비거래성 교역항목으로 분류했었다. 또한 2002년 착공한 도로·철도 연결사업도 장기적으로 남북경제공동체 형성의 기본토대가 되는 인프라 협력사업인데도 불구하고 이를 비거래성 교역항목에 포함시키는 오류도 범했었다. 북핵문제 해결의 대가로 반출되는 경수로건설 관련물자의 반출은 남북경협과 상관없는 반출임에도 불구하고, 이를 비상업적 거래항목에 포함시켰었다.

이후 개선은? 이에 따라 2005년도에 남북교역 통계항목을 다음 〈표 3〉와 같이 조정하였는데, 이 조정이 있은 후 비상업적 거래비중은 2007년도에 20.2%로 하락하게 되고, 2008년도에는 6%까지 하락하였다. 남북경협을 '퍼주기' 담론에 의거해 비판받게 한 데는 이러한 초반 통계분류의 오류도 일부 한몫 했었다고 할 수 있다.

윈-윈 모델? 2008년도의 남북경협은 만일 그것이 정치·군사적 요인에 좌우되지 않고 지속되어 나갈 경우 향후 어느 방식으로 전개되어갈 수 있는지 추측할 수 있는 바로미터였다. 2008년도에 관광객 피격사건으로 인해 비록 금강산관광사업이 7월 12일 이후 중단되었지만, 당시 위탁가공교역은 4억 달러를 돌파하고 개성공단사업도 8억 달러 이상 달성됨으로써 북한의 노동력을 활용한 두 형태가 합계 12억 달러, 즉 전체 남북경협 규모의 약 66.8%를 차지하는 유형을 보여주고 있었다. 일반교역은 북한의 경제난을 반영해 여전히 4억 달러를 돌파하기가 쉽지 않음을 보여주고 있었다. 이는 한마디로 향후 남북경협이 남한의 자본과 북한의 노동력을 결합하는 형태의 경협으로 집중되어 나감으로써 보다 더 윈-윈의 게임형태로 전개될 가능성을 나타내고 있었던 것이다.

그러나 남북경협은 안타깝게도 금강산관광사업→ 일반교역·위탁가공교

〈표 3〉 2005년도부터 적용한 '남북교역 통계항목'

대구분	소구분	거래유형	
상업적 거래	교역	일반교역	
		위탁가공교역	
	경제협력사업	금강산관광사업	2004년까지 비상업적 거래로 분류
		기타협력사업	
	경공업협력사업	경공업협력	
비상업적 거래	대북지원	민간지원 / 정부지원	
	사회문화협력사업	사회문화협력사업	
	핵동결 대가	경수로, 중유지원	

자료 : 필자 작성

역→ 투자협력사업→ 개성공단사업 등 역순으로 하나하나 중단되는 상황을 맞이하면서 정전체제 하의 분단국 간 경협의 딜레마를 보여줄 수밖에 없었다.

3. 남북경협 27년의 평가

1) 분단체제가 반영된 거래관계

1989년~2015년 간 남북 교역규모의 총합계는 245억 4백만 달러이다. 이 중 상업적 거래의 비중이 89%, 비상업적 거래의 비중은 11%로서 '퍼주기' 논란의 대명사인 비상업적 거래가 27년이라는 장기 시간대속에서 볼 때 비중이 낮음을 볼 수 있다.

비상업적 거래의 비중은 2000년~2006년 사이에 크게 증가하고, 2007년 이후로는 점차 낮아지는 추세를 보이는데 그 현황은 다음의 〈표 4〉와 같다. 이는 동기간 동안 대북지원에서 많은 비중을 차지하였던 쌀과 비료지원이 감소하고, 경수로건설 및 철도·도로 연결을 위한 물자반출의 통계분류 항목조정과 더불어 이들 사업들도 종식되었기 때문이다. 그래서 앞에서 언급했듯이 비거래성 교역비중은 2007년도에 20% 비중으로 낮아지고 2008년 이후 정권교체에 따른 남한정부의 정책변화가 없어도 낮아질 수밖에 없음을 예고하고 있었다.

과거 같은 분단국이었던 독일의 경우 1972~1989년 간 서독의 대동독지원은 연평균 54억 DM(22.5억 달러)였다. 이 연평균 지원액을 당해 연도 상업적 교역액과 대비해 보면 1980년의 경우(교역액 108억 DM) 50%를, 그리고 1985년의 경우(교역액 155억 DM)에는 34.8%의 비중을 나타냄으로써 인도지원 규모가 상당했었다. 동·서독 간 교역에는 위탁가공교역은 거의 없고 일반교역이 다수를 차지했었다. 간혹 동독기업이 서독기업에 대형 프로젝트를 발주하거나 서독기업으로부터 생산특허를 도입하기

<표 4> 2006년 이후 '비상업적 거래' 등 유형별 남북교역액 현황

구분	남북교역 유형	'06	'07	'08	'09	'10	'11	'12	'13	'14	'15	'16	'17	'18	'19
반입	반교역·위탁가공	441	646	624	499	334	4	1	1	0	0	0	-	-	-
	경제협력 (개성공단·금강산관광·기타·경공업협력)	77	120	308	435	710	909	1,073	615	1,206	1,452	185	-	-	-
	비상업적 거래 (정부·민간지원/사회문화협력/경수로사업)	1	0	0	0	0	1	-	-	0	0	-	0	11	0
	반입 합계	520	765	932	934	1,044	914	1,074	615	1,206	1,452	186	0	11	0
반출	일반교역·위탁가공	116	146	184	167	101	-	-	-	-	-	-	-	-	-
	경제협력 (개성공단·금강산관광·기타·경공업협력)	294	520	596	541	744	789	888	518	1,132	1,252	145	-	-	-
	비상업적 거래 (정부·민간지원/사회문화협력/경수로사업)	421	367	108	37	23	11	9	3	4	10	2	1	21	7
	반출 합계	830	1,033	888	745	868	800	897	521	1,136	1,262	147	1	21	7

* 반올림으로 인해 연도별 반입과 반출 유형별 소계와 반입/반출 합계가 다를 수 있으며 1백만 달러 이하는 0으로, 없을 경우엔 - 으로 표시

자료 : 통일부, 『2020통일백서』 부록 II 남북관계 주요통계, p.275

도 하는 투자협력 관계가 이루어졌으면서도 민족내부의 관계라는 분단체제의 특수성을 감안한 지원관계가 상당한 비중으로 존재했었다.

경제력 격차가 반영된 분단체제에서 인도지원은 분단구조의 갈등을 완화하고 민족적 동질감을 회복시키는데 불가피한 거래관계라고 할 수 있다. 그 뿐만 아니라, 상호 제로-섬 게임을 하고 있는 체제경쟁 대상국 사이에서 비정치적·비군사적 게임구조를 만들어 가는데 요구되는 거래관계이기도 했다고 할 수 있다. 물론 동·서독의 경우 대동독지원이 아래의 〈표 5〉에서 보듯이 민간중심으로 이루어졌고(77%) 정부차원의 지원은(23%) 정치범 석방 등 대가를 구체적으로 어느 정도 수반하는 지원이었다.

〈표 5〉 1972~1989년 간 내독 이전거래

민간 이전 거래		교회 이전 거래		공적 이전 거래	
A. 연고관계를 통한 지원: 707					
우편물	450	현물지원	25	현금지원	20
휴대	50	Genex	3	의료지원	5
Genex	26	교회단체	28	증여금	100
소계	626		56		25
B. 구동독정부 앞 지원: 210					
도로사용료	10			통과운송패키지	78
사증수수료	7			도로패키지	5
공평과세	2			허가요금	3
기타	2			투자	24
환전	45			석방대가	34
소계	66				144

자료: 수출입은행, 『독일통일 실태 보고서(1) - 독일연방하원 앙케이트위원회 보고서 -』(2009), p.26

반면 남·북한의 경우 비상업적 거래에서 정부차원 지원비중이 압도적으로 높고, 그에 상응하는 대가는 포괄적이었다는 문제점이 있었다. 그러나 독일 통일 후 독일연방의회 '앙케이트 보고서'에서 민간중심의 연고관계를 통한 대동독 지원이 통일이라는 전략상 목적의 추구, 추후 '독일문제'의 공론화 지평의 확대라는 정치적 관점에서 이루어졌다고 하는 보고 내용은[3] 커다란 시사점을 준다고 생각한다.

> 경제력 격차와
> 이념갈등이 극심한
> 분단체제 아래 거래관계에서
> 민족내부 간 동질성 확보와 평화통일의
> 목표 달성을 위해서는 인도지원 거래의 불가피성이
> 존재했다는 것이다.

2) 남북 간 상생의 경제관계 가능성과 정전체제의 제약

지난 27년 간의 남북경협이 경제공동체로의 발전 가능성을 어떻게 보여주었는가를 살펴보려면 상업적 거래구조를 분석해 볼 필요가 있다. 상업적 거래유형의 발전과정을 살펴보면 일반교역→ 위탁가공교역→ 투자협력→ 개성공단사업으로 그 영역이 확장되어 나가면서 2000년대 하반기 경부터 위탁가공 교역과 개성공단사업으로 집중되고 있었음을 볼 수 있다. 27년 간의 총 상업적 거래규모에서 위탁가공 교역은 15%, 개성공단사업은 63.9%로서 이 두 형태 남북경협 방식이 합계 78.9%의 압도적 비중을 차지하고 있었다. 이는 남·북한 산업생산력 및 경제력의 차이를 반

---

[3] 수출입은행, 『독일통일 실태 보고서(1) - 독일연방하원 앙케이트위원회 보고서 -』(2009), p.27

영한 결과로서 결국 귀결될 수밖에 없는 구조였다.

북한이 남한과의 일반교역에서 제공할 수 있는 재화는 채취산업에 속하는 농산물과 광산물, 그리고 북한이 풍부하게 보유하고 있는 노동력밖에 없는데 남한의 수요 역시 이들 자원의 활용에 제한될 수밖에 없었다. 이는 동서독 상품교역 구조와 비교해 볼 때 대비되는 것이었다. 동독만 해도 상당히 발전된 사회주의 공업국가였기 때문에 서독의 대동독 반출상품의 주류는 생산재와 투자재가 주종이었고 이것이 전반적으로 반출 총액의 80% 이상을 차지했다. 반면 동독의 경우 대서독으로의 반출상품은 공업용 원자재(석유, 철강, 금속, 화학 등)를 가공한 제품이고, 그 다음이 경공업제품이었다.4)

그러나 남북경협의 경우 북한지역의 산업생산력이 복구되고 대대적으로 인프라 투자가 이루어지지 않는 한 사실상 2000년대 후반 경부터 남북경협을 지탱할 수 있는 상호 보완적 분야는 북한 노동력을 활용하는 개성공단사업과 위탁가공 위주로 전개될 가능성이 높았던 상황이었다. 2000년대 초반 한 조사에 따르면, 대북 임가공업체들의 임가공 단가는 남한 단가의 53%로서 물류비 등 부대경비를 포함해 계산한 생산원가가 남한의 약 70%정도였다.5) 당시 대다수 임가공업체들은 도로·철로를 통한 물류이동이 불가능해 물류비가 생산원가의 약 30~40%, 판매원가의 약 10~15%를 차지함으로써 남·북한 간 무관세 혜택을 상쇄한다고 답했었다. 만일 육로를 통한 물류이동만 가능해진다면 중국 등 기타 동남아 국가에서보다 경제적 수익성이 높아질 것이라고 응답하고 있었다.

4) 정진상, 「통일전 동서독간 경제교류에 관한 연구」, 『한독사회과학논총』 제16권 1호(한독사회과학학회, 2006년), pp.11~12

5) 중소기업진흥공단, 「중소기업 대북 위탁가공사업 추진 현황 조사 보고」(2001. 12)

따라서 이런 차원에서 개성공단은 남·북한 경제관계가 상생의 관계를 구축하고, 장기적으로 경제공동체를 만들어갈 수 있는 역할을 했다고 평가해 볼 수 있다. 2016년 2월에 가동 중단되기 이전까지 개성공단에 진출한 남한의 125개 중소기업들은(나중에 2개 기업 가동중단) 저렴하고 숙련된 북한 노동력을 활용해 생산경쟁력을 높이고, 수년 만에 개성공단을 연간 4천만 달러의 수출공단으로 발돋움시켰다. 또한 북한은 2015년 말 기준 5만 4,988명의 고용이라는 고용시장 창출과 개성지역 주민의 소득이 높아지는 효과를 얻음으로써 개성공단은 남·북한 경제현실을 잘 반영한 상생의 협력모델이었다. 한 연구는 2013년 말 기준으로 개성공단사업

<그림 2> 개성공단 사업부문 현황

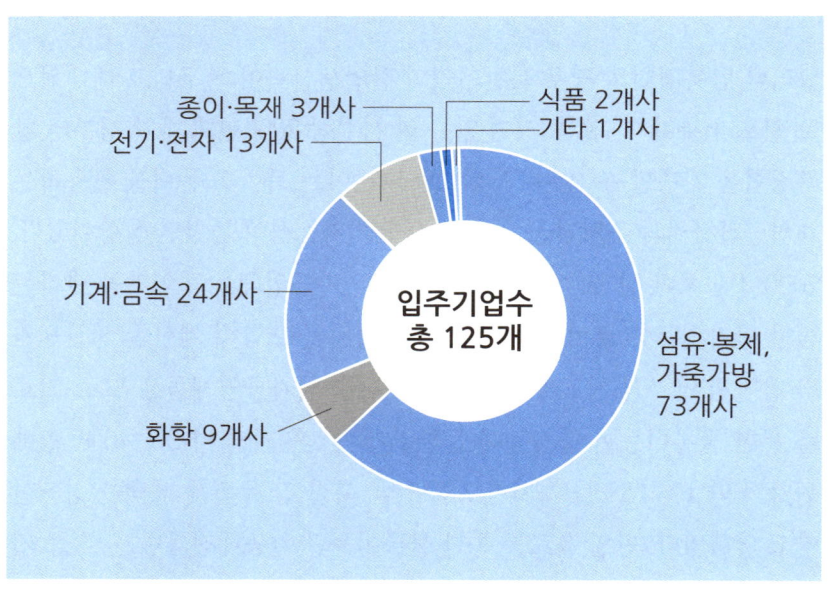

* 2016년 2월 10일 개성공단 전면 가동중단 관계로 2015년말 기준임
자료 : 통일부, 『2020통일백서』 부록 II 남북관계 주요통계, p.275

남북상생 협력모델 '개성공단'
남북경협 27년 간 총 상업적 거래규모에서 개성공단사업은 63.9%를 차지, 남북경협 방식에서 압도적 비중을 차지했다.
출처 : 필자 제공

을 통해 남한은 32.6억 달러, 북한은 3.8억 달러의 직접적 경제적 효과를 취득한 것으로 평가되었다고 한다.6)

일부에서는 개성공단이 고립된 남한전용 공단으로 운영됨으로써 북한 내수경제와의 연관성이 없고 남북경제공동체 형성에 한계가 있다고 비판하기도 했었다. 그러나 개성공단은 남·북한이 '산업 내 수직적 분업' 관계, 혹은 '생산공정 분업관계'를 맺고 장차 산업협력을 맺을 수 있는 교두보 역할을 했었다. 그 뿐만 아니라 북한으로 하여금 2011년 이후 중국과 나선 경제특구를 공동운영하는 노하우와 여타 특구운영 관련 법제도의 구축 필요성을 인식하게 하는 파일럿 역할을 하기도 했다. 그밖에 개성공단 생산제품 및 남한제품 일부가 간접적으로 북한의 장마당에 공급되는 역할을 하기도 했다.

6)
홍순직,「개성공단 가동 10년 평가와 발전방안」,「현대경제연구원 VIP REPORT」(2014.12.8), p.3

3) 사회주의 경제체제와의 거래관계를 반영한 민관협력

북한은 현실 사회주의체제의 붕괴 이후 남한과의 적극적인 경제협력관계를 맺는데 수세적이면서 소극적 입장이었다.

그 이유는? 남한과 기능적 관계망을 맺게 되면 체제전환의 리스크를 높인다고 생각했기 때문이다. 특히 독일방식의 통일은 북한으로 하여금 상당히 방어적 자세를 갖게 만들었다. 그러나 탈냉전 이후 국제사회의 고립과 심각한 경제난은 북한으로 하여금 어쩔 수 없이 남북경협을 수용할 수밖에 없게 만들었다. 북한은 기본적으로 1990년대는 '모기장식 개방론'에 따라, 2000년대 이후로는 점(點)식 개방방식인 '4대 특구정책'에 의거해 남북경협을 수용해 왔다고 할 수 있다. 북한은 중국식 개혁·개방조차도 체제전환의 위험성을 야기한다고 보고 최대한 제한적 대외개방정책을 시행하였으며, 남북경협을 이러한 정책구조 내에서 수용하였다. 우리기업들은 개성공단에서 전혀 다른 경제시스템을 상대해야 했고 비즈니스적 관점에서의 사업 리스크도 상당히 클 수밖에 없었다.

따라서? 남북경협은 시장화 개혁을 하지 않은 사회주의 경제체제와의 거래관계라는 특수성을 가졌으며, 이로 인해 그 추진과정에서 정부의 정책적 역할이 불가피했었다. 우리정부가 민족내부 간 거래개념에 의거해 남북 간 물자교역에 대해 무관세 혜택을 준 선제적 정책조치는 우리기업들에게 북한산 상품의 국내시장 도입 시 가격경쟁력을 갖게 했다. 1990년대 초반 종합무역상사들이 비즈니스적 판단에 따라 북한과의 물자교역 및 위탁가공교역을 적극 확장시키는 환경여건도 조성했다.[7] 1990년대 중·후반 경 정부의 두 차례에 걸친 「남북경협활성화조치」는 중소기업들이 북한 내륙지역에 진출해 위탁가공 교역사업을 넓히는데 적극 기여한 것으로 평가받고 있다.

한편 금강산 육로관광과 개성공단사업이 원활하게 이루어지려면 동서 양쪽의 비무장지대를 통과하는 철도·도로 연결도 요구되었다. 이것은 기본적으로 한반도 국토개발적 차원에서 정부가 조성해야 하는 인프라이기 때문에 정부 당국자 간 협력사업으로 추진될 수밖에 없었다. 즉 정부가 법의 제정을 넘어 남북경제공동체 토대마련을 위한 일정한 경제행위자 역할을 해야 했다. 특히 개성공단의 경우 공단 내·외부 인프라 조성부터 공단운영에 필요한 모든 것들이 남북 당국자 간 협의를 통해 해결하는 구조로 바뀌면서 개성공단사업 추진에 '민관협력' 모델이 등장하게 되었다. 이로 인해 남북경협이 경제적 수익성 위주로 진행되지 못하고 재정 투입의 역할에 의해 지속된다는 비판이 제기되기도 했다. 그러나 이러한 비판들에 대해 북한의 과도한 임금인상 요구, 노동력의 임의적 배치, 자의적인 기업인 통행차단 등 북한당국에 의한 개성공단 기업들의 경영활동에 대한 개입을 차단할 수 있는 장점도 있었다. 남북경협에 대해 수세적 입장인 북한으로 하여금 남한에 대한 경제개방도를 높이고, 한반도 평화의 토대를 구축하는 일종의 유치산업[8] 입장에서 남북경협을 인식한다면 남북경협 초기단계에서의 정부의 일정한 행위자 역할과 민관협력 모델은 불가피했었다.

과거 서독은 1972년 기본협정 체결 후 서독지역으로부터 베를린으로의

[7] 이종근, 「새 정부의 대북 경협: 어떤 방향으로 추진해야 하나?」, 『새로운 대한민국의 대북정책 방향』, 남북물류포럼 2017 특별 정책세미나 자료집(2017.4.20), p.27

[8] 이석기, "한반도 신경제지도 구상의 실현방안", 북한정책포럼 발제문(2017.9.12), p.14.

철도·도로 확장 및 신설을 서독의 재정 부담으로 추진하고,[9] 이 교통망들을 이용해 인적교류 및 물류이동이 원활하게 이뤄졌다. 그리고 동독에 대해 스윙제도(Swing)*를 도입해 양독교역을 안정적으로 확장시켜 나갔다.

> *** 스윙제도(Swing)란?**
> 일정한 신용한도 내에서 초과구매가 가능하도록 허용해 주고, 초과구매된 상품대금에 대해 무이자로 신용을 공여하는 제도를 말한다.

서독정부는 동독이 취약한 경제력으로 인해 대서독 상품구매가 어려워지게 되자 동독주민의 구매력 증진을 위해 동독으로 하여금 스윙차관을 이용토록 해 서독으로부터 상품구매가 지속되도록 하고 점차 신용공여 규모를 늘려주었다.[10] 독일 통일이 달성될 때까지 이 신용공여 부분은 청산되지 않고 서독정부의 재정 부담으로 남았지만, 그 결과 동서독 간 기능적 협력망이 확대됨으로써 경제통합의 기반을 조성할 수 있었다.

4. 평화경제전략으로서 남북경협의 필요성

남북경협이 20년 이상 전개되면서 여러 남·북한 경제협력 현장에서는 언론에 알려지지 않은 다양한 윈-윈 사례들이 조금씩 조성되고 있었다. 남·북한 사이에는 1990년 이전 50년 가까운 긴 냉전과 단절의 시간이 있었기 때문에 어쩌면 진정한 경제협력의 동력을 만들기까지 상호접근과

---

[9] 서독의 재정부담으로 건설된 동서독간 철도·도로의 신설, 개보수, 확충비용은 53억 350만 DM(1980년대 평균 환율기준 (23억여 달러)이었다. 통일원, 『동서독 교류협력 사례집』 (1993) 참조

[10] 서독은 스윙제도의 한 도 액을 1959~1968년간에는 매년 2억 DM로 설정하다가, 1970년대 중반 이후 매년 약 7억~8억 5천만 DM로 한도액을 늘려주었다. 이로 인해 동독은 예컨대 1969년~1975년 간 대서독 수출량의 약 25%에 해당하는 신용공여 혜택을 받았다고 한다.

이해를 위한 초기 수업료 지불이 불가피하지 않았나 하는 생각이 든다. 그런데 이제 남북경협은 위에서 언급한 탈냉전 직후 남북경협이 개시된 배경을 뛰어 넘어 평화경제전략 차원에서 적극 추진되어야만 하는 불가피성에 처해 있다고 할 수 있다.

그것은 **첫째,** 시진핑 집권 이후 미·중관계가 전략적 협력관계에서 전략적 경쟁관계 구도로 전환하고 미·중 간 갈등이 단순 경제전쟁에서 '이념전쟁'으로 치환되어 나감에 따라 한반도를 둘러싼 국제질서가 신냉전질서로 재편될 가능성이 높아지고 있기 때문이다. 이는 한반도에 '지정학의 시대'가 다시 도래하면서 사실상 일명 '지정학적 저주'라고 하는 지정학적 리스크가 한국경제에 상수가 되고 있는 상황이며, 이러한 현상은 향후 지속되어 나갈 것으로 전망되고 있다. 국제정치의 극심한 불확실성은 한국경제의 지속성장 가능성에 크게 영향을 미칠 수밖에 없다.

둘째, 코로나19 사태 이후 디글로벌라이제이션(deglobalization ; 탈 세계화)이 빠르게 전개됨으로써 세계무역기구(WTO)가 중심인 세계화시대의 종말을 가져올 것으로 예상됨과 동시에 다국적기업들의 본국으로의 리쇼어링(Re-shoring ; 제조업의 본국회귀) 및 글로벌 공급망(GVC ; Global Value Chain)의 재구축도 본격화될 것으로 전망되고 있기 때문이다. 미국, 일본, EU국가들은 이미 중국을 생산기지로 삼는 전략의 위험성을 깨닫고 '차이나 플러스 원 전략'(Chaina+One)을 시행하고 있었는데, 코로나19 사태로 인해 이것이 가속화될 전망이다. 사실 생산기지의 다원화와 공급망 재구축 문제는 한국경제에도 시급한 과제로 대두되고 있다.

셋째, 코로나19 사태는 전통적 국가안보 개념 플러스 경제적 안보, 보건·환경안보의 중요성도 인식시키고 있는데 이는 총칭 인간안보 문제로서 접경하고 있는 국가 간, 지역 간의 협력을 절실하게 요구하고 있기 때문이다. 게다가 최근 기후변화로 인해 빈번하게 일어나고 있는 자연재해와 가축 전염병 유행 등의 문제는 인접 지역·국가 간의 협력 네트워크 구축을 더욱 필연화하고 있는 실정이다.

이러한 대변화들은 그간 우리가 경험하지 못했던 문제들로서 '평화경제전략'이라는 새로운 남북경협 전략으로 이 어려움들을 타개해나가야 한다고 본다. 즉 무엇보다 분단으로 인해 단절된 '지경학적 Missing'부터 해결하여 한반도의 지정학적 갈등을 지경학적 경제협력의 네트워크로 전환시키고, 한국경제에 부담이 되는 지정학적 리스크를 줄여나가지 않으면 안 된다. 주변 대륙세력과 해양세력이 모두 참여하는 대륙-해양 연계 물류망(도로·철도 연결)과 동북아 에너지 네트워크 및 산업 간 가치사슬을 조성한다면 동북아국가들 간에 경제적 이익을 향유하는 협력의 그물망이 조성될 수 있을 것이다. 이를 통해 한반도의 지정학적 갈등지수는 다소 완화되어 나갈 수 있을 것이다.

북한의 국제경제질서로의 편입과 경제개방도가 제고됨으로써 한반도 내부의 군사안보적 갈등지수도 완화될 것으로 기대해 볼 수 있다. 나아가서 심각한 기후변화와 코로나19 사태 이후 부각되고 있는 인간안보 문제도 이러한 토대위에서 용이하게 해결되어 나갈 수 있을 것이다. 그동안 우리는 남북경협 담론을 단절되어 있는 한반도 남북지역 간의 연계와 남한자본의 시장 확장, 그리고 대북지원이라는 관점에서만 고려한 측면이 없지 않았다. 그러나 김정은정권 등장 이후 북한의 경제정책과 남북경협에 대한 인식이 변화하고 있다. 김정은정권은 2012년 출범이후 총27개의 경제특구 및 경제개발구를 개설할 정도로 적극적으로 외자를 활용한 경제개발 의지를 표명했었다. 2019년 미국과의 '하노이 노딜' 이후 제8차 당대회(2021년 1월)에서 자력갱생·자급자족을 다시 천명하고 있지만, 김정은정권의 경제개발에 대한 갈망은 여전히 잠재되어 있다.

이런 가운데,

김정은정권은
남북경협에 대하여
'우리 민족끼리'의 관점이 아닌
여타 국가들과의 경제관계의 한 부분일 뿐으로
인식하고 있음을 주목할 필요가 있다.

그리고 북·중 접경지역을 탐방해 보면 유엔 대북제재가 사상 최고로 전개됨에도 불구하고 북·중 간 변경경제합작구에서의 경제협력은 물밑에서 꾸준히 전개되어 그 긴밀도가 더욱 높아져가고 있는 실정이다. 중국이 제2압록강대교, 제2두만강대교를 건설한 것 외에 집안-만포대교, 제2도문대교 등을 완공해 제재해제 이후 막대한 물류이동에 대비해 놓고 있다. 이를 통해 자신들이 주도하는 일대일로 전략과 연계되는 한반도 관통 고속도로, 고속철도 등을 추진하고자 하는 계획까지 세워놓고 있다.

이런 상황에서 남북경협의 현실은 어떠한가? 개성공단사업이 2016년 2

월 중단된 이후 민족내부 간 통합논리에 따라 유지되어 왔던 경협의 내적동력을 상실하면서 사실상 북핵문제와 대북경제제재의 종속변수로 되어 있다. 남북경협은 이 큰 틀이 변화하지 않는 한 실행하기 어려운 구조적 함정에 빠져 있다. 북한이 2020년 6월 남북경제협력사무소를 폭파하기까지 함으로써 1990년 이전 남북경협 제로의 시대로 회귀하는 것이 아닌가하는 우려도 낳고 있다.

이제 남북경협은,

- 한반도의 지정학적 리스크
- 남북관계의 딜레마
- 북한의 딜레마

그리고

- 코로나19 사태 이후 '국제정치·경제환경 불확실성' 사상최대 증폭
- 일상화되고 있는 자연재해와 보건환경 문제

등 모두를 해소하는 평화경제전략이라는 거시적 패러다임을 가지고 돌파력을 마련해 나갈 필요가 있다고 생각한다. 중견(middle power)국가의 관점에서 이 모든 문제들을 풀어나가는 신패러다임을 우리가 주도적으로 구축함으로써 신버전의 남북경협 시대를 만들어나가야 할 것이다.

참고문헌

김고일동 외,『남북한 교역구조의 변화와 정책적 시사점』, 한국개발연구원, 2009
구영록,『한국과 햇볕정책: 기능주의와 남북한 관계』, 법문사, 2000
국가안전보장회의,『평화번영과 국가안보』, 국가안전보장회의, 2004
김근식,「대북포용정책과 기능주의」,『북한연구학회보』제15권 1호, 2012
김학노,「평화통합전략으로서의 햇볕정책」,『한국정치학회보』제39집 5호, 2015
남북교류협력지원협회,『남북교역 20년사』, 2011
박영호,「국내정치 및 남북관계 환경과 남북경제협력」,『대북제재 국면에서 개성공단 재개는 가능한가?』, 서울대 통일평화연구원•국토문제연구소 등 공동 심포지움 자료집, 2017. 6. 13
박종철, 상생공영 정책과 대북포용정책의 비교: 기능주의의 한계와 제도주의의 실현」,『국제정치논총』제49집 1호, 2009
박찬봉,「7.7선언체제의 평가와 대안체제의 모색」.『한국정치학회보』제42집 4호, 2008
서우석,「통일전 동서독의 경제협력 과정에 대한 역사적 고찰」,『국토』통권 231호, 2001년 1월호.
수출입은행,『독일통일 실태 보고서(1) - 독일연방하원 앙케이트위원회 보고서 -』 2009
정진상,「통일전 동서독간 경제교류에 관한 연구」,『한독사회과학논총』제16권 1호, 2006
양문수,「남북경협의 평가와 전망」,『수은 북한경제』2017년 여름호, 2017

이상준,「남북경제협력 환경진단 및 과제」, 민화협 정책포럼 발제문, 2017. 3. 15

이종근,「새 정부의 대북 경협: 어떤 방향으로 추진해야 하나?」,『새로운 대한민국의 대북정책 방향』, 남북물류포럼 2017 특별 정책세미나 자료집, 2017. 4. 20

이해정·이용화,「남북경제협력의 정상화 과제」, 현대경제연구원 현안과 과제보고서, 현대경제연구원, 2017. 11. 1

임강택·이강우,『개성공단 운영실태와 발전방안: 개성공단 운영 11년의 교훈』, 통일연구원, 2017

임수호,「국제정세의 변화와 남북경제협력」,『대북제재 국면에서 개성공단 재개는 가능한가?』, 서울대 통일평화연구원‧국토문제연구소 등 공동 심포지움 자료집 2017. 6. 13

전재성,「관여(engagement)정책의 국제정치이론적 기반과 한국의 대북정책」,『국제정치논총』제43집 1호, 2003

조동호,「남북 경협 20년의 평가와 발전 과제」,『통일경제』2008 겨울호, 현대경제연구원, 2008

중소기업진흥공단,「중소기업 대북 위탁가공사업 추진현황 조사보고」, 2001. 12

하상식,「대북포용정책 10년의 평가와 과제」,『국제관계연구』제14권 2호, 일민국제관계연구원, 2009

--------,「상생공영정책의 이론적 배경」,『국제관계연구』제15권 2호, 일민국제관계연구원, 2010

황지환, 「진보 대 보수의 대북정책, 20년 후」, 『통일정책연구』 제26권 1호, 통일연구원, 2017

홍순직, 「개성공단 가동 10년 평가와 발전 방안」, 「현대경제연구원 VIP REPORT」, 2014. 12. 8

최대석, 「역대 정부의 대북정책: 평가와 시사점」, 『한반도 경제통일을 디자인하라』, 중소기업중앙회, 2017

페터 가이, 「1949-1989 독일연방공화국과 독일민주공화국의 경제교류」, 2003년 한독경상학회 국제심포지움 발표 논문

통일부, 『2009 통일백서』, 2009

통일부, 『2010 통일백서』, 2010

통일부, 『2020 통일백서』, 2020

통일원, 『동서독 교류협력 사례집』, 1993

D. Mitrany, A Working Peace System, Chicago, Quadrangle Books, 1966

Erik Gartzke & J.J.Hewitt, "Economic Freedom and Peace", Economic Freedom of the World:2005 Annual Report, ed.James Gwartney and Robert Lawson with Erik Gartzke, Vancouver, The Fraser Institute, 2005

Solomon W.Polachek, "Conflict and Trade", Crossroads, Vol.5, No.3, 2005

Chapter 05 　 남북 민간교류에 대한 재해석

평화·공존 '통일론' 모색 속
'적대적 대립' 해소에 주안점

1. 민간교류의 목적에 관한 성찰
2. 정부정책과 민간교류의 상호 관련성
3. 민간교류의 역사
4. 민간교류의 교훈

윤은주

이화여대 대학원 북한학 박사

현, (사)뉴코리아 대표
　　(사)평통연대 남북상생본부장
　　민족화해협력범국민협의회 회원사업위원장
　　민주평화통일자문회의 상임위원
　　(사)OGKM 이사
　　미주민주참여포럼(KAPAC) 이사
　　(사)평화의숲 이사
　　(사)평화를만드는여성회 이사
　　동북아평화협력연구원 연구위원

〈저서 및 주요 연구〉
- 「한국교회와 북한인권운동」, CLC, 2015
- 「김정은 체제-변한 것과 변하지 않는 것」(공저), 한울아카데미, 2018
- 「남북 종교 교류 경험을 통해 본 민족 화합의 가능성과 과제에 관한 연구」, 『북한연구학회보』, 22권 2호, 2018

• E-mail : ejwarrior@hanmail.net

Chapter 05 남북 민간교류에 대한 재해석

평화·공존 '통일론' 모색 속
'적대적 대립' 해소에 주안점

1. 민간교류의 목적에 관한 성찰

1988년 7·7선언 이후 남북관계는 다양한 차원에서 형성되어 왔다. 정치·군사적으로는 물론 경제·사회적으로 정부와 기업, 문화·예술·스포츠단체와 시민단체 등 다양한 주체들 간의 교류가 이루어져 왔다.

남북 민간교류의 목적은 무엇인가?

한민족공동체건설을 위한 3단계통일방안*(민족공동체통일방안)에 따르면 남과 북이 전쟁 이후 오랜 시간 계속되었던 반목과 대립을 완화하고, 정치·군사 분야보다 비교적 긴장이 덜한 경제·사회 부문의 교류협력을 우선하여, 상호신뢰를 높이고 같은 민족으로서의 동질성을 회복하기 위함이라고 정의된다. 교류협력 단계를 거쳐 남북연합에 이른 후 완전한 통일국가를 건설한다는 점진적이고 단계적인 우리의 통일방안 취지를 바탕으로 한 것이다. 이는 '1민족 1국가'의 민족국가 통일론에 따른 규정이기도 하다. 1989년 남북교류협력에 관한 지침이 발표되고 본격적으로 통계를 작성하기 시작한 이후 지금까지 약 30년 간 민간교류 정책은 대부분 이 같은 논리에 따라 펼쳐져 왔다. 민간교류가 통일정책의 방편으로 이루어졌음을 알 수 있다.

> *** '화해협력'→ '남북연합'→ '완전한 통일국가'은?**
> 본 책 공저 추원서의 「미·중 패권경쟁시대의 '남북협력'」 본문 중 4. 남북협력의 의의와 방향 〉 3) '남북협력의 실천 방안'의 첫째 소제목 (1) '남북경제공동체' 형성과 '남북연합' 구축 병행(pp.45~47) 내용과 관련도표 등 참조

남과 북은 각기 북진통일론과 남조선혁명론을 내세우며 급속한 체제통합을 추구하다가 전쟁을 불렀던 역사적 아픔이 있다. 전쟁 이후로도 남·북한은 극심한 체제경쟁 속에서 적대적 대결을 이어왔다. 상호체제를 인정한다는 합의는 1989년 미국과 소련의 탈냉전 선언 이후 1991년에서야 이루어졌다. 단일국호 하의 유엔가입을 주창했던 북한은 같은 해에 남한과 유엔에 동시 가입함으로써 전술적 변화의 길을 걷게 됐다. 국제정치 지형의 전변(轉變) 속에서 불가피한 선택이었는데, 남한의 통일론이 2국가 체제를 상정한 영구분단론이라며 비난해왔던 북한의 입장이 곤란해진 상황이었다[1]. 한편 국내에서는 남북합의와 별도로 통일논의가 정치화되면서 평화적 대북정책은 남남갈등을 초래했다.[2]

---

[1] 최기환, 「통일국가론-1민족 1국가 2제도 2정부론」, 평양출판사, 1992, p.72

[2] 손호철, 「남남갈등의 기원과 전개과정」, 「남남갈등 진단 및 해소방안」, 경남대학교 극동문제연구소, 2004, pp.32~50

> **잠깐만 보고 갈까요!!**
>
> ### 통일론이 여태껏 '남남갈등'인 이유는?
>
> 대북정책이 정파적 이해와 맞물렸기 때문이다. 그래서 대북관이나 통일방안에 관한 다양하고 심도 있는 논의는 설 자리를 잃게 됐다. 남북정상이 만나 통일방안에 대해 처음 합의한 6.15 공동선언 2항 논란이 그 대표적 사례. 북의 '낮은 단계연방제'와 남의 '남북연합'이 공통성이 있음을 인정하고 그 바탕 위에서 통일논의를 발전시켜나가자는 합의였지만 일각에선 북한의 연방제 통일방안을 일방적으로 수용한 것이라는 정치공세가 아직도 이어지고 있다.

통일이슈(issue)가 정권창출이나 정권반대를 위한 정치구호로 전락하는 한 통일에 대한 상상력은 싹을 틔울 수 없다. 또한 민족화합을 위한 민간교류의 취지와 목적도 훼손시킨다. 해방 이후 서로 다른 역사를 이어 온 남과 북이 상호체제를 인정하면서 평화롭게 공존할 수 있는 통일론이 새롭게 모색되어야 하고 그에 따라 민간교류의 의의도 재조명되어야 한다. 실제로 민간교류가 본격적으로 이뤄지면서 남과 북은 격차가 큰 체제 이질성을 확인하게 됐다.

우선 북은 주체연호를 사용하며 김일성 민족주의를 내세우고 있다. 주체사상은 물론 김일성-김정일-김정은으로 이어진 세습권력은 현존하는 북한의 정치적 실체이다. 수령-당-인민이 사회주의 대가정을 이룬다는 공동체 문화도 뿌리 깊다. 통일을 위해 북한이 이를 포기할 리가 만무하고 남한사회 역시 수용할 수 없는 민족주의 담론이다. 현실이 이와 같다면 1민족 1국가 민족통일이라는 당위성 하의 민간교류는 발상의 전환이 필요하다.

2. 정부정책과 민간교류의 상호 관련성

정부의 통일정책과 대북정책은 민간교류에 직접 영향을 미친다. 우리헌법은 대통령에게 평화적 통일을 위한 성실의무를 부여하고 취임선서에서 평화통일을 위해 노력하도록 규정하고 있다.3) 통일정책을 세우고 실행하는 과업은 특정 정부만의 선택이 아니라 어떤 정부라도 청지기로서의 소명을 감당해야 함을 뜻한다. 정부는 민간교류를 통해 민족화합을 추구하고 평화적 통일 노력을 이어가야 마땅하다. 대북정책은 이러한 통일정책 실행을 위해 수립되어야 한다.

1991년 남북사이의 화해와 불가침 및 교류·협력에 관한 합의서(남북기본합의서) 채택 이후 반공주의에 입각한 대결주의적 대북정책은 역사적인 소명을 다했다. 냉전의 종주국이었던 미국과 소련이 탈냉전을 선언하고, 우리정부도 1990년 소련에 이어 동구권 사회주의 국가들과 차례로 수교했다. 그럼에도 냉전시대를 구축했던 한국전쟁을 끝내지 못하고 있는 남북의 현실은 역사적 아이러니(irony)이다.

1948년 남과 북의 각기 정부 탄생은 분단국가의 피할 수 없는 운명을 예고했다. 소련군 점령 하에서 북한정부가, 미군 점령 하에서 남한정부가 탄생했기 때문이다. 남에서는 북진통일론을, 북에서는 남조선혁명론을 내세우는 가운데 민족상잔의 전쟁이 발생했다. 전선(戰線)이 남과 북으로 오가면서 죽고 죽이는 살육의 아픔과 공포가 상호 간 각인되었다. 한국전쟁은 민족내부의 전쟁으로 시작했지만, 중국참전 이후 국제전쟁으로 확산하는 것을 우려한 강대국들의 개입 속에 멈춰 섰다. 휴전협정은 남

---

3) 헌법 제66조, 제69조

한정부의 반대 속에 유엔·중국·북한에 의해 체결됐다. 전쟁 이후로도 남북의 정치지도자들은 서로의 통일방안을 포기하지 않고 체제대결*을 이어갔다.

> *** '통일방안' 놓고 남-북체제 대결 가속**
> 남에서는 1970년대까지 북진통일론에 이어 승공통일론과 멸공통일론이라는 적대적 통일론이 우세했다. 북에서는 남조선혁명론을 바탕으로 하면서 통일전선전술에 입각한 평화통일 담론이 제시됐다. 1980년에는 고려민주연방공화국 통일방안이 발표되어 오늘날까지 공식 통일방안으로 자리잡고 있다.

남한정부는 1982년 민족화합민주통일방안, 1989년 한민족공동체통일방안, 1994년 민족공동체통일방안을 발표했다. 1994년 김영삼정부가 발표한 통일방안은 1989년 발표된 한민족공동체통일방안을 모태로 한다.[4]

노태우정부는 북방정책을 표방하며 소련을 비롯한 동구권 국가, 중국과 수교했는데 급변하는 국제정세 속에서 통일장전(章典)으로서 손색없는 남북기본합의서를 채택한 바 있다. 적대적 남북관계를 근본적으로 전환하면서 '화해와 불가침, 교류·협력에 관한 합의'를 통해 상호체제를 인정했다는 의의가 있다. 이후 '화해협력 → 남북연합 → 통일국가'로의 점진적이고 단계적인 통일과정을 제시한 김영삼정부의 민족공동체통일방안은 김대중, 노무현정부를 비롯한 우리정부의 공식 통일방안이 되고 있다.

[4] 제성호, 『남북한관계론』, 집문당, 2010, pp.91~99

> **잠깐만 보고 갈까요!!**
>
> ### YS 3단계 통일방안, 'DJ 수용' 뒷얘기
>
> "김대중 대통령의 3단계 통일방안은 남북연합→ 연방제→ 완전통일이지만 민족공동체통일방안에서는 화해·협력이 1단계로 되어 있다. 김대중 대통령은 김영삼정부의 3단계 통일론을 수용했고 통일국가의 정치체제에 대해서는 연방제로 특정하지 않았다. 남북연합 단계로 진입하는 데에도 상당한 준비기간이 필요하고 화해·협력의 시기가 별도로 규정될 필요가 있다는 주장이 받아들여졌기 때문이다."
>
> 임동원, 「피스메이커」, 중앙북스, 2008, pp.317~339 중에서

남북의 정상 간 통일방안 논의는 2000년 6월 정상회담에서 최초로 이루어졌다. 1991년 남북고위급회담을 통해 합의한 남북기본합의서에 이어 정상들이 발표한 6·15공동선언 2항은 적대적 대결을 멈추고 미래의 통일상에 대해 협의해가자는 '합의를 위한 합의'였다. 계급이 아닌 개인의 자유를 중시하는 자유민주주의 철학 바탕 위에 수립된 우리의 통일방안은 북에서 주장하는 계급혁명 완성으로서의 통일론과 근본적 차이가 있다.

북은 1988년 신년사에서 "조국통일문제는 누가 누구를 먹거나 누구에게 먹히는 문제가 아니고 일방이 타방을 압도하고 우세를 차지하는 문제"도 아니라고 밝힌 바 있다. 더욱이 1991년 신년사에서는 제도 통일의 위험성을 강조하며 완전한 형태의 연방제가 아닌 느슨한 연방제를 제안하기도 했다.[5] 6·15 2항은 우리의 통일과정 2단계에 해당하는 남북연합과

[5] 최완규, 「남북한 관계의 전망과 과제」, 『남북한 관계론』, 한울아카데미, 2005, pp. 365~369

북에서 제시한 느슨한 연방제가 공통점이 있다고 보고 향후 통일방향을 모색하자는 합의이다.

남북연합은 1민족 2국가 2체제 2정부를 상정한다. 북의 고려민주연방제 통일방안은 1991년 느슨한 연방제를 수용하면서 단계적 연방제를 내포하게 됐다. 남북이 국제사회 속에서 사실상 독립적인 국가로 활동하는 현실을 감안할 때, 남북연합과 느슨한 연방제를 공통점이 있다고 본 6·15 2항은 남북이 1민족 2국가 관계임을 암묵적으로 수용한 타협점이라고도 볼 수 있다. 흡수통일이나 적화통일에 대한 경계심이 민감하게 작동하는 상황에서 민족국가 통일방안에 천착하기보다 남북상생을 모색하는 노력이 중요하다.

6·15 2항에 대해 북의 연방제를 수용한 것이라고 비판하는 우리사회 일각에서의 왜곡된 우려와 달리 김대중정부의 대북정책을 잇는 노무현정부와 문재인정부의 정상 간 합의(10·4, 4·27, 9·19)는 모두 통일방안에 관한 합의 보다 남북의 화해협력과 한반도 평화정착을 위한 실질적인 내용을 담고 있다. 이는 민족공동체통일방안에 걸맞은 대북정책을 일관되게 추진한 결과이다.

> 한반도의
> 평화와 남북상생을
> 도모하는 경로(經路)는,
> 남북 간 상호체제를 인정하고
> 적대적 대결을 멈추는 길밖에 없다.

〈표 1〉 남북 통일정책 비교

민족공동체 통일방안(남)	구분	고려민주연방공화국창립방안(북)
자유민주주의	사상	주체사상
자주·평화·민주	원칙	자주·평화·민족대단결
• 화해·협력→ 남북연합→ 통일국가 (남북연합: 1민족 2국가 2체제 2정부)	단계	• 느슨한 연방제→ 연방제 (느슨한 연방: 정치, 군사, 외교 독립)
1민족 1국가 1체제 1정부	완성	1민족 1국가 2체제 2정부

민간교류 주체들은 정부의 정책변경에 따른 사업리스크를 통제하기 어렵다. 단발성 행사를 주관하는 단체나 인도적 지원 단체들의 사업은 물론 금강산관광이나 개성공단 업체들의 경우 정부의 정책 여하에 따른 직·간접적인 피해를 고스란히 떠안을 수밖에 없는 형편인 것이다. 1990년대 중반 이후 긴급구호를 위한 사업으로 시작된 인도적 지원은 시간이 지날수록 개발지원 형태로 발전했다.

또한 부문별 교류협력에 있어서도 초창기 시행착오를 겪으면서 다양한 사업주체들이 등장했고, 정부는 물론 지방자치단체와의 협업이 이루어지는 등 통일정책 거버넌스가 가능한 단계로 발전하기까지 했다. 금강산과 개성관광, 개성공단을 통해서는 교류협력 단체뿐만 아니라 더 많은 일반인이 북한을 경험할 수 있었다. 민족 동질성 회복이 교류의 목적이었다면 정부의 급작스런 정책변경은 가장 큰 지장을 초래했다고 할 수 있다. 탈냉전시대를 맞아 통일정책이 초정파적으로 일관성 있게 추진되어 온 역사를 되돌아보며, 대북정책이 통일정책을 위해 복무할 수 있도록 하는 방편을 마련해야 한다.

3. 민간교류의 역사

1) 민간 통일운동과 남북교류

1970년대 인권과 민주화 운동이 정부의 이데올로기 공세로 위축되고, 통일논의는 정부에 의해 독점되다시피 하자, 우리사회의 민주발전을 위해서는 분단구조 개혁이 필수적이라는 인식이 사회운동권 내에 퍼졌고 민간 통일운동이 추진됐다. 더욱이 1980년 발생한 광주민주항쟁이 남파 간첩들에 의한 소행으로 치부되는 상황에서 학생, 노동자, 지식인 등이 참여하는 광범위한 사회운동이 조성되기 시작했다. 1987년 박종철 고문치사 사건과 이한열 피격 사건이 발생하자 6월 민주항쟁이 극에 달했다.

이에 대응하여 전두환정부는 대통령 직선제를 담보한 6·29선언을 발표했고, 12월 대선에서 당선된 노태우 대통령은 취임 이후 1988년 '민족자존과 통일 번영을 위한 특별선언'(7·7선언)을 발표했다. 남북 간 자유왕래, 자유교역 등 전격적인 개방정책을 표방한 것이다. 이에 1972년 박정희정부가 7·4남북공동성명 발표 후 유신헌법을 통과시켰던 경험을 하고, 5·18광주민주항쟁을 탄압하며 집권한 신군부 집권세력에 대해 회의적이었던 사회운동권 인사들은 정부가 기만적으로 내세우는 통일정책일 가능성을 우려하며 민간주도의 통일운동을 개진했다. 민간 통일운동은 성명서 발표와 방북으로 이어졌다.

그중 1970년대 인권과 민주화 운동에 참여하고 1980년 초부터 해외 네트워크를 통해 북한 기독인들과 교류했던 한국교회협의회(NCCK)가

1988년 2월 발표한 '민족의 통일과 평화에 대한 한국기독교회선언'(88선언문)은 주목할 만하다.

> **잠깐만 보고 갈까요!!**
>
> ### 88선언문, '인권·민주화 보편가치'를 담다
>
> 이 선언은 무엇보다 반공주의 일색의 개신교 안에서 한국교회가 "반공 이념을 종교적 신념처럼 우상화하여 북한 공산정권을 적대시"했다며 종교적 성찰을 담은 죄책고백을 했다는 점에서 의의가 있었다. 또한 7·4남북공동선언에서 제시한 자주, 평화, 민족대단결 원칙 이외에 인간의 자유와 존엄성을 보장하는 통일, 민간의 민주적 참여가 보장되는 통일을 기본원칙으로 내세운 점이 특징이다. 정부의 공식 통일방안에 민간에서 추구해 온 인권과 민주화의 보편 가치를 덧붙여 통일논의에 새 지평을 제시한 것이다.
>
> 이만열, 「한국 기독교 통일운동의 전개과정」, 『민족통일을 준비하는 그리스도인』, 도서출판 두란노, 1995, pp.63~70

1989년에는 직접적인 방북이 이루어졌다. 물론 정부의 허가와 무관한 방북이었다.

- 3월 20일 황석영 작가가
- 3월 25일에는 문익환 목사가
- 6월 6일에는 유학 중이던 문규현 신부가
- 6월 30일에는 세계청년학생축전 참가를 위해 임수경 학생이
- 7월 25일에는 문규현 신부가 재차 방북

문 신부는 판문점을 통해 내려오는 임수경 학생과 동행했다. 이들은 모두

국가보안법 위반으로 구속됐고 실형이 선고됐다. 7·7선언을 통해 남북과 해외동포의 자유왕래가 천명된 상황이었지만,

> 정부가
> 독점하고 있던
> 대북정책에 있어서
> 민의 자발적 참여를 지원하는
> 정치적 배려는 찾아볼 수 없었다.

법 제도적으로는 1989년 6월 12일에 '남북교류협력에 관한 기본지침'이, 1990년 8월 1일 '남북 교류협력에 관한 법률'이 제정됐다.

초창기 통일운동 차원에서 시도된 남북 민간교류는 고도의 정치적 갈등 속에서 이루어져 민관협력의 여지는 찾아볼 수 없었다. 1989년 몰타 선언 이후 동구권 국가들이 체제전환을 일으키는 가운데 북한은 1992년 헌법을 개정하면서 마르크스·레닌주의를 폐기했다. 대신 주체사상을 지도이념으로 내세우면서 '우리식사회주의'를 이어간다고 천명했다. 그러나 1993년 제1차 북핵 위기, 1994년 김일성주석 사망, 1990년대 초·중반 연속된 홍수와 가뭄으로 인한 대량 아사 발생 등 국가적 위기 발생 속에서 북한정부는 1995년 국제사회에 공식적으로 도움을 요청했다. FAO, WFP 등 국제기구 및 NGO들이 대북지원에 나섰고 우리정부도 대한적십자사(적십자)를 통해 인도적 지원을 시작했다. 민간 차원에서도 북한 동포 돕기운동이 일어났고 대북지원단체가 출범하거나 기존의 구호단체들이 대북지원에 나섰다.

2) 인도적 지원과 민간교류

1992년 노태우정부가 중국과 수교한 이후, 연길과 심양 등 동북3성의 조선족자치주를 방문하는 민간인들이 늘어났고 단둥과 훈춘 등 북·중 접경지역에서는 탈북민들과 접촉하는 이들이 생겨났다. 북한 스스로 '고난의 행군시기'라고 규정했던 1990년대 초·중반, 30만에서 100만 명 정도의 인구가 사망 혹은 실종됐는데, 동북3성 지역에는 식량을 찾아 탈북한 북한주민들이 대거 유입됐다. 이에 중국당국은 불법 월경자들에 대한 강제 송환을 시도했고 이들이 북한의 교화소나 정치범수용소에 보내진다는 소식이 국내에 전해졌다. 선교 목적으로 중국 현지에 나가 있던 종교단체들을 통해 탈북민들을 위한 긴급구호 처소가 마련되면서 암암리에 북한주민들과의 교류도 할 수 있게 됐다.

초창기 중국을 통한 민간교류는 공식적으로 집계되지 못했는데 국내의 많은 민간단체들이 인도적 지원에 나서게 하는 동기를 부여했다. 국내에 북한의 대규모 아사 소식이 전해지면서 사랑의쌀나누기운동, 사랑의 의약품나누기운동 등 긴급구호를 위한 모금활동이 전개됐다. 남북나눔운동, 우리민족서로돕기운동, 굿네이버스 등 주요 대북지원단체도 초창기부터 대북지원사업을 시작했다. 이후 이들 단체를 통한 모니터링 방북을 통해 북한현지에서 민간교류가 이루어졌다. 비록 방문지역이나 만나는 인사들이 제한적이었지만 북한사회의 작동원리를 직접 경험할 기회였다.

북한당국이 국제사회에 인도적 지원을 요청한 이후 우리정부도 적십자를 통해 대북지원에 임했다. 남북 적십자 교류는 1971년 최초로 시작되어 이산가족상봉 행사, 예술단 교류, 수해물자 지원 등 민간교류의 형식으로 이어졌다. 적십자는 초창기 유일한 대북지원 창구로서 역할을 했었는데 1998년 2월 집권한 김대중정부가 대북지원 창구 다원화 정책을 표방한 후 1999년부터는 적십자 이외의 민간단체들도 다양하게 대북지원 활동에 나섰다. 그러나 IMF 구제금융을 받는 경제위기 상황에서 초창기 대북지원 사업은 저조했고 2000년 정상회담을 계기로 활성화됐다.

인도적 지원에 있어서는 통일운동에 앞장서던 진보적인 단체는 물론 북한에 대한 피해의식과 적개심을 품고 있던 보수적인 단체도 합류했다. 대규모 아사의 발생은 민족 전체의 불행으로 받아들여졌고 이를 위한 지원에는 한마음으로 동참했던 것이다. 긴급구호로부터 시작된 인도적 지원은 사업이 장기화하는 가운데 보수적 인사들 중 북한체제에 대한 이해가 깊어지고 정권과 일반주민들을 분리해서 인식하는 경우가 생겨났다. 적대적 대북관을 유지하면서도 대북지원에 앞장설 수 있었던 배경이다. 대북지원 사업은 시간이 흐를수록 긴급구호에서 장기적 개발지원 형태로 발전했다. 의료품 제공에서 보건소나 병원 재건축 사업으로, 식료품 제공에서 식품공장·협동농장 지원사업으로, 나아가 주택개량이나 양묘장 사업 등 다양한 형태의 개발지원이 이루어졌다.

반면 지원에 참여했던 일부 인사들은 종교의 자유 침해나 정치범 수용소 문제 등을 제기하며 자유권에 초점을 둔 북한인권 운동을 일으켰다. 개인의 자유를 중시하는 자유주의 입장에서 북한의 집단주의 문화를 부정적으로 바라봤기 때문이다.

> 민간교류를 통해
> 남북의 민족 동질성을 확인하는 이상으로,
> 극명한 체제 이질성을 경험하고 새로운 갈등과 대립이
> 발생하는 상황은 남북 민간교류가 낳은 또 다른 현실이었다.

특히 2003년 미국 의회에서 북한인권결의안이 통과되면서 국내에서는 북에 대한 대응방식을 놓고 남남갈등의 정치화 현상이 가속화했다. 북한정부는 외부에서 제기하는 인권이슈를 체제 부정과 전복을 위한 의도에서 다루어진다고 믿고 강하게 반발했다. 일찍이 대북지원에 참여했던 유럽연합도 2003년 북한정부와 정치대화와 인권대화를 시도했지만 실패했다. 더욱이 미국이 2001년 9·11 발발 이후 이라크와 북한을 '악의 축'으로 규정한 상황에서 북한은 인권운동을 순수하게 받아들이지 않았다. 이 같은 상황은 다시금 우리사회 내부에서 또 다른 갈등 이슈가 됐던 것이다.[6]

3) 종교계 교류[7]

(1) 개신교

정부 차원의 남북교류가 활성화되기 전 1980년대 초부터 시작된 종교계 교류는 해외동포들이 주축이 된 대화모임으로 시작됐다. 개신교에서는 1981년 6월 독일에 있는 조국통일해외기독자회(기통회)가 최초로 북한을 방문해서 원산에 있는 가정교회를 찾아 종교모임을 가졌다. 이후 비엔나,

---

[6] 「초창기 남북 민간교류와 대북지원 사업, 북한인권운동은」, 윤은주, 「한국교회와 북한인권운동」, CLC, 2015 참조

[7] 이 글에서는 대표적인 종단인 개신교와 천주교, 불교의 교류 활동에 초점을 맞춤

헬싱키, 북경 등지에서 연례 모임이 이어져 '기통회' 이외에 세계교회협의회(WCC), 미국교회협의회, 일본교회협의회 등 국제 개신교 네트워크 단체들이 교류에 나섰다. 이 시기 북에서는 신·구약 성경과 찬송가가 출판됐고 평양에 봉수교회와 칠골교회 건물이 지어졌다. 한국교회협의회(NCCK)는 1986년 9월 스위스에서 처음으로 북한 교회와 공식 상봉했고, 1988년 11월에는 매해 8·15를 기념하는 공동행사로 8월 15일 직전 주일에 남북 교회가 채택한 공동기도문으로 예배한다는 합의가 이루어졌다. 1989년 2월에는 한국교회의 통일선교 헌장이라고 할 수 있는 '88선언'이 발표됐다.

중국과 국교 수립 이후 동북3성 중심으로 선교활동을 하던 선교사들이 북한의 기아 실상을 알게 되면서 한국교회에 도움을 요청했다. 이는 1990년대 개신교가 대북지원 사업에 앞장서게 된 배경이다. 중국 선교사 파송 교회들 중심으로 소규모 대북지원이 이루어지는 한편 1993년에는 개신교를 배경으로 하는 남북나눔운동이 출범했고 굿네이버스, 월드비전 등 기존의 구호단체들이 대북지원 사업을 시작했다. 1995년 북한이 유엔기구나 국제사회 각종 모임에서 공식적으로 도움을 요청하기 전까지 개신교를 배경으로 하는 민간단체들이 상당 부분 인도적 지원을 감당했다. 정부의 대북지원이 시작된 이후로는 한민족복지재단, 유진벨재단, CCC북한젖염소보내기운동 등 더욱 다양한 대북지원 단체가 출범했다. 한국교회 교단 차원에서는 장로교, 감리교, 기독교대한하나님의성회(기하성) 등 대형 교단들이 대북지원에 참여했고, 한국기독교총연합(한기총) 차원에서도 북한동포돕기선교본부를 중심으로 모금활동이 활발하게 전개됐다.

> **잠깐만 보고 갈까요!!**
>
> ### 북한민주화운동 핫 인물 '서경석 목사'
>
> 1996년 우리민족서로돕기운동 출신의 서경석 목사는 2005년 한기총 인권위원장으로 임명된 이후 개신교 내 북한인권 이슈를 확산시키며 북한민주화운동에 앞장섰다.
>
> 윤은주, 「남북 종교 교류 경험을 통해 본 민족 화합의 가능성과 과제에 관한 연구-종교계 대북 지원 역사와 특징 분석을 중심으로」, 『북한연구학회보』, 22권 2호, 2018, pp.182~190 중에서

2000년대 들어서면서 대북지원에 앞장섰던 인사들 중 북한인권 문제를 이슈화하면서 북한민주화운동을 벌이는 상황이 발생했다.

중국에서 북송된 탈북민들이 처형되거나 정치범 수용소에 갇혀 비인간적이고 잔인한 처우를 받는다는 소식이 알려지자 한기총을 비롯한 두리하나, 북한정의연대 등이 북한민주화를 주장하며 활동에 나섰다. 한기총은 2001년 3월 북한난민보호 유엔청원운동본부와 함께 1000만인 서명운동을 벌이고 유엔본부에 전달한 바 있다[8]. 2001년 클린턴정부에서 부시정부로 정권이 교체되면서 미국의 대북정책 기조가 바뀌었다. 제2차 북핵 위기가 불거지는 상황에서 유엔에서는 북한인권결의안이 채택되고 미국에서도 북한인권법이 통과됐다. 국내에서도 북한인권법제정 운동이 확산되면서 대북지원 찬반논의와 함께 북한교회 진위논쟁이 뜨거워지는 상황이 벌어졌다. 이후 대북지원은 전문 지원단체를 중심으로 개발지원 형태로 발전하거나 평양심장병원(조용기심장병원), 평양과기대 같은 장기 프로젝트를 성사시키는 방향으로 전개됐다.

[8] 김수진, 「한기총 10년사」, 쿰란출판사, 2002, pp.285~287

(2) 천주교

천주교에서는 교황 요한 바오로 2세가 방한(1984년)을 앞두고 북한에 대한 현황보고를 요청함에 따라 1982년 한국천주교 200주년 기념사업위원회 산하에 북한선교부가 조직됐다. 1985년에는 북한선교위원회(민족화해위원회로 개칭)가 주교회 산하기구로 정식 발족됐다. 또한 해외동포 이산가족상봉 행사에 고마테오 신부, 박창득 신부, 지학순 주교 등이 참여하면서 북한과 교류가 시작됐다.

> **잠깐만 보고 갈까요!!**
>
> **당시 천주교 공식조직이 없던 북한은...**
>
> 1987년 6월 장익 신부가 교황청 특사 자격으로 평양에서 열린 비동맹 특별관료회의에 참가하고, 1988년 4월 부활절에는 북한의 천주교 신자들이 교황청을 방문하여 교황과도 만났다. 당시까지 북한의 천주교 공식조직은 없었는데 이 같은 교류 이후 조선천주교인협회(조선가톨릭교회협회로 개칭)가 생기고 장충당 성당도 건립하기에 이른다.

1989년에는 정의구현사제단 소속 문규현 신부가 두 차례 방북했다. 1995년 3월 김수환 추기경이 분단 50주년 사순절 담화를 발표했다. 10월에는 미 뉴저지주에서 남북 천주교 신자들이 처음으로 공동 세미나를 개최하고 '조국통일과 천주교인의 역할', '남북해외 천주교인의 연대화' 등의 주제로 대화에 임했다. 1998년 3월에는 북한 신포 경수로 건설지역에 간호 수녀 2명을 파견하기도 했다.

천주교의 대북지원은 1995년 국제카리타스를 통해 시작됐다. 천주교정의구현사제단은 독자적으로 북한수재민돕기모금운동을 벌이고 직접 지원했다. 또한 한미구호재단이 기증한 의약품을 보내기도 했다. 주교회의 산하의 민족화해위원회는 중앙조직으로서 교구별, 수도연합회 별로 모금활동을 벌였다. 주교회 산하 민화위는 2002년 통일부 산하 대북지원 법인을 설립하고 본격적인 대북사업을 펼쳤다. 2006년부터는 한국카리타스 인터내셔날이 국제카리타스로부터 대북사업을 위임받아 본격적인 대북지원활동에 임했다. 인도적 지원활동이 이어지는 가운데 2008년에는 파주에 북한 신의주에 있었던 진사동 성당 외관과 함남 덕원의 베네딕트 수도회 성당 내부를 복원한 참회와속죄의성당과 평양 메리놀외방전교회 모양을 딴 민족화해센터가 완공됐다. 북한지역에 있었던 성당을 남한 접경지역에 복원하여 남북 천주교의 화합을 도모하고자 한 것이다. 천주교 성당내부에는 북한의 공훈작가 7명이 함께 작업한 모자이크화가 상단벽화로 걸려있어 남북화합을 상징하고 있다.

(3) 불교

불교계에서도 해외거주 성직자들이 교류를 시작했는데 하와이 대원사 주지 기대원 스님이 1988년 7월 방북했고, 1989년 6월에는 신법타 스님이 방북했다. 북에서는 1945년 창립된 조선불교도연맹(조불련)이 1976년 동경에서 열린 4차 아시아불교도평화회의에 참가하고 정식 가입함으로써 국제무대에 등장했다. 1981년과 1982년 아시아불교도평화회의에 참가하고 1986년에는 15차 WFB 네팔대회에도 참가했다. 1987년 7월에는 묘향산 보현사에서 국제불교도평화대행진을 개최했고 1988년 1월에는 조국통일기원법회를 개최하고 5월에는 최초로 석가탄신일기념법회를 개최했다. 북한 불교계와의 교류는 1991년 10월 미국 LA에서 열린

> **잠깐만 보고 갈까요!!**
>
> ### 불교계 남북협력 '문화재 보존사업'으로 특화
>
> 불교계의 남북협력은 문화재 보존사업 측면에서 특징을 보였다. 단청 불사 이후 2005년 10월 개성 영통사가 복원됐고 2007년 10월에는 금강산 신계사가 복원됐다. 또한 일제 강점기 해외로 반출된 민족문화재 환수운동에 남북 불교계가 협력하여 2005년 10월 북관대첩비와 2006년 6월 조선왕조실록, 2011년 12월 조선왕실의궤가 환수되었다.

'남북화해' 발원
1027년에 창건된 영통사(개성)는 16세기 화재로 폐사된 채로 있던 것을 2002년 11월부터 천태종이 2년간 복원사업 끝에 2005년 10월 복원했다. 출처 : 본 책 공저자 권영경

'남북 및 해외동포 조국통일기원 불교도합동법회'에서 공식적으로 이루어졌다.

1995년에는 중국에서 남북불교회의가 열렸고 1997년과 2002년에도 이

어졌다. 회의에서는 인도적 지원과 함께 종교교류 활성화를 위한 논의가 진행됐다. 남북정상회담이 추진되는 상황에서 2000년 6월 대한불교조계종 민족공동체추진본부(민추본)가 결성됐고 남북공동 행사를 위해 총무원장 법장스님이 방북했다. 2003년에는 남북불교의 협력사업으로 북한 사찰의 단청 불사를 수행하기로 합의했다.

인도적 지원을 위해서는 1995년 10월 북한수재민돕기 범종단추진위원회가 발족됐고 1996년 8월에는 한국 JTS가, 12월에는 우리민족서로돕기 불교운동본부가 결성됐다. 1997년 5월에는 북녘동포돕기불교추진위원회가 구성됐고 부처님오신날 남북에서 동시 진행된 법회에서 남북공동발원문이 발표됐다. 또한 12월에는 평화통일불교협회(평불협)가 황해북도 사리원시에 금강국수공장을 설립하여 지속적으로 대북지원에 임하기 시작했다. 1998년 6월에는 뉴욕 JTS가 라진선봉대표사무소를 개소하면서 북한 현지에서 사업이 본격화됐다. 천태종, 태고종, 진각종, 조계종 민추본, 한국불교종단협의회, 평불협 등 다양한 주체들도 인도적 지원에 임

> **잠깐만 보고 갈까요!!**
>
> ### 그럼, 3대 종단 외 북한과의 교류는?
>
> 3대 종단 이외에 천도교와 대종교, 개신교와 천주교, 불교와 원불교, 유교 등 7개 종단 대표자들로 구성된 한국종교인평화회의(KCRP)도 북한의 종교단체 협의체인 조선종교인협의회(KCR)와 교류했다.
>
> 윤은주, 「남북 종교 교류 경험을 통해 본 민족 화합의 가능성과 과제에 관한 연구-종교계 대북 지원 역사와 특징 분석을 중심으로」, 『북한연구학회보』, 22권 2호, 2018, pp.203~230 참조

했다. 이외에 '3·1 민족대회', '8·15 민족대회', '10·3 개천절민족공동행사' 등 역사적 기념일과 '6·15 민족통일대축전' 등 행사를 기념하는 법회를 위해 남북 불교계의 교류가 이루어졌다.

4) 스포츠와 문화·예술·방송계의 교류

스포츠와 문화·예술·방송 등의 교류는 가장 빠르게 남북주민들의 민족정서를 고취시킨다. 국제 스포츠 경기에서 한반도기를 앞세운 남북 단일팀의 활약은 이를 지켜보며 응원하는 이들에게 큰 감동을 불러일으킨다. 1991년 일본 지바현에서 열린 세계탁구선수권대회에 남북이 단일팀으로 참가했을 당시 재일동포 사회에서는 조총련계와 재일본대한민국민단(민단)이 함께 공동환영위원회를 구성하고 남북단일팀을 응원했던 사례가 대표적이다. 스포츠를 통해 남북은 물론 해외동포들까지도 한마음이 될 수 있었기 때문이다. 포르투갈에서 열린 제6회 세계청소년축구선수권대회에도 남북단일팀이 출전하면서 분위기가 최고조에 달했지만 북한 이창수 유도선수가 남한으로 망명하는 일이 벌어진 후 스포츠 교류는 중단됐다. 이후 1998년 현대가 '조선아시아태평양평화위원회'와 류경정주영체육관 건설 관련 합의서를 체결하기 전 '통일염원남북노동자축구대회'와 '현대통일농구서울-평양 교환경기' 등이 열리면서 교류가 재개됐다.9)

2000년 6월 남북정상회담이 열리고 8월 시드니올림픽에서는 남북선수단의 개막식 공동입장도 성사됐다. 2002년 부산아시안게임과 2003년 대구유니버시아드대회에는 북한선수단과 응원단이 방한하기도 했다.

9) 조우찬, 「한반도 평화와 스포츠:평창 동계올림픽과 남북 스포츠 교류를 중심으로」, 『통일정책연구』 제27권 2호, 2018, 통일연구원, pp.93~94

이 같은 경험을 바탕으로 2007년 정상회담에서는 2008년 베이징올림픽에 육로로 남북공동응원단을 파견한다고 합의했다. 후속 실무회담에서 '2008년 베이징올림픽경기대회 남북응원단 참가를 위한 합의서'도 채택했지만 아쉽게도 이명박정부로 접어들면서 기회를 살리지 못했다. 2014년 인천아시안게임에 북한선수단과 응원단이 참가했고 폐막식에는 황병서, 최룡해, 김양건 등 북한 고위급 인사들이 육로를 통해 방한하기도 했다.

> **잠깐만 보고 갈까요!!**
>
> ### 스포츠계 남북교류 최고봉 '2018 평창동계올림픽'
>
> 스포츠를 통한 남북교류의 최고봉은 2018년 2월 평창동계올림픽이었다. 2017년 11월 북한이 장거리미사일 실험을 마치고 핵무력 완성을 선언한 후여서 더욱 극적인 국면이 전개됐다. 개막식에는 김영남 최고인민회의 상임위원장과 김여정 제1부부장이 특사 자격으로 참석했다. 남북 간 직접적인 정치 대화가 어려울 때 스포츠 대회를 통해 대화의 장이 마련될 수 있음을 알 수 있다.

또한 문화·예술·방송 분야에서 상호방문과 공동행사를 통해 많은 대중들이 남북의 문화를 간접적으로 경험할 수 있었다. 1985년 9월 남북의 예술공연단이 이산가족 교환방문단과 함께 서울과 평양에서 최초의 교환공연을 가졌다. 1990년에도 서울과 평양에서 통일음악회가 개최됐다. 이후 평양학생소년예술단, 평양교예단, 조선국립교향악단, 평양소년예술단 등 다양한 단체의 방한공연이 이어졌다. 남측의 KBS교향악단과 MBC 평양 특별공연, SBS 조용필 평양공연 등 방송사 주관의 다양한 방북공연도 성사됐다. 이들 행사의 중계방송은 직접 남북교류 현장에 참가하지 않더라도 남북의 상호문화를 간접적으로나마 경험하게 해주었다. 문화재와 관련해서는 '특별기획전-평양에서 온 무덤벽화', '북한국보유물전', '북관대첩비 북한이관행사' 등도 이어졌고 이외에 영화나 애니메이션, 음반제작 등이 추진됐다. 방송사의 콘텐츠도 중계방송 이외에 역사를 다룬 다큐멘터리, 보도 특집물 제작 등으로 다양해졌다[10].

5) 개성공단, 금강산관광

1999년 현대아산이 본격적으로 금강산관광 사업을 시작함에 따라 일반인들의 교류도 활발해졌다. 클린턴 행정부 말인 2000년 10월 조명록 국방위 제1부위원장이 방미하고 올브라이트 국무부 장관이 방북하면서 국교수교 이전단계라고 할 수 있는 북미코뮤니케가 채택되었다. 그러나 불행하게도 2001년 미국의 정권교체와 더불어 '9·11' 사건이 발생하면서 미국의 대북정책이 돌변했다. 북미 수교는 성사되지 못했고 북한은 이란·이라크와 함께 악의 축으로 규정되었다. 하지만 2004년 개성공단이 가동되면서 개성관광 사업도 활기를 띠게 됐고, 금강산관광은 2008년 관광객 피살사건이 발생하기 전까지 해상에서 육로로 확장되면서 활발해졌다.

개성공단 시범사업이 시작된 2004년 이후 집계된 방문 인원은 크게 늘었는데 이는 입주기업체 소속 직원이나 관련자들, 개성공업지구관리공단 관계자들의 출입이 통계로 잡혔기 때문이다. 125개의 남한기업이 입주해 있는 공단에는 관계자 1,000여 명이 고정적으로 왕래했는데 이 인원의 누적 방문수가 집계된 것이다. 개성공단은 북한 노동자 5만 5천명 이

[10] 2000년 정상회담 이후 남북 방송교류가 활발했는데 보도 특집물, 특집 다큐멘터리 이외에 24부작 드라마 '사육신'도 제작됐다. 「남북한 사회문화 협력 거버넌스 활성화 방안」(이교덕 외), 통일연구원, 2007, pp.93~96

상이 모이는 지역임을 감안할 때 특별했던 공간이 아닐 수 없다. 인사나 노무관리는 철저히 북측 관리자의 통제 하에서 이루어졌지만 제한된 범위 내에서나마 경협 차원의 남북협력이 이루어졌다. 10년 넘는 개성공단에서의 민간교류는 신기능주의 이론의 중요 개념인 파급효과(spill over effect)를 기대할 수 있었지만 2016년 2월 북한의 핵실험 직후 급작스럽게 가동이 중단됐다. 개성공단이 북한에 현금을 유입하는 달러 박스(dollar box)라는 의혹이 불거졌기 때문이다.

개성공단 입주 125개 기업의 생산현황을 살펴보면 섬유(58.5%), 기계금속(23%), 전기전자(13%) 순으로 노동집약형 공장이 대다수이다. 중국이나 베트남과 비교해서 삼분의 일 혹은 삼분의 이 정도의 임금수준에 반해 노사분규가 없고 이직률이 낮아 숙련공 양성이 용이한 점은 개성공단의 최대 장점으로 꼽힌다. 토지 이용이나 세제 등에서 혜택이 주어지는

<그림 1> 출범 10주년 맞아 개성공단 입주기업 대상 설문조사

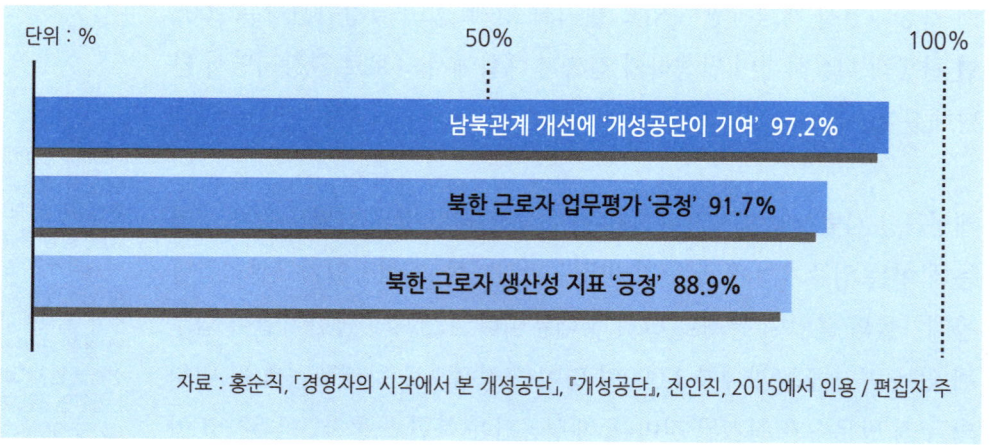

좋은 투자 환경이었음도 물론이다. 개성공단 출범 10년을 맞아 실행한 설문조사에서 개성공단 사업이 남북관계 개선에 기여했는가에 대한 입주기업의 평가는 97.2%가 "그렇다"고 답했다. 또한 북한 근로자에 대한 업무평가나 생산성 지표에 있어서도 91.7%와 88.9%로 긍정적 평가가 높았다.[11]

'정경(政經) 분리의 원칙' 속에서 개성공단 사업이 중단되지 않았다면 남북관계를 한층 더 발전시키는 파급효과를 맛볼 수 있었을 것이다. 2020년 6월 북한이 개성공업지구 경내에 있는 남북연락사무소 건물을 폭파시키며 이를 목도한 국민들에게 남북경협 회의론까지 안겨 주었지만, 역으로 적대적 대결이 주는 긴장감이 남북관계 발전은 물론 중소기업들의 경제활동에 부정적으로 작용함을 알게 해주었다.

1989년 6월 남북교류협력에 관한 지침 마련 이후 통일부 집계에 따르면 2018년까지 30여 년 간 남북을 오고 간 관광 이외의 인원은 1,469,410명, 관광목적으로 금강산/개성/평양을 방문한 인원은 2,048,994명, 총 3,518,404명이었다. 개성공단 시범사업이 시작된 2004년을 기점으로 급속히 증가하여 2016년 폐쇄되기까지 개성공단 방문 인원은 1,044,624명이었다. 개성공단 이외의 지역에는 정부 차원의 회담은 물론 적십자 회담, 인도적 지원, 그리고 스포츠·사회·문화·예술·학술 등 다양한 행사를 위해 424,786명이 방문했다. 관광 목적의 방북 인원이 가장 많았는데 금강산 관광객이 1,934,662명으로 94%이상을 차지했고 개성이 5%, 나머지가 평양 관광이었다. 이산가족 상봉은 정보통합시스템에 등록된 133,208명(생존 55,987명, 사망 77,221명) 중 24,178명의

[11] 홍순직, 「경영자의 시각에서 본 개성공단」, 『개성공단』, 진인진, 2015

<표 2> 남북 인적교류 추이

단위 : 명

구분\연도	'89~'01	'02	'03	'04	'05	'06	'07	'08	'09	'10
남→북(방북)	27,152	12,825	15,280	26,213	87,028	100,838	158,170	186,443	120,616	130,119
북→남(방남)	1,534	1,052	1,023	321	1,313	870	1,044	332	246	132
합계	28,686	13,877	16,303	26,534	88,341	101,708	159,214	186,775	120,862	130,251

구분\연도	'11	'12	'13	'14	'15	'16	'17	'18	'19	합계
남→북(방북)	116,047	120,360	76,503	129,097	132,097	14,787	52	6,689	9,835	1,470,082
북→남(방남)	14	0	40	366	4	0	63	809	0	9,163
합계	116,061	120,360	76,543	129,394	132,101	14,787	115	7,498	9,835	1,479,245

자료 : 통일부/금강산 등 관광관련 인적교류 제외

<그림 2> 그래프로 본 남북 인적교류 추이

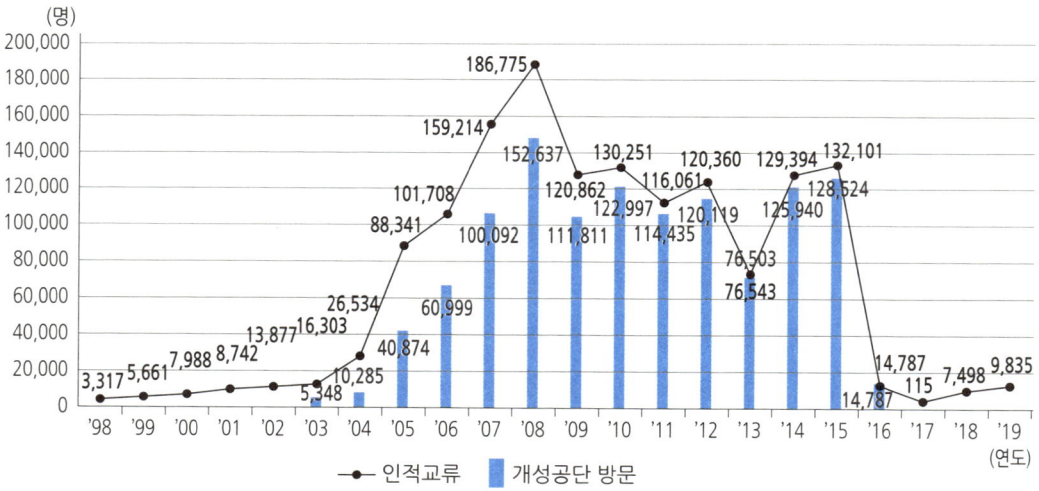

자료 : 통일부(내부 행정자료)

만남이 이루어졌다. 〈표 2〉의 남북 인적교류 현황을 그래프로 표시한 〈그림 2〉로 다시 보면 2016년부터 확연하게 인적교류 수가 감소했음을 알 수 있다.

4. 민간교류의 교훈

'접근을 통한 변화'.
이는 동방정책을 표방했던 서독의 빌리 브란트 총리의 핵심 구호였다. 동독인들의 마음을 변화시킨 점에서 성공했던 정책이다. 동·서독의 경우에는 서로 다른 체제 하에 살면서도 일찌감치 상호체제를 인정하면서 유엔 동시가입을 추진했다.

> **잠깐만 보고 갈까요!!**
>
> ### 서로 맞선 동·서독 '통독'방식은, 그리고 결론은?
>
> 빌리 브란트는 집권 후 동방정책을 펼치며 동·서독 기본조약을 체결했다. 서독은 1민족 2국가론을 내세웠고 대사 관계가 아닌 상주 대표를 교환하자고 제안했다. 동독은 2민족 2국가론을 내세우며 민족은 혈통과 문화, 언어보다 계급구조의 상태에 의해서도 결정된다고 주장했다. 한편 1990년 3월 실시된 총선에서 기민당이 승리하면서 동서독 통합방식이 결정됐다. 기민당은 동·서독 기본법 제23조에 의해 동독이 서독에 편입하는 방법으로 조속히 통일하자고 주장했다.
>
> 손선홍, 「분단과 통일의 독일 현대사」, 소나무, 2005, pp.316~324 중에서

서독은 동독의 도로와 철도 등 인프라 건설을 지원했고 서독인의 동독방문도 가능했다. 동독인은 65세 이상 은퇴자와 허가받은 이들이 서독을 방문할 수 있었다. 또한 친척들의 서신왕래와 상대방 TV를 시청할 수도 있었다. 남북관계와 근본적으로 다른 사회적, 문화적 요건을 갖추고 있었음을 알 수 있다. 탈냉전의 국제체제 대전환기에 동·서독 통일이 가능했던 이유는 냉전시대에도 끊이지 않고 교류했던 경험 때문이다. 동·서독 통합방식에 대한 국민투표에서 동독인들은 서독의 헌법 체제를 받아들이는 방식을 택했다. 남·북한은 경우가 다르다*.

> *** '냉전' 하에서도 교류했던 동·서독과 달리 남북은?**
> 남·북 정부수립 이후 상호체제를 인정하지 않고 부정하는 통일론을 주장하다가 전쟁을 치렀고, 전쟁 이후로도 서로의 체제를 인정하지 못하고 적대적 대결을 지속했다.

상호체제를 배제하는 통일론이 효력을 상실했다면, 민족국가 통일론 역시 새롭게 조명될 필요가 있다. 민족의 동질성 회복의 차원에서 추진되는 민간교류 또한 그 취지와 목적을 되짚어 보아야 한다. 휴전상태를 매듭지지 못하고 있는 현재의 남북관계 현실 속에서 민간교류의 기능은 지극히 제한적이다. 민족보다 적 정체성이 앞서는 북한을 놓고 정책적 혼선이 빈번한 가운데 지속적인 교류가 불가능한 현실이기도 하다.

스포츠, 문화예술, 방송, 이산가족 상봉, 인도적 지원, 종교, 학술, 경제협력, 관광 등 다양한 영역에서 남북교류가 이루어졌지만, 적극적인 대북정책을 펼친 정부 하에서는 민간교류가 활발했고, 그렇지 않은 정부 하에서는 수년 간 쌓아 올린 민간 협력이 한순간에 멈춰 서기도 했다. 5년 단임의 대통령제 하에서 일관된 대북정책이 유지될 수 없는 요인 중 하나는 정파적 이해가 다르기 때문이다.

> 통일정책에서는 정권을 불문하고
> 민족공동체통일방안이 정책기조로 채택되어 온 것과 달리,
> 대북정책은
> 포용정책이냐 아니냐를 놓고 갈등이 첨예하다.
>
> 북을 놓고
> 남한사회 내부가 균열에 균열을 거듭한다면
> 남북 민간교류를 통해 기대하는
> 민족화합이 온전히 실현될 수 없다.

국력 면에서 비교가 되지 않을 정도로 격차가 벌어졌지만, 남한사회가 공산주의를 수용하기에는 전쟁의 트라우마가 크다. 북한 역시 전면적인 개방과 체제전환을 시도할 형편이 되지 못한다. 현실이 이와 같다면 체제통합이 아닌 남북관계 발전을 위해서라도 '1민족 1국가'를 전제로 하는 민족국가 통일론은 새롭게 조명되어야 한다. 6·15 2항에서 합의한 바와 같이 남북연합제와 낮은 단계 연방제의 공통성을 명백히 할 필요가 있다.

1민족 2국가 2체제 2정부는 남북이 합의할 수 있는 단계적 통일론으로서 남북연합에 해당한다. 이미 국제사회에서 독립적인 국가로 활동하고 있는 남과 북의 현실을 반영하기도 한다. 북의 고려민주연방공화국창립

방안 역시 남북이 사상과 제도를 그대로 유지한다고 규정하고 있다. 정치, 군사, 외교 면에서 독립적이면서 경제교류를 심화하는 남북연합을 현실화한다면 우리의 민족공동체통일방안에서 상정한 2단계 통일과정에 도달하게 된다.

민간교류는 정부의 포용적 대북정책 실행 시 국민적 공감대 형성과 확산을 위해서도 중요하다. 남·북 정부는 이미 남북관계 규정이나 통일의 방식에 대해서 일정한 합의를 도출해 놓았다. 그러나 북한과 달리 남한사회에서 대북정책이나 통일정책에 관한 국민적 이해는 여전히 그에 미치지 못하는 형편이다. 국민적 지지를 얻지 못하는 정책은 열매를 맺지 못한다. 그동안 정부 간 만남과 합의도출이 중요했다면 앞으로는 초당파적 지지를 바탕으로 남북합의 내용이 뿌리를 내릴 수 있도록 하는 정책기반 모색이 무엇보다 중요하다.

그런 면에서 민간교류의 목적은,

<blockquote>
민족의 동질성 회복이 아니라
남북 간의 적대적 대결을 해소하는 데에
더 큰 목표를 두어야 한다.
또한 전쟁 이후
70년 넘게 다른 체제를 발전시켜 온
역사를 인정하고
서로의 체제작동 원리를
이해하는데 주목해야 한다.
</blockquote>

이를 위해서는 민간 차원의 지속적 교류를 담보할 제도를 마련하고 교류 주체들의 역량을 강화할 방안도 필요하다. 북한에 대한 이해와 대응능력을 키우기 위해선 무엇보다 끊임없는 접촉이 필요하다. 신변안전이 보장될 수 있다면 인적교류의 지속성은 보장되어야 한다.

또한 대북협력 민간단체, 종교단체, 남북경협기업, 스포츠, 문화예술, 방송, 여행 등 다양한 교류주체들이 민족화합 역량을 키울 수 있도록 전문적인 훈련프로그램이 고안되어야 한다.

노동당을 중심으로 당-국가 체제를 유지하는 북한과 달리 다당제 남한에서는 집권정부의 대북정책에 따라 민간교류가 영향을 받는다. 민족공동체통일방안이 공식 통일방안으로 유지되고 있지만, 북한을 상대하는 정책기조에 따라 남한내부에서는 격렬한 정치적 갈등이 초래되기도 한다. 민간교류가 민족내부의 화해협력을 위한 것이라면 통일정책을 실현하는 과정에서 남북관계가 더욱 결속되어야 하지만, 정파적 이해가 엇갈리게 되면 남북관계 신뢰는 물론 국내의 평화정착 기반이 무너지게 된다.

오늘날 코로나19 국면이 장기화하는 상황은 정치·군사적 안보 못지않게 인간 안보의 중요성을 일깨우고 있다. 이념이나 종교, 정치나 경제를 목적으로 하는 분쟁보다 인류 대 생태환경 간의 균열이 더 큰 위협으로 대두되는 상황이기 때문이다. 한반도 평화에 있어서도 핵 문제나 정치·군사적 대결보다 돼지 열병, 조류독감, 메르스, 코로나19 등 생물학적 위협이 일상의 평화를 깨고 있다. 변화하는 시대적 안보 상황에 발맞추어 남북은 물론 국내에서도 신속하게 새로운 관계정립을 위해 노력할 필요가 있다.

2016년부터 민간교류는 급격히 감소했다. 대북사업이 전면 중단됐기 때문이다. 이는 지난 30여 년 간 펼쳐왔던 통일정책의 정체를 의미한다. 북한이 핵 개발에 박차를 가했던 2016년 이후 우리정부가 개성공단을 폐쇄하고 민간교류도 중단하다시피 했지만, 북은 남북관계뿐만 아니라 미국과 국제사회의 제재 하에서도 핵 개발 정책을 추진했고 2017년 11월 완성을 천명했다. 2020년 10월 10일 노동당창건 75주년 행사에서 김정은 위원장이 밝힌 바와 같이 북한은 대북제재와 자연재해, 코로나19 국면 등 3중 악재 속에서 생존을 모색하고 있다.[12] 북한은 우리의 협력과 무관하게 자신의 계획표를 따라 행동했다. 이제 우리정부의 대북정책 목표를 근본적으로 점검해볼 시점이 됐다

개성공단과 금강산관광, 대북협력 사업 등 민간차원의 교류협력이 지속하는 상황이었다면 현재와 같은 남북관계 경색국면에서 대북정책의 운용 폭이 넓었을 것이다. 일관된 통일정책을 펼치기 위해서는 일관된 대북정책이 필요하다. 이를 위해서는 대북협력 단체는 물론 비영리나 영리를 목적으로 하는 대북사업자들이 정부를 대상으로 정경분리의 대북정책을 요청하며 남북 교류의 주요 당사자로서 자리매김할 수 있도록 법제도를 확립할 필요가 있다.

---

[12] 10월 8일 노동신문에 따르면 당 중앙위원회 제7기 제19차 정치국회의에서 '80일 전투'를 결정했다. 자립 갱생을 내세우며 공장, 기업소, 협동농장에서 80일간 목표를 달성하기 위해 쉬지 않고 생산 전투에 돌입한다는 뜻이다. 로동신문, 2020년 10월8일자

참고문헌

이만열,「한국 기독교 통일운동의 전개과정」,『민족통일을 준비하는 그리스도인』, 도서출판 두란노, 1995

김수진,「한기총 10년사」, 쿰란출판사, 2002

손선홍,「분단과 통일의 독일 현대사」, 소나무, 2005

최완규,「남북한 관계의 전망과 과제」,『남북한 관계론』, 한울아카데미, 2005

이교덕 외,「남북한 사회문화 협력 거버넌스 활성화 방안」, 통일연구원, 2007

임동원,「피스메이커」, 중앙북스, 2008

제성호,「남북한관계론」, 집문당, 2010

대한불교조계종 민족공동체추진본부,「남북불교 교류의 흐름-남북불교 교류 60년사」, 민추본, 2010

한국 천주교 주교회의 민족화해위원회,「주교회의 민족화해위원회 10년사」,

홍순직,「경영자의 시각에서 본 개성공단」,『개성공단』, 진인진, 2015

윤은주,「한국교회와 북한인권운동」, CLC, 2015

조우찬,「한반도 평화와 스포츠: 평창 동계올림픽과 남북 스포츠 교류를 중심으로」,『통일정책연구』제27권 2호, 2018

윤은주,「남북 종교 교류 경험을 통해 본 민족 화합의 가능성과 과제에 관한 연구」,『북한연구학회보』22권 2호, 2018

「김정은 체제-변한 것과 변하지 않는 것」(공저), 한울아카데미, 2018

로동신문, 2020년 10월8일자

Chapter 06   하노이 회담 결렬 이후 남북경협의 미래

'남북관계' 발전이
곧 '비핵화' 촉진동력

1. 2018년 남북관계 평가와 새로운 한반도
2. 전쟁 없는 한반도 시대의 도래?
3. 4·27 판문점 선언, 9·19 평양공동선언과 남북경협
4. 하노이 북미 정상회담 결렬이 미친 영향
5. 남북경협의 미래 전망과 과제

임을출

경남대 대학원 정치학 박사

현, 경남대 극동문제연구소 부교수
　　동북아평화협력연구원 연구위원
전, 북한연구학회 부회장
　　기획재정부 국가재정운용계획 지원단 위원
　　청와대 국가안보실 정책자문위원
　　남북정상회담 민간자문단 위원
　　통일부 남북대화 정책자문위원

〈저서〉
- 『김정은 시대의 북한경제』, 한울아카데미, 2016
- 『김정은 리더십 연구』(공저), 세종연구소, 2016

〈주요 연구 및 논문〉
- 「김정은 시대 기업관리방식과 역할변화에 관한 연구」, 『세계지역연구』, 2019
- 「김정은 정권의 경제발전전략과 역량개발수요」, 『국가전략』, 2019
　외 다수

• E-mail : eulclim@hanmail.net

Chapter 06 하노이 회담 결렬 이후 남북경협의 미래

'남북관계' 발전이 곧 '비핵화' 촉진동력

1. 2018년 남북관계 평가와 새로운 한반도

> 2018년은 4·27 판문점 정상회담을 포함해
> 세 차례의 정상회담과 1차 북미정상회담 등이 열리면서
> 한반도 평화의 새로운 원년으로 기록되었다.
> 정상회담 세 차례를 비롯해
> 총36회의 남북회담이 다양하게 열렸다.

2월 평창 동계올림픽을 계기로 김정은 위원장의 친서가 문재인 대통령에게 전달된 것을 시작으로,

- 4월 27일 1차 남북정상회담,
- 5월 4일 군사분계선 확성기 철거,
- 5월 26일 판문점 2차 남북정상회담,
- 6월 12일 싱가포르 북미정상회담,
- 9월 14일 개성 남북공동연락소 설치,
- 9월 19일 평양공동선언,
- 11월 1일 남북 간 군사분계선 일대 모든 적대행위 중단,
- 12월 7일 화살머리 고지 지뢰제거 작업 완료,
- 12월 12일 남북 군사검증단 GP파괴 상호검증

등이 이뤄졌다. 이처럼 남북관계는 이전과는 차원이 다르게 변화되었다.

남북관계가 이전과 질적으로 달라진 첫 번째 특징은 남북정상회담이 단기간 내 여러 차례 열린 점이다. 남북한 정상은 2018년 중 세 차례나 만나 높은 수준의 신뢰와 우정을 쌓았고, 4·27 판문점선언과 9월 평양공동선언을 통해 남북관계 발전과 한반도 비핵화 및 평화정착에 합의하였다. 4·27 판문점선언을 통해 △ 남북관계의 전면적 개선, △ 군사적 긴장완화 및 전쟁 위협해소, △ 한반도의 완전한 비핵화와 평화체제 구축을 합의하였다. 두 번째 정상회담(5. 26)은 북미정상회담을 앞두고 번잡한 절차와 형식을 생략하고 만났고, 이 만남은 역사적인 1차 북미정상회담 성사에 결정적인 기여를 한 것으로 평가받고 있다. 이어 세 번째로 만나 9월 평양공동선언을 통해 남북관계를 새로운 높은 단계로 진전시키고, 한반도를 핵무기 없는 평화의 터전으로 만들기 위한 방안을 합의하였다.

또한 남북관계 진전이 북미관계와 선순환적으로 추진된 점도 이전과 다른 특징이었다. 지금은 이 선순환이 멈춰서 있지만 2018년에는 과거처럼 남북관계와 북미관계가 별개로 진전되는 것이 아니라 긴밀한 한미관계를 토대로 남북관계와 북미관계가 함께 진전되었다. 문재인 정부는 일관성 있게 한미 간 긴밀한 공조를 통해 북미 간 비핵화 협상을 진전시키기 위한 중재노력을 기울여 왔고, 나아가 항구적 평화체제 구축을 위한 한미 간 공조를 다져왔다.

문재인 정부는 무엇보다 남북정상회담을 비롯해 남북 간 대화나 협상내용을 미국 측과 투명하게 공유하며 진행함으로써 미국 측의 신뢰와 지지를 얻으려 노력했다. 문재인 정부의 적극적인 대북정책과 미국과의 신뢰구축 과정은 역사적인 2차 북미정상회담 성사에도 밑받침이 됐다. 한미 정상 간에는 역대 가장 빈번한 접촉이 있었다. 남북 간, 한미 간 신뢰관계가 북미협상을 긍정적 방향으로 지속시키고 일정한 성과를 내는데 기여*한 것은 분명하다.

> *** '기여' 예를 든다면?**
> 2018년 9월 평양 남북정상회담은 정체됐던 북미 간 직접협상에 다시 동력을 불어넣는 계기를 마련했고, 북미 간 대화도 결국 우리정부의 중재노력에 힘입은 바가 컸다.

철도·도로 연결 등 남북협력사업 추진과 남북관계 개선이 북한 핵 프로그램 포기를 위한 대북제재와 압박을 약화시킬 가능성에 대해 미국이 우려를 하는 점도 있었지만 기본적으로 한미 간 긴밀한 공조가 남북관계와 북미관계의 선순환을 이끌어온 것으로 평가할 수 있다.

남북 간 직접적으로 비핵화 논의를 한 점도 이전의 남북관계와 질적으로 차이가 난 부분이다. 과거 북한은 핵문제는 미국과 협의할 문제이지, 우리 측과 논의할 의제가 아니라고 못 박았다. 그러나 비핵화 이슈는 남·북한 사이에도 긴밀하게 논의하는 핵심 의제가 되었다. 북핵 문제는 북미 간 문제라는 인식이 지배적이었지만, 남북정상회담 등을 통해 비핵화 이슈가 자연스럽게 다뤄진 것이다. 2018년 9월 평양공동선언에는 '영변 핵시설의 영구적 폐기'가 명시되었다. 당시 문재인 대통령은 평양 5·1경기장에서 "우리 두 정상은 한반도에서 더 이상 전쟁은 없을 것이며, 새로운 평화의 시대가 열렸음을 8천만 우리 겨레와 전 세계에 엄숙히 천명했다"고 연설하여 15만 평양 시민들의 뜨거운 박수를 받았다.

또한 김정은 위원장은 2018년 12월 30일 문재인 대통령에게 친서를 보내 연말 인사를 전하고 서울 방문 의지를 재확인하면서 2019년에도 두 정상이 한반도의 평화와 번영을 위해 함께 노력해 나가자는 뜻을 전했다. 김정은 위원장은 문재인 대통령과 자주 만나 한반도 평화 번영을 위한 논의를 진척시키고 비핵화 문제도 함께 해결해 나갈 용의가 있음을 밝혔다. 그간 북미 간 의제로 여겨진 '한반도 비핵화' 문제를 남북 정상 사이의 주요 의제로 북한 지도자가 직접 언급한 것이다. 이 처럼 '한반도 비핵화' 의제를 북미 사이의 문제만이 아니라 남북관계의 테이블에 올렸다는 점은 주목할 만하다.

남북관계에서 사회문화, 체육교류가 활발하게 진행된 현상도 주목할 필

<그림 1> 이전과 달라진 '2018년 남북관계' 구조적 변화 5

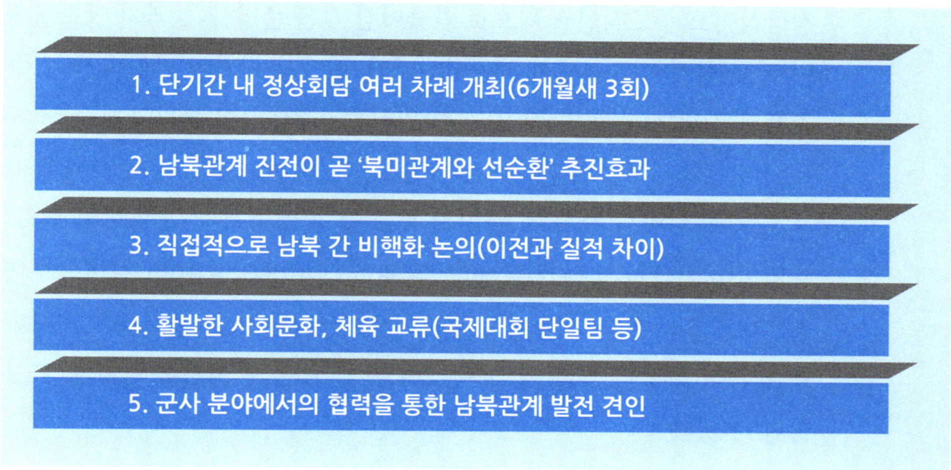

1. 단기간 내 정상회담 여러 차례 개최(6개월새 3회)
2. 남북관계 진전이 곧 '북미관계와 선순환' 추진효과
3. 직접적으로 남북 간 비핵화 논의(이전과 질적 차이)
4. 활발한 사회문화, 체육 교류(국제대회 단일팀 등)
5. 군사 분야에서의 협력을 통한 남북관계 발전 견인

요가 있다. 북한측 입장을 대변하는 조총련 기관지 '조선신보(2018. 12. 5)'는 '2018년, 북남의 경이적 사변들'이라는 제목의 기사에서 지난해 남북공조로 이룬 세 가지 사건을 꼽았다. 남북공동연락사무소 개설을 비롯해 판문점 공동경비구역의 비무장화와 국제대회에서 남북단일팀의 활약 등이었다. 남북은 평창 동계올림픽에서 올림픽사상 처음으로 여자빙상호케이(여자아이스하키)에서 단일팀을 결성했으며 그 후 여러 국제대회들에 공동으로 진출, 여자롱구(여자농구), 커누(카누), 탁구, 유술(유도) 등 총 8종목에서 단일팀을 구성하여 좋은 성적을 거두었다. 특히 인도네시아 자카르타에서 진행된 제18차 아시아경기대회(8월) 커누 룡선(용선) 500m경기에 출전한 단일팀은 종합경기대회에서 역사상 처음으로 금메달을 따는 쾌거를 이룩하였다. 준비기간이 매우 짧았음에도 불구하고 남북한이 단일팀을 구성해 국제대회에서 좋은 성적을 거둔 것은 남북협력의 시너지 효과가 무궁무진함을 보여주었다.

2018년에 일어난 이 같은 남북관계의 구조적 변화들은 문재인 정부의 적극적이고 주도적인 노력으로 만들어진 것은 분명하다. 과거 안보정책이 평화를 지키는 수세적 차원이었다면, 이제는 '평화를 만들어가는' 수준으로 진화했다. 또한 적어도 2018년에는 적대적인 분단관계 종식 가능성이 대북정책을 보는 시각도 어느 정도 바꿔놓았다. 문재인 대통령은 당시의 한반도 상황을 '잠정적 평화'로 칭하면서도 '불가역적 흐름'으로 이어가겠다는 다짐을 했다. 문재인 대통령은 2019년 신년인사에서 "지금 우리가 누리는 평화는 아직까지는 잠정적인 평화"라며 "평화의 흐름이 되돌릴 수 없는 큰 물결이 될 수 있도록 최선을 다하겠다"고 밝힌 바 있다.

2. 전쟁 없는 한반도 시대의 도래?

남북관계가 이전과 차별되는 또 다른 특징은 남북 간 군사분야에서의 협력이 남북관계 발전을 견인한 점이다. 과거에는 남북관계의 여러 분야 중에서 군사분야의 협력이 가장 후순위에 놓여 있었다. 반면 2018년 남북관계에서는 군사협력이 가장 활발히 진행되었다. 문재인 대통령이 2018년 9월 평양에서 열린 남북정상회담에서 '9월 평양공동선언'을 김정은 위원장과 함께 채택하고, 동시에 '판문점선언 이행을 위한 군사분야 합의서'를 남북 군사책임자가 서명하도록 했다. 이후 남북 간 군사분야 합의는 다른 분야에 비해 빠르게 실행된 바 있다. 1953년 정전협정 체결 이후 남북 사이에는 크고 작은 군사적 충돌이 있어 왔다. 비무장지대(DMZ)라는 용어가 무색하게 군사분계선(MDL)을 중심으로 남북은 가장 중무장

5) 최완규, 「남북한 관계의 전망과 과제」, 『남북한 관계론』, 한울아카데미, 2005, pp. 365~369

한 상태로 일촉즉발의 대립각을 세운 채 날카롭게 맞서 왔다. 하지만 판문점선언 이행을 위한 군사분야 합의서가 체결되면서 상황은 달라졌다. 총6개 조항으로 구성된 '군사분야 합의서'는 군사적 긴장을 완화하는 조치를 넘어, 신뢰구축조치와 운용적 군비통제*를 통한 한반도 평화구축의 토대를 이루는 합의서였다.

> *** '군비통제'란?**
> 잠재적인 적국 사이에 전쟁의 가능성을 줄이고, 전쟁 발발 시에 그 범위와 폭력을 제한하며, 평시에 전쟁준비에 소요되는 정치적·경제적 비용을 감소시키기 위해 행하는 모든 형태의 군사적 협력을 의미한다.

2018년 남북 간 추진된 바 있는 군사분야에서의 협력은 이 같은 군비통제 개념에 가장 부합되는 방향으로 진전이 이뤄진 것이다. 남북한이 서명한 1992년 '남북기본합의서', '남북불가침합의서'에도 군사력의 운용과 배치를 통제하는 군비통제를 담았지만 지켜지지 않았다. 이런 과거를 고려하면 군사분야 합의서가 제대로 이행되었다면 65년 간 이어진 한반도 분단체제를 평화체제로 전환하는데 크게 기여할 수 있었다.

남북 '군사분야 합의서' 이행은 무엇보다 실질적인 전쟁 위협을 제거하는 중요한 전기가 될 것으로 전망되었다. 판문점선언 이행을 위한 군사분야 합의서에 따라 남과 북이 2018년 11월 1일 0시부로 지상 해상 공중에서 상대방에 대한 일체의 적대행위를 전면 중지함으로써 남북 간 군사적 긴장을 완화하고 신뢰구축을 촉진하는 실질적인 전쟁위협을 제거하는 중요한 계기가 만들어진 것이다. 특히 남북 간 수차례 교전이 발생했던 서해 완충구역에서 양측이 함포 해안포의 포구 포신의 덮개를 설치하고, 포문을 폐쇄하는 조치를 취함으로써 우발적 충돌 가능성을 현저히 낮춘 것은 매우 의미가 크다. 이는 남북관계 발전에서 또 하나의 역사적 진전으로 볼 수 있다.

상대방에 대한 일체의 적대행위를 전면 중지하면서 판문점 공동경비구역(JSA)은 1976년 미루나무 사건 이전과 같이 비무장 군인들이 경계를 서기 시작했다. '공동경비구역'의 기본취지가 되살아난 것이다. 2018년 12월 12일에는 비무장지대(DMZ) 내 시범적으로 철거된 22개의 감시초소(GP) 현장검증이 완료됐다. 그 과정에서 남북 간 초소를 연결하는 길(도로)도 만들어졌다. 남북 공동유해발굴을 위해 강원도 철원 화살머리고지 지역 비무장지대의 지뢰가 제거되고, 한반도 정중앙에 도로가 새로 만들어졌다. 경의선, 동해선에 이어 세 번째이다. 한국전쟁 시 최대격전지의 하나였던 철원지역 화살머리고지 지역에서는 지뢰제거 작업이 진행되어 2019년부터 본격적인 유해발굴 사업에 들어갔다. 2018년에는 지뢰제거 작업 중에 유해 3구를 발견되기도 했다. 국방부의 발표에 따르면, 2019년에 이어 2020년 4월에 재개된 유해발굴 작업에서는 현재까지 총 300여 점의 유해와 1만 7000여 점의 유품이 발굴된 것으로 알려진다.[1]

2018년 12월 9일에는 35일 동안 진행된 660km의 한강하구에 대한 공동조사도 마쳤다. '군사분야 합의서'에 명시된 7개 주요 합의사안 중 5개가 완료됐거나 진행 중이었다. '군사공동위원회'를 설치하고 서해 북방한계선(NLL) 일대를 평화수역으로 만드는 사안만 남겼다. 1953년 정전협정 체결 이후 65년 만에 처음으로 남북 공동조사의 결실인 '한강·임진강 하

---

[1] 이데일리, 2020년 10월29일자, "올해 화살머리고지 유해 발굴 … 유해 300여 점, 유품 1.7만 점 발굴"

구 공동이용수역 해도'가 완성되어, 판문점을 통해 북측에 완성된 해도를 전달하기도 했다. 군사분계선이 존재하지 않는 한강하구는 1953년 정전협정 이후 지난 65년 간 우발적 충돌 발생 가능성 때문에 민간선박의 자유항행 자체가 제한됐다. 9·19 군사합의를 통해 민간선박의 자유항행에 대한 군사적 보장이 합의됨에 따라 선박항행의 필수정보인 해도(海圖) 제작이 가능하게 되었다. 제작된 해도는 항행하는 선박의 안전을 확보하는 데 필요한 뱃길정보를 제공하는 도면으로, 축적 6만 분의 1로 제작됐으며 수심, 해안선, 암초 위치 등이 표기됐다. 해도는 가장 기본적으로 선박이 항해하는 데 반드시 필요한 필수정보이다. 이제는 선박이 항해할 수 있는 기초정보가 생산된 것이다. 향후 한강하구 지역에서 다양한 경제활동이 이뤄질 경우 매우 유용한 자료가 될 것이 분명하다.

또한 동·서해 군 통신선을 정상적으로 가동해 남과 북은 전쟁의 원인이 되는 상호 불신과 오해 및 오산을 줄이는 정보를 교환했으며, 판문점 공동경비구역(JSA) 비무장화 조치와 DMZ 내 감시초소 철거상황을 서로 검증해 군사력 활동의 투명성을 높이고 상호감시와 확인 등 군사적 신뢰구축을 쌓았다. 이는 국제사회에서의 군비통제 노력에 있어서도 매우 드문 모범사례로 평가되었다. 군사분야 합의서의 이행은 신뢰구축 및 운용적 군비통제로서 북핵문제 해결을 촉진하는 분위기를 조성할 수 있다. 북한이 비핵화 이후에도 자칫하면 재래식 군비경쟁을 할 수 있는데, 이를 미리 예방하는 효과가 있는 것이다. 군비통제는 그 자체로 우발적 충돌방지와 긴장완화 효과를 가져온다. 뿐만 아니라 군비통제는 한반도 안보딜레마를 감소시키고 북한의 비핵화 조치 이행을 촉진하는 효과를 가져올 수 있다. 김정은 위원장은 2019년 신년사를 통해서도 "한반도에 더 이상

전쟁이 없는 평화시대를 열어놓으려는 확고한 결심과 의지를 담아 차택된 '4·27 판문점선언과' '9월 평양공동선언', '남북군사분야 합의서'는 북남사이에 무력에 의한 동족상쟁을 종식시킬 것을 확약한 사실상의 불가침선언으로서 참으로 중대한 의의를 가진다"고 평가한 바 있다.

3. 4·27 판문점선언, 9·19 평양공동선언과 남북경협

군사, 사회문화 분야에서의 가시적인 변화에도 불구하고 남북경협은 재개되지 못했다. 북미 간 비핵화 협상이 진전되지 못했고, 이에 따라 대북제재가 완화되지 못했기 때문이다. 남북경협은 김정은 국무위원장이 남북관계의 발전과 관련해 가장 중요시한 분야이기도 하다. 이는 4·27 판문점선언, 9·19 평양공동선언, 2019년 육성 신년사를 통해서도 명확히 확인된다. 4·27 판문점선언 1조 6항에서는 "남과 북은 민족경제의 균형적 발전과 공동번영을 이룩하기 위하여 10·4선언에서 합의된 사업들을 적극 추진해 나가며 1차적으로 동해선 및 경의선 철도와 도로들을 연결하고 현대화하여 활용하기 위한 실천적 대책들을 취해나가기로 하였다"고 명시했다. 남과 북은 상호협력과 교류, 왕래와 접촉이 활성화되는 데 따른 여러 가지 군사적 보장대책을 취하기로 하였고, 남북당국 간 협의를 긴밀히 하고 민간교류 협력을 원만히 보장하기 위해 쌍방의 당국자가 상주하는 '남북공동연락사무소'를 개성지역에 설치하기로 합의했다.

그리고 9·19 평양공동선언 제2조에는 민족경제 균형발전을 위한 협력방안이 담겼다. 남과 북은 상호호혜와 공리공영의 바탕위에서 교류와 협력

'개성공단 폐쇄' 그 후… 개성공단은 지켜내야 할 자산

(중략) 사실 개성공단의 운명은 특정 정권이 좌지우지할 대상이 아니다. 여러 정권을 거쳐 그동안 숱한 위기를 겪으면서 생존해 왔고, 적지 않은 국민적 지지를 받으면서 성장해온 만큼 상당한 정당성을 인정받아온 개성공단이다.

더구나 개성공단의 이면에 있는 다양한 전략적 가치, 즉 분단사적, 정치경제적 가치를 고려한다면 누구도 일방적으로 존폐를 결정해서는 안 된다. 개성공단의 전략적 가치는 이루 헤아리기 힘들 정도다. 흔히 얘기해 왔던 시장경제 학습장의 기능뿐 아니라 5만400여 명의 북한 근로자와 남측 기업인들이 함께 쌓아온 상생협력의 모델들은 우리의 일방적인 상상을 뛰어넘는다.(중략)

개성공단에 대한 이러한 현재적, 미래적 가치들은 북한 측의 경계심을 통해서도 확인된다. 북한 측은 시장경제 확산의 근거지로서 개성공단은 민족·자주 경제를 해칠 수 있고, 주체공학을 약화시킬 수 있다는 점을 특별히 경계해 왔다. 이들에게 개성공단은 정치성, 군사성, 수익성, 공해성 등 여러 각도에서 관찰의 대상이었다.

이러한 맥락에서 보면 우리의 일방적인 개성공단 가동 전면 중단 조치는 금전적 가치로 따질 수 없는 엄청난 자산을 포기하는 것이나 다름이 없다.

국제사회에서 제재를 주도해 온 우리 정부가 북한 도발의 악순환을 끊기 위한 불가피한 조치라고 할지라도 전격적인 개성공단 폐쇄 조치는 너무 성급했다. 더구나 북한의 핵개발 저지라는 목표는 임기응변식으로 대응해서 해결될 수 있는 것이 아니다. 보다 치밀한 계산과 전략 아래 이뤄져야 할 사안이다.(중략)

- 임을출(본고 필자)의 경향신문 2016년 2월11일자 [시론] 기고문 중에서 -

을 더욱 증대시키고, 민족경제를 균형적으로 발전시키기 위한 실질적인 대책들을 강구해나가기로 하였다. 구체적으로 ① 남과 북은 금년 내 동, 서해선 철도 및 도로 연결을 위한 착공식을 갖기로 하였다. ② 남과 북은 조건이 마련되는 데 따라 개성공단과 금강산관광 사업을 우선 정상화하고, 서해경제공동특구 및 동해관광공동특구를 조성하는 문제를 협의해나가기로 하였다. ③ 남과 북은 자연생태계의 보호 및 복원을 위한 남북환경협력을 적극 추진하기로 하였으며, 우선적으로 현재 진행 중인 산림분야 협력의 실천적 성과를 위해 노력하기로 하였다. 이어 김정은 위원장은 2019년 신년사에서 보다 전향적인 남북경협 추진의지를 밝혔다. "우리는 개성공업지구에 진출하였던 남측 기업인들의 어려운 사정과 민족의 명산을 찾아보고 싶어하는 남녘 동포들의 소망을 헤아려 아무런 전제조건이나 대가없이 개성공업지구와 금강산 관광을 재개할 용의가 있다'고 밝힌 것이다.

이에 대해 문재인 대통령은 2019년 1월 10일 신년기자회견 연설문에서 개성공단과 금강산관광에 대해 "북한의 조건 없고 대가 없는 재개 의지를 매우 환영한다"며 "이로써 개성공단과 금강산관광의 재개를 위해 북한과 사이에 풀어야할 과제는 해결된 셈"이라고 전제하고 "남은 과제인 국제 제재문제의 조속한 해결을 위해 미국을 비롯한 국제사회와 협력해 나가겠다"고 밝혔다. 또한 "평화가 곧 경제다. 잘살고자 하는 마음은 우리나 북한이나 똑같다"며 "남북 철도, 도로 연결은 우리 경제의 새로운 활로가 될 것"이라고 기대감을 표했다. 대통령의 이런 발언은 통일부에 의해 시행계획으로 구체화되었고, 남북경협 재개를 대비한 다양한 후속 조치들이 마련되었다.

4. 하노이 북미 정상회담 결렬이 미친 영향

남북한 당국의 다양한 노력에도 불구하고, 지금까지 남북경협은 재개되지 못하고 있다. 정부는 북한의 비핵화 조치를 견인하기 위한 카드로 개성공단, 금강산관광 재개 문제를 미국측과 협의했으나, '선 비핵화, 후 보상' 원칙을 고수하는 미국측의 완고한 태도를 바꾸지 못했다. 문 대통령이 2019년 신년기자회견에 밝혔듯이 개성공단과 금강산관광의 재개를 위해 북한과 사이에 풀어야 할 과제는 해결되었으나, 남은 과제인 국제 제재문제의 조속한 해결을 보지 못한 것이다. 북한은 핵을 완전히 포기하기로 하고, 그 대신 미국은 북한과 적대관계를 종식하고 북한의 안전을 보장하면서 북미 관계를 정상화하기로 했다. 이 합의에 따라 북한은 핵 폐기를 실행해야 하고, 미국은 상응조치로 비핵화 여건을 제공해야 했다. 이 두 가지는 서로 교환해야 하기 때문에 문재인 대통령은 트럼프 대통령에게 북한의 비핵화 조치를 이끌기 위한 상응조치로서 남북경협을 포함해 한국의 역할을 충분히 활용할 수 있다고 제안하기도 했다.

그러나 2019년 2월 하노이에서 개최된 2차 북미정상회담이 결렬되면서 남북경협 재개의 동력은 거의 사라졌다. 김정은 위원장은 2019년 초 남북경협을 재개하는 등 남북관계의 획기적 진전을 위해 미국과의 협상과 대화를 이어가고자 하였다. 특히 그는 한반도 비핵화가 지속가능한 남북관계 발전의 전제조건임을 잘 인식하고 있었다. 그래서 그는 2019년 신년사에서 "완전한 비핵화에로 나가려는 것은 우리 당과 공화국 정부의 불변한 입장"이라고 비핵화 의지를 공개적으로 드러냈다. 2018년 신년

'노딜'로 끝난 하노이 회동
1차에 이어 260일 만에 두 번째 북미정상회담(2019. 2. 27~28)에서 양측 모두 상대의 양보 기대하며 "꿈쩍도 하지 않았다"고 월스트리트는 전했다. 출처 : 연합뉴스

사에서 "핵단추가 내 책상 위에 있다"고 으름장을 놨던 것과 180도 달라진 모습이었다. 김정은 위원장은 9월 평양공동선언에서 "조선반도를 핵무기도 핵위협도 없는 평화의 땅으로 만들기 위해 적극 노력해나가기로 확약했다"고 비핵화와 관련된 첫 언급을 한 바 있다. 2019년 신년사에서는 더 나아가 "우리는 이미 더 이상 핵무기를 만들지도 시험하지도 않으며 사용하지도, 전파하지도 않을 것이라는 데 대해 내외에 선포하고 여러 가지 실천적 조치들을 취해왔다"고 훨씬 높은 수준의 비핵화 의지를 천명했다.

김정은 위원장은 북미관계 개선의지도 적극적으로 드러냈다. "미국과의 관계에서도 올해 북남관계가 대전환을 맞은 것처럼 쌍방의 노력에 의하여 앞으로 좋은 결과가 꼭 만들어질 것이라고 믿고 싶다"고 말했다. 북미 관계 개선의 모델로 남북관계의 급속한 진전사례를 제시하기도 했다. 김 위원장은 "지난해 급속히 진전된 북남관계 현실이 보여주듯 일단 하자고 결심만 하면 못해낼 일이 없다"고 거듭 강조했다. 김 위원장은 본인이 앞으로도 꽤 오랜 기간 동안 통치해야 하는 지도자 입장에서 북한을 제대로 된 나라로 만들어야겠다는 생각을 가지고 있었는데, 이를 위한 핵심과제는 물론 경제발전이었다. 이를 위해서는 국가경제발전 5개년전략 수행의 마지막 해인 2020년 이전까지 제재를 완화하여 경제발전을 할 수 있는 환경을 조성하는 것이 시급한 과제였던 것이다.

그래서 김정은 위원장은 하노이회담에서 영변 핵시설 폐기의 대가로 유엔 안보리의 대북제재 결의 내용 가운데 민수, 민생분야에 국한된 부분적 제재완화를 요구했으나 결국 미국이 거부하는 바람에 회담은 결렬되었다. 도널드 트럼프 미국 대통령은 하노이 회담 직후인 2월 28일 기자회견에서 2차 북미 정상회담 합의 결렬과 관련해 "제재가 쟁점이었다"며 "북한에서는 제재완화를 요구했지만, 저희는 그러지 못했다"고 말했다. 북한의 비핵화 실행조치와 미국의 상응조치를 주고받는 북미 정상의 하노이 핵 담판이 결국 제재완화를 둘러싼 양측 간 간극을 좁히지 못해 결렬됐다는 사실을 확인한 것이다. 앞서 북한은 제재완화를 최우선 상응조치로 줄기차게 요구해온 반면 미국은 영변 핵시설 폐기에 더해 '+α'의 가시적 비핵화 실행조치가 있어야 제재완화가 가능하다는 입장으로 맞서 왔다. 하지만 김 위원장이 65시간의 긴 열차 여행을 하면서까지 공들여 준비했고, 한껏 기대했던 하노이회담이 아무런 성과 없이 마무리되면서 크게 낙담했고, 이는 남북관계에 직격탄을 날렸다.

북미관계 교착에 따라 남북관계는 옴짝달싹 못하게 되었다. 북한은 하노이회담 결렬 이후 남북관계에 빗장을 걸었다. 우리를 향해 여러 불만을 쏟아냈지만 결국 대남관계를 통해서는 미국과의 근본문제 해결이 어렵다는 판단을 한 듯하다. 핵문제 발생원인 제거라는 근본문제는 철저하게 미국과 해결할 과제로 인식하게 된 것이다. 결국 북미 대화가 진전되지 않으면 남북관계는 교착국면에서 벗어나기 어려운 구조를 재확인하게 되는 순간이 도래한 것이다. 제재가 완화되기 이전에라도 제재면제를 받아 남북 간 다양한 교류협력 사업을 추진하겠다는 문재인 정부의 구상도 이런 구조적 제약 때문에 갈수록 힘을 잃어가고 있다. 정부는 4·27 판문점선언 이행을 위해 2019년에만 4,700억 원의 예산을 책정해놓았으나 북한이 호응하지 않는 바람에 예산집행률이 2.3%에 머물기도 했다. 2020년에도 마찬가지였다.

남북관계가 어쩌다 이 지경까지 되었을까.

북한은 표면적으로 정부가 4·27 판문점선언을 비롯해 9·19 평양공동선언을 이행하지 못하는 점에 비판의 초점을 맞추고 있다. 더불어 우리정부가 겉으론 평화를 외치면서 뒤에서는 군비증강에 몰두하는 이중적 행태를 보이고 있다며 날선 비판을 이어가고 있다. 김성 유엔주재 북한대사는 2019년 9월 30일 유엔총회 연설을 통해 전 세계인이 지켜보는 앞에서 우리정부를 저격했다. 민족내부 문제인 남북관계를 북미관계와 비핵화에 스스로 종속시켜 남북 정상 간 합의사항 이행을 교착상태에 빠뜨린 것이 바로 중재자, 촉진자 역할의 실상이라고 쏘아붙였다. 자신들을 겨냥한 최신 공격형 무기반입과 한미합동군사연습은 상대방에 대한 적대행위를 전면중지하며 무력증강을 하지 않기로 합의한 판문점선언 이행을 위한 군사분야 합의서에 대한 위반이며 도전으로 규정했다. 그러면서 이제 남쪽당국과는 더 이상 할 말도 없고, 마주앉을 생각도 없다고 선언하였다. 이를 행동으로 보여주듯이 북한당국은 지금까지 우리의 다양한 제안들에 냉대로 일관하고 있다.

이 시점에서 더 우려되는 점은,

> 북미 협상이
> 우여곡절 끝에 급진전되어
> 대북제재가 완화되는 상황이 오더라도
> 자동적으로 남북관계가
> 개선되지 않을 수도 있는 상황이다.

북한 측은 이미 북미대화에 기대어 남북화해분위기가 저절로 형성될 것으로 생각한다면 그것은 망상이라고 밝혀놓은 터다. 설마가 현실이 될 수 있다는 의미다. "남북관계 개선은 남측당국이 사대적 근성과 민족 공동의 이익을 침해하는 외세의존정책에 종지부를 찍고 남북정상선언의 성실한 이행으로 민족 앞에 지닌 자기책임을 다할 때만이 이뤄질 수 있다" 김성 유엔주재 북한대사는 남북관계의 해법을 이렇게 던져놓고 있다. 북한입장을 대변하는 '조선신보(2019. 10. 17)'는 "미국에 대고 할 소리나 바로 하면서 '상식을 뛰어넘는 상상력'으로 남북관계를 주견있게 처리해 나갈 대안을 제시하라"고 주문했다. 필요하면 미국에 대해서 '노'(NO)라고 말할 수 있어야 하고, 남북관계 자율성을 확보하는 방안을 모색하라는 목소리로 들린다. 사실 북한은 예전에는 이렇게 강경 일변도로 나오다가도 자신들의 필요에 따라 대화국면으로 정세를 전환시키곤 했다.

그렇다면 이번에도 과거와 같은 패턴을 반복할까. 김정은 국무위원장은 세계적인 주목을 끌었던 2020년 10월 10일 당 창건 75주년 열병식에서 "하루빨리 이 보건 위기가 극복되고 북과 남이 다시 두 손을 마주잡는 날이 찾아오길 기원한다"고 밝혔다. 그는 또 코로나19와 싸우고 있는 전 세계인에게 위로를 전하고 건강을 기원한다면서 "사랑하는 남녘 동포들에게도 따뜻한 이 마음을 보낸다"고 했다. 김 위원장은 코로나 사태가 진정되면 남북대화를 복원하겠다는 뜻을 밝힌 것으로 해석된다. 북한은 코로나19 방역목적으로 국경을 봉쇄한 가운데 대외접촉을 최소화하고 있다. 남북관계를 복원하겠다는 의지를 분명히 밝힌 점에서 반전의 기회가 올 것으로 보인다. 김 위원장의 발언이 갖는 막강한 비중을 고려하면 빈 말은 아닌 것으로 평가된다. 그러나 지난 남북관계 역사를 되돌아보면 비관도 낙관도 경계해야 할 듯하다. 롤러코스트와 같은 남북관계를 고려하면 더욱 그렇다. 그래서 지속가능한 남북관계를 어떻게 만들어갈 것인가가 여전히 최대 화두다.

5. 남북경협의 미래 전망과 과제

2018년 이후 한반도 분단과 전쟁 이후 첨예했던 군사적 갈등이 완화되면서 평화체제로의 전환 움직임이 가속화되었지만, 사실 남북 간 경협사업은 거의 진전을 보지 못했다. 개성공단, 금강산관광 사업은 물론 경의선·

동해선 철도·도로 현대화 사업, 산림협력 등 남북 간 협력사업은 유엔과 미국의 대북제재 현실에 부딪혔다. 사정이 이렇다보니 남북 정상이 합의했지만, 이행은 거의 하지 못했다. 이전과 달리 북한 핵문제로 인해 남북관계의 자율성이 크게 축소되어 있는 현실을 어떻게 바꾸는 것인가가 핵심 과제이다.

2018년 이후의 남북관계 경험은
비핵화의 진전 없이는 남북관계의 진전이
명확한 한계가 있다는 점이다.
북한의 비핵화 진전 없이
과연 남북 간 지속가능한 평화와
지속가능한 남북경협이 추진될 수 있을까.

그러나 우리는 남북경협 재개를 위해 지치지 않고 돌파구를 만들어가야 한다. 북미회담과 비핵화 과정에 실질적인 진전이 있으면 개성공단 재개 등 남북 경제협력도 탄력을 받을 것이며, 국제사회도 유엔 안보리 제재의 부분적 또는 단계적 완화를 모색할 수 있을 것이다. 남북경협은 우리에게 선택이 아닌 필수적 과제이다. 남북관계 측면에서 우리정부는 남북의 상생과 공동번영을 추구한다. 이것은 어느 한쪽의 일방적인 양보로 달성할 수 있는 것이 아니다. 남북의 경제적 공동번영 추구는 남북관계의 발전 과정에서 매우 중요한 부분이다. 이러한 인식을 바탕으로 한반도 신경제 구상 등 여러 경제적 측면의 미래구상을 북측과 공유한 바도 있다. 물론 비핵화와 함께 한반도에 평화가 정착되어야 본격적인 경제협력이 지속가능한 방식으로 이뤄질 수 있다. 우리는 남북관계의 증진과 경제협력은 비핵화 협상에도 도움이 될 수 있음을 미국은 물론 북한에게도 설득해야 한다.

남북관계의 발전은 비핵화를 촉진하는 동력이다.

남북관계가 좋을 때 북핵 위협이 줄어든다는 것이 지금까지의 역사적 경험이다. 경제교류는 사람과 사람, 생활과 생활을 잇는 일이다. 경제협력이 촘촘하게 이뤄지고 강화될수록 과거의 대결적인 질서로 되돌아가기 힘들 것이다. 나아가 남북경제교류의 활성화는 한반도를 넘어 동아시아의 평화와 번영을 견인하는 새로운 협력질서 창출에도 이바지할 것이다.

Chapter 07 남북경협, 그 새로운 출발을 위하여
- 북한과 남북경협에 대한 인식의 전환 -

"공동의 가치 실현을 위한
　　　'고민'과 '상상력'을 모아야"

1. 2020년과 코로나19
2. 북한이 말하는 '새로운 길'의 배경
3. 몇 가지 장애물 극복하기
4. 투자재원 조달문제
5. 보완, 그리고 상상력

이태호

서울대 대학원 경영학 석사

현, 한국공인회계사
    삼일회계법인 남북투자지원센터장
    해양수산부 정책자문위원회 남북협력분과위원
    캠코 통일국가 자산포럼 자문위원
    무역협회 남북투자교역협의회 자문위원
    LH공사 남북협력사업 자문회의 자문위원
    남북교류지원협회 감사
    국민연금 대체투자위원회 위원
    대한축구협회 감사
    동북아평화협력연구원 연구위원

〈저서〉
- 『삼일회계법인이 제안하는 〈대북투자10계명〉』, 삼일인포마인, 2010
- 『대동강의 기적 - 개성에서 나진까지』(공저), 삼일회계법인, 2013
- 『북한 회계의 이해』(공저), 삼일인포마인, 2019
- 『남북경제협력 - 회계통일이 우선이다』(공저), 중앙books, 2019

• E-mail : tea-ho.lee@pwc.com

Chapter 07 남북경협, 그 새로운 출발을 위하여
- 북한과 남북경협에 대한 인식의 전환 -

"공동의 가치 실현을 위한 '고민'과 '상상력'을 모아야"

1. 2020년과 코로나19

2020년을 한 단어로 정리하면 단언컨대 '코로나'라고 해도 과언이 아닐 것이다. 바이러스가 전 세계를 감염시키고 사회적, 경제적으로 마비시켰다. 사람들 간의 교류와 협력이 제한되고, 기업들은 정상적인 경영활동을 할 수 없었으며 전 세계는 서로에 대한 문을 굳게 닫아버렸다.

북한도 예외는 아니었다. 2020년 1월 말 중국에서 코로나가 확산되자 가장 먼저 중국과의 접경지역을 폐쇄하였다. 당연히 중국을 오가던 열차, 화물트럭, 항공기 등의 운행도 중단시켰다. 국가적인 면역체계가 취약한 북한으로서는 2020년 계획했던 모든 사업들을 뒤로 미루고 전염병 방역

활동을 최우선으로 추진하는 모습을 보였다.

사실 지난 2019년 말 북한은 노동당 중앙위원회 전원회의를 통해서 현재 국가의 어려운 상황을 엄중히 인식하고 '정면돌파전'[1])과 '장기전'이란 용어를 사용하면서 체제를 결속하고 경제난을 극복해보겠다는 선언을 했고, 주요사업의 목표로 과학기술, 관광, 교육, 보건사업, 농업, 전력사업 등을 제시하였다. 김정은 위원장이 신년초에 가장 먼저 현지지도를 통해 사업을 독려한 곳이 순천의 인비료공장[2])이고, 야심차게 대내외적으로 준공을 공개했던 장소가 마식령스키장과 양덕의 온천문화휴양지[3])라는 점에서 이를 뒷받침해 주었다.

하지만 2020년 초부터 불어 닥친 코로나19 사태는 북한으로서는 전혀 예상할 수 없었던 악재라고 할 수 있다. 이러지도 저러지도 못한 상황에 처한 북한으로서는 방역활동에 최우선으로 집중하고 내부결속을 강화하면서, 정치적으로는 미국의 대선 결과를 예의주시하며 2021년 이후를 대비해온 것으로 보인다.

2. 북한이 말하는 '새로운 길'의 배경

사실 한국전쟁 이후의 북한은 소련 등 동구권 사회주의 국가들의 경제지원과 남한에 비해 상대적으로 발전된 중공업을 기반으로 해서 1960년대 말기 정도까지는 한국보다 경제사정이 더 나았었다. 1960~70년대는 냉전체제 하에서 미국과 소련이라는 양 강대국을 중심으로 체제 경쟁이 계

---

1) 우리의 전진을 저애하는 모든 난관을 정면돌파전으로 뚫고 나가자(2019.12.28~31, 북한 조선로동당 중앙위원회 제7기 제5차 전원회의)

2) 김정은 북한 국무위원장이 평안남도 순천시 인비료공장 건설현장을 현지 지도했다고 조선중앙통신 등 북한 관영매체들이 7일 일제히 전했다, 중앙일보 2020년 1월8일자

3) 북한, 마식령스키장·양덕온천 개장…"어서오시라, 별천지로!", 연합뉴스 2020년 1월10일자

속되었는데, 이런 국면에서 북한은 중·소 갈등을 이용하여 경제지원을 확보하는 방식으로 실리를 챙기며 경제발전을 도모하였다.

하지만 1980년대 말부터 시작된 미·소 간의 냉전체제 붕괴와 연이어 1990년대 초부터 시작된 소련과 동구 사회주의 국가들의 연속된 붕괴로 인해 북한은 정치·경제적 위기를 맞게 된다. 엎친 데 덮친 격으로 홍수와 기근 등 천재지변까지 발생하게 되면서 북한에는 수많은 아사자들이 발생하게 되었고 산업이 무너지게 되면서 사회주의 계획경제시스템은 정상적으로 가동하지 못하고 붕괴하게 되었다. 수많은 사람들은 굶주림을 벗어나고자 먹을 것을 찾아 객지를 떠돌게 되었으며 특히 배급량이 급감하고 생산 능력조차 미비한 농촌 지역들로부터 시작된 사회의 극심한 혼란은 도시로까지 확대되어 사회 전체의 경제구조가 붕괴되는 심각한 위기상황을 맞게 되었다.

이때부터 대부분의 주민들은 생존을 위해서 시장에 나가서 물건과 식량을 교환하기 시작했다. 시장이 발달하기 시작한 것이다. 국영 상업망의 기능이 떨어지고 소비품 공급부족사태가 심각해지면서, 특히 식량배급이 급격히 줄어들고 급기야는 1990년대 중반 이른바 '고난의 행군' 시기에 배급이 사실상 중단되는 등 국가 배급체계가 사실상 붕괴된 것이 가장 큰 원인이었다.[4] 이것이 북한 장마당의 시작이며 현재는 북한 전역에 공식적으로 500여 개 이상이 있고, 돈만 주면 뭐든지 구할 수 있다고 알려져 있다. 현재 많은 전문가들은 국제적인 제재 하에서도 북한경제를 지탱해 주고 있는 주요요인으로 시장을 들고 있고 그 동향을 예의주시하고 있다.

[4] 양문수, 「북한의 계획경제와 시장화 현상」, 통일부, 통일교육원, 2013

> **잠깐만 보고 갈까요!!**
>
> ### 이유 있는 '평성'의 빠른 성장?
>
> 그 원동력은 시장의 발달이다. 평성에는 현재 북한에서 가장 규모가 큰 도매시장이 운영되고 있으며, 전국적인 교통의 요지로 성장하고 있다. 전국에서 유통되는 물자의 약 40% 수준의 물량이 유통된다고 하니 아무리 북한의 경제 규모가 작다고 해도 북한만을 놓고 볼 때는 결코 작은 양은 아니다.

북한의 평양과 인접한 평성이라는 도시가 있다. 평양에서 북서쪽으로 약 35km 떨어져 있다고 하니 평양의 위성도시 정도 된다. 평성이라는 이름은 평양의 북쪽지역을 지키는 성(城)의 의미라고 한다. 현재 평안남도의 도청이 위치하고 있으며, 북한의 여러 도시 중에서도 최근 매우 빠르게 성장한 도시이다.

평양에서 수많은 상인들이 새벽에 평성에 가서 물건을 도매로 구입해 평양으로 돌아와 판매를 한다. 이를 위해서 평성에는 이미 오래 전부터 대규모 시외버스 터미널이 형성되었다. 북한의 평양과 평성을 중심으로 신의주, 해주, 개성, 원산, 금강산, 함흥, 단천, 김책, 청진, 나진·선봉 등 지역으로 여러 버스 노선이 연결되어 있다. 물론 낙후된 도로 사정으로 인해 운행시간이 상당히 소요된다는 점은 감안해야 한다. 연구에 의하면 2017년 기준으로 북한에는 약 2만여 대의 버스가 운행되고 있는데 그중 4천 대를 군부가 운영하고 있고, 나머지 1만6천 대 정도를 무역회사와 개인 투자자들이 운영하고 있는 것으로 나타났다.[5]

---

[5] 곽인옥 "북한의 도로 인프라와 자동차 교통실태", 브레이크뉴스 2019년 6월18일자

또한 최근에는 북한에 '총알배달꾼'*이라는 새로운 직업이 생겨났다고 한다. 그러다 보니 중국과의 밀무역을 통해 중국산 오토바이가 북한에 확산되는 현상도 증가하고 있는 실정이다. 현재 북한에 대한 국제사회의 제재로 인해 정상적인 교역은 사실상 불가능하다. 북한의 비핵화가 진전되고 그 결과로 남북경협이 재개되기를 기다리고 있는 우리정부와 기업의 입장에선 이런 식으로 북·중 간 밀무역이 성행하고 있다는 소식을 듣는 게 불편할 수밖에 없다. 어쨌든 김정은 시대 북한의 시장은 북한 변화 시작의 상징으로 해석할 수 있다.

> *** 우리식으로 말하면 '퀵서비스'**
> 평성 등 도매시장과 인근의 장마당, 그리고 다른 시장을 오토바이로 오가면서 배달을 해주는 이들을 일컫는 말이다. 이들은 신속하게 물건을 배달해 주기 때문에 보다 빠르게 물건을 전달하려는 판매자나 물건을 구입하려는 소비자들 모두에게 인기가 많다고 한다.

지난 2012년에 일부 국영기업을 중심으로 배급제를 단계적으로 폐지하고 실질임금을 지급하기로 했다는 소식이 전해진 바 있다. 이를 통해서 노동자에게는 근로의욕에 대한 동기부여를 하고, 대외적으로는 투자자를 유치하고자 하는 활동으로 해석할 수 있다. 장마당과 시장의 증가로 인해 경제·사회 등 많은 분야에서 크고 작은 변화가 나타나고 있는 것으로 보인다. 과거 김정일 시대에는 시장을 통제했다가 풀어주기도 하고, 화폐개혁을 시도하기도 하는 등 적잖은 혼란을 겪었지만, 2011년 12월 김정일의 사망 이후 정권을 이어받은 김정은은 북한 내 시장의 확대를 암묵적으로 허용하는 정책을 펴고 있으며 그러한 기조

배우고, 전수하고
개성공단은 생산 외에도 북한인력의 난이도 숙련을 위한 기술전수 프로그램도 병행되었다. 사진은 (주)대화연료펌프의 자동차부품 기술교육 장면.
출처 : 본 책 공저자 권영경

는 지속될 것으로 보인다.

이 밖에도 김정은 시대에서 국가적으로 추진했던 국가적인 사업들도 여러 가지가 있다. 여명거리·과학자거리 등 살림집 아파트 건설, 문수물놀이장 건설, 원산갈마해안지구 관광지개발, 갈마공항 신청사 건설, 평양공항 개보수, 삼지연군 개발사업, 단천발전소, 어랑천발전소, 세포등판축산기지, 양덕온천지구 건설, 여러 지역의 살림집 건설 등은 치적과 선전효과를 노린 측면도 있지만, 경제발전과 인민들의 민생을 위한 목적으로 추진되었다는 점도 어느 정도는 인정될 수 있을 것이다.

또한 북한에도 MBA교육과정이 개설되어 있고, IT기술의 발달로 원격교육도 이뤄지고 있는 모습이나 싱가포르, 캐나다, 중국 등과 활발한 지식

공유 프로그램을 함께 하고 있다는 소식 등도 그 의미를 잘 생각해 볼 대목이다. 이러한 일련의 과정과 변화는 비록 미미하지만, 북한이 경제발전을 위한 목표를 내세우고 이를 달성하고자 경험과 능력을 구축해 가고 있는 과정이라 생각해 볼 수 있고, 북한이 말한 '새로운 길'을 이야기 할 수 있었던 배경에는 이러한 경험과 실적을 기반으로 한 어느 정도 최소한도의 내구력을 담보로 한 게 아닌가도 조심스럽게 생각하게 된다. 다만 그것이 어느 정도까지 지속될 수 있을지는 쉽게 예단하기 어려워 보인다. 왜냐하면 현재 외부에서 유입되어 북한경제의 동력이 될 수 있는 달러는 점점 줄어들고 있기 때문이다.

3. 몇 가지 장애물 극복하기

장기간의 국제제재로 인해서 최근 북한경제는 성장률이 큰 폭으로 감소한 것으로 나타나고 있다. 한국은행에서 매년 추정해서 발표하는 내용에 따르면 북한의 경제성장률은 2016년 3.9%, 2017년 -3.5%, 2018년 -4.1%, 2019년 0.4% 로 보고되고 있으며, 일부 전문가들은 경제분야에 대한 국제제재의 효과가 본격적으로 나타나기 시작한 2017년 이후의 성장추정치를 더 낮게 평가하기도 한다. 일부에서는 장마당, 중국 등 접경지역에서의 밀무역 등의 효과로 인해 생각보다 낮은 성장률 수치는 아닐 것이라고도 하며 통계수치의 집계방식에 대한 의문을 제시하기도 한다. 그렇지만 여러 전문가들의 다양한 평가를 취합해볼 때 기본적으로 북한경제 상황은 매우 열악한 것으로 판단된다.

<표 1> 북한의 산업별 성장률

단위 : %

	2019	2018	2017	2016	2015
농림어업	1.4	-1.8	-1.3	2.5	-0.8
광공업	-0.9	-12.3	-8.5	6.2	-3.1
• 광업	-0.7	-17.8	-11.0	8.4	-2.6
• 제조업	-1.1	-9.1	-6.9	4.8	-3.4
• (경공업)	1.0	-2.6	0.1	1.1	-0.8
• (중화학공업)	-2.3	-12.4	-10.4	6.7	-4.6
전기가스수도업	-4.2	5.7	-2.9	22.3	-12.7
건설업	2.9	-4.4	-4.4	1.2	4.8
서비스업	0.9	0.9	0.5	0.6	0.8
• (정부)	0.5	0.8	0.8	0.6	0.8
• (기타)	1.8	1.2	-0.3	0.5	0.6
국내총생산	0.4	-4.1	-3.5	3.9	-1.1

자료 : 한국은행

먼저 북한 내부적으로 산업의 인프라 시설 부족문제는 남북 간 경제협력 추진의 가장 큰 장애요인이다. 인프라 시설이라 하면 산업을 위한 철도, 도로, 공항, 항만, 전력 설비 등을 떠올릴 수 있다. 이러한 인프라 시설은 매우 열악하고 남북경협을 위해서는 이들에 대한 개보수, 신설 등이 반드시 필요하다. 또한 생활을 위한 상·하수도 시설이나 병원, 학교 등 생활 인프라 시설의 확보도 필요하고, 가속화하는 4차 산업시대에 뒤처지지 않기 위해서는 디지털 정보망 등 정보인프라 시설의 구축도 필요하다. 이들은 모두 북한경제의 발전을 위해서 반드시 필요한 요소들이다. 거기에 더하여 필자는 회계 전문가로서 북한의 회계투명성, 정보와 데이터의 신용도 확보 등에도 추가적인 관심을 갖는다.6)

북한에 대한 투자성과를 평가하기 위해선 국제적 수준의 회계기준이 북한에 도입되어야 한다.

국제적 수준의 회계기준이 도입되지 않으면,

무엇이 문제?	투자에 대한 평가와 과실송금에 대한 다툼이 발생할 수 있어 투자자들이 투자를 꺼리는 요인 중 하나
도입 된다면?	회계처리에 대한 투명성을 바탕으로 한 통계자료는 곧 국제사회로부터 북한통계의 신뢰성을 부여받는 기회
도입 효과는?	북한이 국제 금융거래의 물꼬를 트는 초기 문턱 'IMF 가입'의 전제조건 충족

따라서 현재 북한에 대한 제재로 자금과 물자의 이동이 수반되는 경제협력 사업을 바로 시작하기 어려운 상황에서 북한과 함께 회계분야의 교류를 먼저 이야기 해보는 시도가 의미 있는 일이 될 것이라 생각한다.

우리민족이 분단되어 지내 온 지도 어느새 70년이 지났다. 이제는 분단된 과거의 아픈 역사를 극복하고 평화와 공동번영의 미래를 열어가야 한다는 시대적 과제에 대한 인식이 높아지고 있는 바, 이를 실현하기 위해

6) 한국공인회계사회, 「남북회계협력 회계통일이 우선이다」 중 이태호 '남북회계협력 전략적 포커스 및 로드맵', 중앙BOOKS, 2019

선 가능한 한 많은 분야에서 접촉하고 교류하면서 서로에 대한 이해의 폭을 넓혀야 한다. 오랜 분단의 시간은 서로에 대한 인식은 물론 사용하는 말과 단어의 정의와 해석까지도 상당히 달리 하기에 남북경협의 협의 과정에서 사소한 오해 하나가 갈등을 불러왔던 예들이 적지 않다. 적어도 모두가 객관적으로 바라볼 수 있는 숫자는 이러한 오해를 최소화 할 수 있고 신뢰도를 높일 수 있지 않을까 싶다.

일부 언론의 2019년 북한 노동신문 기사를 인용한 보도에 따르면 북한의 김정은 위원장이 "전 사회적으로 숫자를 중시하는 기풍을 세워야 한다"고 지시했다고 한다.[7] 또한 어떤 수필 형태의 기사[8]를 통해서는 다음과 같은 일화를 소개하고 있다. 북한 원산의 한 구두 공장에서 일하는 한 근로자가 취재를 나온 기자에게 계획 대비 생산목표를 119.658%밖에 수행하지 못해 아쉽다고 말하자, 그 이야기기를 들은 기자가 그래도 열심히 해서 120%는 수행한 셈이 아니냐고 하자 대뜸 그 근로자는 자기 공장 사람들이 양심과 땀으로 이뤄낸 결과를 새겨내는 것인데 어떻게 소수점 숫자를 반올림할 수 있냐고 반문했다는 것이다. 이 이야기를 통해 북한당국이 주민들과 외부에 전하고자 하는 메시지는 분명하다.

북한의 김정은 위원장 집권 이후 북한은 사회주의 기업책임관리제라는 독립채산제 제도를 운영하면서 생산계획 수립, 자재구입, 판매, 인력관리 등의 경영활동에 상당부분 자율성을 부여하고 있다. 그리고 앞에서도 언급했듯이 북한 관료들을 중심으로 하여 제한적으로 경영, 경제 등 시장경제와 관련한 다양한 지식교류 협력프로그램을 캐나다, 베트남, 싱가포르 등 외국과 진행하고 있는 것으로 알려졌다.

7), 8)
"0.99는 1이 아니다." 北 '숫자 중심사회' 역설, 아시아경제 2019년 6월24일자 필자가 속해있는 한국공인회계사회에서도 몇 년 전부터 북한이 국제 금융기구에 가입할 수 있도록 지원할 수 있는 지식공유 프로그램의 일환으로 남북한 회계협력에 큰 관심을 갖고 있으며 이를 추진하기 위한 실제적인 방법을 고민 중이다. 그러한 사업의 일환으로 지난 2018년 10월 31일 제1회 '회계의 날'에 '한반도 경제협력을 위한 남북 회계협력의 기본방향'을 주제로 한 기념 세미나를 개최한 바 있다. 2018년 당시 남북 간에 조성된 화해무드 분위기속에서 필자를 포함한 많은 회계전문가들이 주목했던 바는 향후 남북한의 공동번영을 위해서는 우선 북한의 대외경제협력 확대를 통해 북한내부의 산업을 정상화할 필요성이 있다는 점이었다. 그것을 위한 중요 수단중의 하나로서 회계의 중요성을 더욱 절실하게 느꼈던 것이다. 남북 간 경협을 활성화하기 위해서는 우선 경제현상을 화폐적으로 측정하고 보고하는 회계의 중요성이 대두될 수밖에 없다. 북한에 회계적 투명성이 확보되고 이를 기반으로 하여 북한이 IMF 등 국제 금융기구에 정식으로 가입하게 되면서 글로벌 투자기구와 외국인의 투자가 조금 더 용이해지는 환경을 조성하게 된다면 자연스럽게 남북경협은 과거의 제약을 벗어나 국제적인 사업으로 확대 발전될 수 있을 것이다.

남북경협이 구조적으로 안고 있던 많은 제약들을 극복할 수 있음은 물론 북한으로서도 과거처럼 단순히 토지만 제공하거나 낮은 인건비의 인력을 제공하는 수준에서 벗어나 개발사업의 분명한 주체로서의 역할을 할 수 있는 사업의 선순환 구조를 형성할 수 있을 것이다. 베트남과 중국이 국제회계기준을 도입하는 노력을 통해 외자유치를 적극적으로 받았던 경험도 북한으로서는 충분히 고려해 볼 만한 시사점이 될 것이다.

잠깐만 보고 갈까요!!

北의 '시장경제' 체화 프로그램 예를 든다면?

① KPP(Canada-DPRK Knowledge Partnership Program)

- **내용은?**   캐나다와 북한 간의 지식공유 프로그램
- **시작은?**   2011년부터 운영(현재는 대북제재 등 원인으로 중단상태)
- **운영은?**   캐나다 브리티시컬럼비아대학(UBC) 한국학 연구소장 박경애 교수
- **어떻게?**   경제, 경영, 무역, 금융 등 전공 북한교수 초빙, 6개월 간 연수
- **선발은?**   김일성종합대, 인민경제대, 평양외대, 김책공대, 평양상업대 등의 교수
- **무엇을?**   UBC 학부와 대학원에서 거시·미시경제, 경영, 무역, 재정 등 수강
- **체험은?**   토론토, 오타와 소재 법률회사, 은행, 보험회사 등 견학&면담
- **귀국후?**   연수경험 기반, 관련서적 출판 및 강의 신설, 정부대상 정책제안 등
- **성과는?**   2013~17년 북한의 경제특구, 지속가능발전, 물자원과 폐기물 관리 등 주제 국제학술회의 개최

중국은?   참고로 사회주의 계획경제국가인 중국은 지난 1949년에 소련식 회계제도를 도입하였고 1954년에는 구 소련의 회계 계정과목을 바탕으로 하는 국가 차원의 통일된 회계계정과목을 제정하여 중앙정부에서 경제를 통제하고 관리하는 방식으로 회계 시스템을 운영해 왔다. 이 시기의 특징으로는 같은 사회주의국가였던 구 소련을 모범으로 삼아서 그들이 사용하는 계정과목을 모방하면서 정부는 물론 모든 기업부문과 사회부문에서 회계과목과 계정과목의 통일을 시도했다는 점이다. 1978년 당시 중국의 지도자였던 등소평은 12월 18일 공산당 11기 3차 중앙위원회에서 중국의 개혁·개방을 선언하였고, 이어 1980년에는 광동성의 '선전'을 첫 번째 경제특구로

② 조선익스체인지(Choson Exchange)
- 내용은?　북한 내 벤처기업 양성과 창업생태계 조성 목적의 NGO 활동
- 계기는?　창설자가 와튼스쿨 학생신분으로 방북 후 2007년 아이디어 구상
- 운영은?　청년사업가 제프리 시(Geoffery See)가 2010년 창설
- 조직은?　싱가포르에 본부, 베트남·스위스·런던·한국 등에 네트워크
- 대상은?　북한 내 사업가와 기업가정신을 갖고 있는 학생 등 개인
- 무엇을?　회계 등 경영학 기본과 벤처투자 등 스타트업 관련 제반교육
- 체험은?　싱가포르 등에서의 워크숍, 인턴십, 단기MBA 프로그램 등 가동
- 특이점?　10여 년 간 약 2,600여 명 교육생 중 700여 명이 여성참여자
- 성과는?　2015년 교육참여생들이 전자, 식약품, 건강음료 등 소재 스타트업 기업 10여 개 창립

지정하고 강력한 경제개발 정책을 추진하기 시작한다. 이러한 배경 하에 필요한 것은 바로 경제개발을 위한 투자자의 유치였고, 이를 위해서 국제적인 기준에 부합한 회계제도 도입에 박차를 가하게 된다.

1985년에 회계법을 제정한 후, 1992년에는 시장경제를 기반으로 하는 회계준칙을 제정하면서 회계제도의 발전을 가져오게 된다. 이러한 중국 정부의 노력의 결과로 지난 2001년 중국은 세계무역기구에 가입하게 되고 서방 자본주의국가들과의 경제교류와 자본 흐름이 대폭 증가하는 전환점을 맞게 된다. 나아가 지난 2006년에는 IFRS(International Financial Reporting Standards, 국제회계기준)을 기반으로 하는 CAS(China

Accounting Standards, 중국회계기준)을 도입하며 현재까지 회계제도의 지속적인 발전을 꾀하고 있다.

베트남은? 베트남의 경우에도 중국과 유사한 면이 있지만, 그 시기는 중국에 비해 다소 늦게 출발하게 된다. 베트남 전쟁 이후 오랜 기간 전쟁의 후유증과 경제제재로 인한 경제난에 시달리던 베트남 정부는 1986년에 '도이모이'라는 개혁·개방 정책을 채택하게 된다. 베트남에 시장경제를 도입하고 외국에 베트남 시장을 개방하여 성장을 꾀하겠다는 것이었다. 이를 계기로 베트남의 경제는 본격적인 성장의 길에 들어설 수 있는 계기가 되었고 이어 1995년 8월 5일 베트남과 미국 간의 국교정상화를 통해 한 단계 더 도약할 수 있는 전기를 맞게 되었다. 이후 2003년에 회계법을 제정하고, 이어 2005년에는 베트남회계기준(Vietnam Accounting Standards, VAS)를 완성하고 2017년의 회계법 개혁을 거쳐 현재까지 이어오고 있으며, 2020년 이후에는 단계적으로 국제회계기준(IFRS)을 도입하려는 계획을 갖고 있다.

> **잠깐만 보고 갈까요!!**
>
> **北이 중국·베트남 사례에서 벤치마킹할 엣지는?**
>
> 중국과 베트남, 두 나라 사례를 통해 알 수 있는 것은 양국 모두 개혁개방 정책으로 시장을 개방하고 경제발전과 국내외 투자자 유치를 위해 투명하고 체계화된 회계제도를 도입했으며, 나아가 국제적인 기준에 부합하는 노력 또한 경주해 왔다는 점이다.

<그림 1> 중국과 베트남 회계제도 단계별 발전과 북한현황 비교

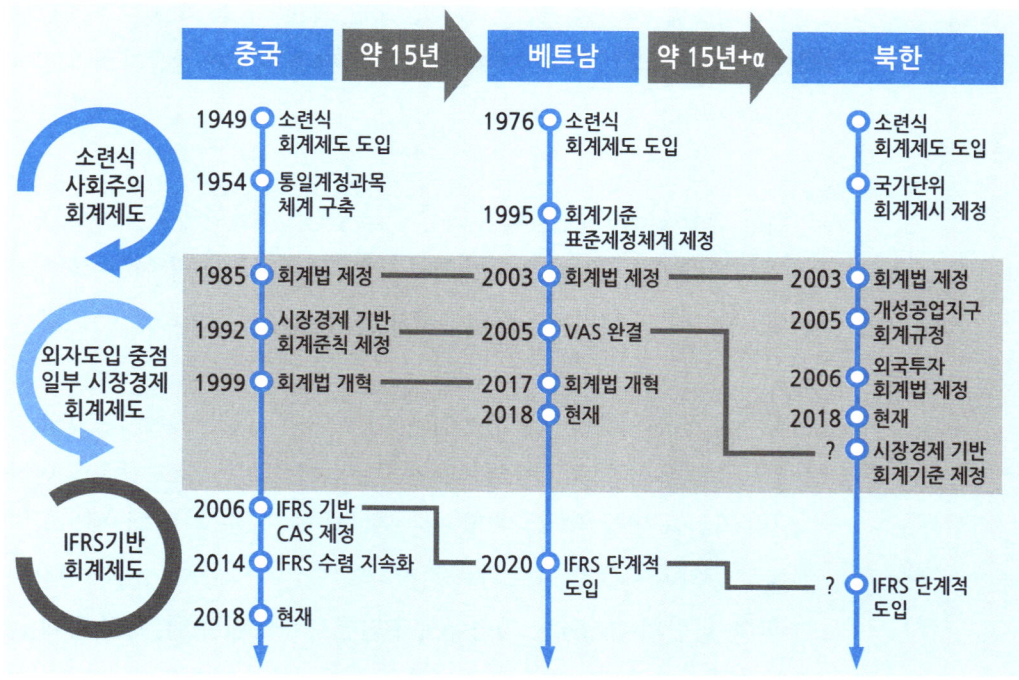

자료 : 한국공인회계사회. 제1회 회계의 날 기념세미나 발표자료(2018. 10. 31)

중국과 베트남이 추진해 온 회계제도의 발전과정을 보면 중국이 베트남에 비해 약 15년 정도 앞서 국제회계기준이 도입되었다고 볼 수 있다. 그렇다면 현재의 북한은 어떠한가 하는 질문에 대해서는 베트남에 비해서도 15년 이상의 격차가 있는 것으로 추정된다. 현재의 북한은 나름대로 경제발전을 위한 내부적인 시도를 하고는 있지만 아직 개혁개방을 논하기 어려우며 경제적 수준도 상당히 낮기 때문이다. 현재까지 알려진 북한의 관련법과 제도는 2003년도에 제정된 '회계법', 2005년도의 '개성공업지구회계규정', 2006년의 '외국투자관련회계법', 2015년의 '외국투자기업회계검증법' 등이 있지만 일반적인 북한 회계수준은 2000년대 초반의 베트남 상황보다 미흡해 보인다는 것이 국내 회계업계 전문가들의 일반적인 평가이다.

이러한 현실 인식 하에 필자가 속한 한국공인회계사회에서는 향후 북한의 개혁개방에 대비하기 위하여 남북회계협력위원회를 발족하여 회계차원의 남북교류와 협력을 구상하고 준비를 계속해 오고 있다.[9]

이 밖에도 건설업계나 정보통신업계, 기타 여러 산업분야에서 북한과의 산업표준과 용어통일 등의 협력방안을 논의하고 있는 점도 주목할 만하다.[10] 기업들 입장에서는 어떻게든 북한과 경제, 숫자, 통계, 데이터의 신뢰성 등의 내용을 주제로 북측 관리자와 책상에 앉아 이야기를 시작해야 한다. 남한의 경제개발 과정에서 추진했던 다양한 경험, 특히 국제 금융기구들에 가입하고 활용했던 노하우나 경제분야의 제도화, 투명성 지수를 높이고자 노력했던 사례들을 함께 이야기하면서 북한과 협력할 수 있는 길을 만들어가고자 하는 치열한 고민과 함께 우리 방식의 돌파력이 필요한 때이다.

북한이 북미 간의 협상을 통해서 돌파구를 마련하고자 하는 심정을 이해 못하는 바는 아니지만 그들이 경제개발에 대한 의지가 확실하다면 현실적으로 가장 가까이에서 실제적인 협력자, 조력자로서의 역할을 해 줄 수 있는 우리기업에게 조금 더 마음을 열고 적극적으로 다가서는 노력을 보여주기를 기대해 본다.

---

[9] 한국공인회계사회, 「남북회계협력 회계통일이 우선이다」 중 이태호 '남북회계협력 전략적 포커스 및 로드맵', 중앙BOOKS, 2019

[10] 건설기술연구원, 남북한 건설기준 전문용어집 발간, 대한전문건설신문, 2020년 4월9일자

4. 투자재원 조달문제

짐 로저스 등 전 세계의 유력 투자인사나 경제전문가들은 북한의 비핵화가 순조롭게 진행되고 북한 투자의 길이 새롭게 열린다면 북한은 투자처로서의 가치가 매우 높다고 평가하고 있다. 국내경기 침체 등으로 인해 성장의 한계를 겪고 있는 우리기업들이 관심을 갖고 주목하는 이유이기도 하다. 특히 부족한 천연자원, 수출중심의 경제구조, 제조업 성장의 한계를 극복해야 하는 여러 중소기업이나 중견기업들에게는 숨통을 트일 수 있는 것은 물론 국내시장을 넘어 글로벌 경쟁시대 속에서 한층 더 도약할 수 있는 기회의 땅이 될 수 있을 것이다.

하지만 북한에 대한 정보, 전문인력, 자금력, 여러 정책과 제도의 미비함을 고려할 때 북한진출이 결코 만만한 일이 아님을 알아야 한다. 또한 북한개발 등과 관련한 투자비, 투자비 회수에 대한 문제에 대해서도 진지한 고민이 무엇보다 필요하다. 북한이 기회의 땅이라는 점에 대해서 많은 기업인들이 공감을 하겠지만, 그렇다면 개발비용을 어떻게 조달할 것인가, 투자 이후의 자금회수는 어떻게 준비하는가라는 실제적인 질문을 던지면 그에 대한 답을 쉽게 내놓기가 어렵다.

그래서 남북경협이 힘들고 어려운 사업인 것이다. 지금까지 북한개발, 북한투자 등을 주제로 정부와 연구기관에서 수시로 다른 다양한 분석과 전망을 내놓았다. 쉽게 말하면 북한에 투자하면 엄청난 경제적인 이득을 기대할 수 있는데, 이를 위한 투자비용 또한 엄청나다는 것이다. 2020년 우리나라의 정부예산이 약 512조 원이었다. 남북경협을 이야기하면서 북한개발에 필요한 비용(이전에는 통일비용이라는 용어 때문에 북한이 크게 반발하기도 했다)에 대해서는 연구기관별로, 시기별로 차이는 다소 있지만 수백 조 원에서 수천 조 원까지 이야기하고 있다.[11] 이러한 연구 발표를 접하는 국민들로서는 먼저 우려의 시각을 갖게 되는 것이다. 남북경협을 이야기 할 때 가장 먼저 언급되는 북한 인프라 시설개발에 대해서도 철도, 도로, 산업단지, 주택, 도로, 전력 등의 투자개발을 위해서 필요한 돈도 어마어마하다.[12]

지금까지 이러한 남북경협과 북한개발에 대한 연구와 해석의 밑바탕에는 남한의 주도로 북한에 선투자를 해서 철도나 도로 등의 인프라 시설을 설치하고 사업을 하게 된다면 그로 인한 경제적 효과가 크게 돌아올 수 있다는 가정과 불확실한 가능성이 깔려 있었다.

> 이로 인해 한편으로는
> 북한에 대한 '퍼주기', '핵과 미사일 개발 비용으로 전용'과 같은
> 부정적인 인식 프레임이 조성되어
> 국민적인 저항을 불러오고,
> 정쟁의 원인이 되었다는 점은
> 남북경협을 다시 준비하는 과정에서
> 간과해서는 안 될 것이다.

남북경협의 실무 부처인 통일부에서도 매년 남북협력기금을 책정해 승인을 받고 집행한다.[13] 통일부는 남북협력기금을 남북한의 합의사항을 이행하기 위해 즉 철도, 도로, 산림 등 분야의 협력사업과 인도적 지원사업을 위해 사용할 것이라 밝혀왔다. 하지만 실제 지난 시기의 사용 실적

---

11) 223조 원(2011년 한국 재정학회 연구, 통일 후 10년 간의 지출액), 3,100조 원(2015년 국회예산정책처 연구, 통일 후 40년의 지출액)

12) 건설산업연구원에 따르면 북한 인프라 개발에 10년 간 약 306조 원 필요

13) 통일부가 책정한 2020년도 남북협력기금 예산은 1조 2,203억원. 2019년의 1조1,063억원보다 약 10% 정도 증가한 금액

<표 2> 연도별 남북협력기금 집행액 현황

단위 : 백만 원

연도별	2015	2016	2017	2018	2019	2020.10	합계
집행액	55,357	529,451	68,397	211,726	75,025	37,661	977,617

자료 : 통일부 남북협력기금 통계 참고하여 필자 정리

을 살펴보면 기대와는 다른 결과를 보이고 있다. 북한의 비핵화 협상과정이 답보상태에 머물러 있고 대북제재 등으로 인해 남북경협기금이 실제로 집행된 비율은 매우 낮은 수준이다. 실제로 2020년 10월 현재 남북협력기금 집행액은 377억 원 수준이며 이는 2020년 사업비 예산 1조2천억 원의 3.1% 수준에 불과하다.

현재의 남북경협기금 등 우리가 조달할 수 있는 정부차원의 기금 수준으로 북한개발을 이끌어 가기에는 여러 면에서 부족하다. 새로운 남북경협을 준비하기 위해서는 조금 다른 각도에서 남북경협을 바라볼 필요가 있다. 대부분의 북한개발 비용을 남한에서 부담하겠다는 식의 사고와 접근방식은 이제는 지양해야 할 것이다. 북한이 개발된다면 북한도 개발결과의 수익자로서 역할을 당연히 해야 한다. 과거 초창기 남북경협처럼 북한이 토지와 인력만 제공하는 형태의 남북경협과는 다른 방식의 접근이 필요하다. 지금까지처럼 남한의 남북협력기금을 투자해 남한 기업들에게만 그 사업의 결과가 돌아가고, 북한은 단순 임가공 비용이나 인건비를 취득하는 수준의 남북경협은 장기적으로는 남한에게도 북한에게도 득이 될 수 없다. 북한개발 방향에 대해서도 남북한이 공동의 협력관점에서 바라보며 시간이 좀 걸리더라도 상호신뢰를 기반으로 하여 장기적으로 추진할 수 있는 기반을 만들 필요가 있겠다는 생각이다.

중국은? 중국의 경우는 개혁개방 이후 현재까지 초고속 성장을 이룩해 오고 있다. 지난 1979년 등소평의 집권이후 개혁개방을 공표하고 미국과 국교를 정상화한다. 그리고 선전 등 4대 경제특구를 지정한 이후 지속적으로 전국에 경제개발구를 건설하며 경제발전을 추진하는데 그중 대표적인 지역이 중국의 광둥성 선전시이다. 선전시는 중국 개혁개방의 메카이자 상징으로서 중국의 대표적 IT 기업인 텐센트, 정보통신기업인 화웨이, 전기차 분야 선두업체인 비야디 등을 배출한 경제와 기술혁신의 산실로도 평가되고 있다. 1980년에 선전을 경제특구로 지정했던 당시 중국의 지도자 등소평은 1984년 무렵에 선전을 방문하여 경제특구의 건립과 개방정책은 과거와 같은 관리통제 방식이 아닌 열어서 풀어주는 방식의 지도체제가 이뤄질 것임을 분명히 밝혔다. 즉 과거 중국의 계획경제 시스템으로 돌아가지 않을 것임을 분명히 하였으며 이후로도 상하이 등 중국 동남부 14개 지역을 다니면서 이러한 점을 지역 지도부에게 분명히 전하고 강조했다.14)

베트남은? 베트남의 경우도 1986년에 도이모이라고 하는 경제혁신 정책을 발표하고 이어 1991년에는 중국과 수교하며 여러 국영기업의 민영화를 추진하였다. 그리고 이어서 1992년에는 외국인 투자법을 개정하며 한국과도 수교하며 투자유치를 모색하게 된다. 결정적인 것은 1995년의 미국과의 국교정상화를 통해 국제사회로 나온 것이다. 베트남의 경우는 미국과의 수교 이후 국제금융기구에 가입하면서 적극적인 외자유치 정책을 펼쳐왔다. 그 결과로

---

14) 신동아, 중국 개혁개방 40년 시리즈 上, 2018년 8월31일자

1986년 무렵에는 1.9억 달러에 불과했던 국제금융자본이 2014년에는 무려 240억 달러에 이르렀고 이는 베트남 SOC개발에 집중투자를 가능하게 하였다.

이러한 관점에서 만약 2021년 이후 새롭게 개편될 수 있는 국제적 관계 속에서 북한에 대한 비즈니스 환경이 개선되고 여러 제약 조건들이 완화되게 된다면 이제는 단기간에 엄청난 가시적인 성과를 내겠다는 조급증과 성과주의를 지양하고, 조금은 규모가 작더라도 남·북한 간 성공한 사업모델을 만들어 보도록 집중하는 것이 필요해 보인다. 그리고 기존에 추진되었다가 중단된 금강산관광, 개성공단, 북한내륙 기업경험 등도 교훈으로 삼으면서 재기할 수 있는 여건을 만들어 가는 과정이 필요하다는 생각이다.

5. 보완, 그리고 상상력

남북경협을 이야기한 지도 30년이 훨씬 지나고 있음에도 현재까지 제대로 진전이 되지 않고 있는 이유에 대해서도 많은 생각이 든다. 북한에도 이유가 있고, 남한에게도 이유가 있을 것이다. 앞으로의 새로운 남북경협을 이야기하고 있는 요즘 남한과 북한 모두에게 필요한 것들은 너무나 많다. 북한의 비핵화 프로그램의 수용, 제재해제, 정부차원의 법과 제도의 정비, 민간의 자율성 보장, 국제사회가 참여하는 다자간 개발협력 등이다. 남한 내부적으로는 중단된 남북교류와 남북경협이 재개되고 이러한 사업들이 과거의 아픔을 딛고 한층 도약하기 위해서는 정치적인 논리를 극복할 수 있는 실질적이고도 안정적인 장치를 마련하는 것이 무엇보다 중요하고 시급하다. 남한정부는 북한에 투자하고자 하는 기업들에 대해서 사전에 피해발생 시의 보상기준을 명확하게 제시할 필요가 있다. 그에 따라서 기업들이 스스로 선택하고 집중할 수 있도록 해주어야 유연하고 발전적인 남북경협이 추진될 수 있을 것이다.

또한 국제적으로는 당연히 미국과 국제사회의 제재해제가 우선 필요하며, 이러한 조건 하에서 북한개발 사업의 구도를 더욱 넓혀 한국과 인접 국가가 공동으로 참여할 수 있는 다자간 구도로 확대하는 것이 더욱 필요하다. 북한은 정치적 결단을 통해 경제협력의 길에 본격적으로 들어서고, 남한을 포함한 주변국이 함께 북한개발 사업에 참여할 수 있게 된다면 당연히 정치적 갈등에 의한 사업중단 가능성은 현저하게 낮아질 수밖에 없을 것이며, 남한정부로서도 과거와 같은 퍼주기 논란, 국민들의 조세 저항에서 한결 자유로워질 수 있을 것이다.

기업은 이러한 조건이 이뤄질 경우 냉정한 판단력과 철저한 사업준비 과정을 거쳐 북한에 진출해야 한다. 역사적인 남북관계, 과거 남북경협 경험, 그리고 우리민족으로서 공유할 수 있는 동일한 언어와 정서가 가져다 줄 수 있는 강점이 분명히 있기 때문에 이러한 강점들을 잘 활용할 수 있는 전략을 준비한다면 주변국가와의 경쟁에서 한발 앞서 우리기업들이 북한개발 사업에서 주도적인 역할을 할 수 있는 기회를 잡을 수 있게 될 것이다.

지금은 제재 상황에서 아무 것도 할 수 없다는 한계에 맞닥뜨려 있다. 더 많은 상상력들을 모아가는 과정이 필요하다. 남북경협이라는 소재에 대해서 더욱 더 많은 사람들의 기대와 상상력을 모아서 지금의 한계를 극복할 수 있는 추진동력을 연구해 볼 때가 아닌가 생각한다.

그리고 한 가지 덧붙이면 지금까지 우리는 우리입장에서의 북한개발과 협력을 구상하고 이야기해왔다. 북한의 입장이나 환경도 대부분이 우리가 임의로 해석하고 잣대를 들이댄 것이 아닌가 돌아볼 필요도 있다. 머지않은 시기에 북한과의 교류와 경제협력을 다시 시작하고자 한다면 진정으로 북한이 원하는 경제개발의 방향과 목표가 무엇인지 들어보고 남·북한이 진정성을 갖고 협력할 수 있는 방법과 방향에 대한 깊이 있는 논의가 필요하다. 한 발 더 나아가 남·북한 경제협력의 북한 측 주체인 북한주민들이 겪게 될 혼란에 대한 문제에 대해서도 이제는 고민할 때다. 우리국민도 마찬가지다. 과거와는 다른 남북경협, 다자간 북한개발 사업이 다시 시작된다면 북한주민들이 겪을 수 있는 적지 않은 혼란과 여기서 파생되는 우리국민, 우리사회와의 갈등에 대해서도 어떤 식으로든 대비할 수 있어야 한다.

동·서독은? 참고로 2020년은 동·서독이 통일된 지 30년이 되는 해였다. 1980년대 후반 동구권의 개혁의 움직임 속에서 동독 주민들의 개혁요구 시위로 촉발된 베를린장벽의 붕괴, 이어진 동·서독의 통일은 여러 면에서 우리에게 시사하는 점이 분명히 있다. 동·서독 간의 통일은 동독이 서독체제로 편입될 것을 결정하고 서독이 이를 받아들임으로써 동·서동 간의 평화적인 통일이 이뤄질 수 있었다. 그 배경에는 서독정부의 일관되고 지속적인 노력, 교류와 협력을 통한 동독의 변화, 세계적 냉전체제의 붕괴 등 여러 환경적 변화요소가 복합적으로 작용한 결과이다.[15] 하지만 동·서독 통일과정에서 나타난 여러 가지 문제점들도 있었다. 과거 불법행위에 대한 청산작업, 동·서독 간 재산권 문제, 동독경제 재건을 위한 통일비용 부담, 동·서독 간 경제적 차이와 출신지역에 따른 주민갈등, 통일 이후에 급등한 실업률 등이 그러한 것들이었다. 선거를 통해서 동독의 제도를 서독에 편입시키는 과정에서 정치·경제제도, 군사제도, 사회문화 제도 등을 통합하는 시간은 1년 정도면 충분했다.

> 하지만 서로 분단된 시기동안 갖고 있던
> 서로에 대한 선입견, 편견, 불신 등은 쉽게 줄어들지 않았고
> 동·서독 주민들은 서로 오씨(Ossi), 베씨(Wessi) 등으로
> 비난하며 부르는 것이 일상이었다.[16]
> 상당한 기간 동안 교류와 협력을 이어왔던
> 동·서독 주민들마저도 급격한 통일 이후에 아직까지도
> 적지 않은 갈등을 안고 지내왔던 것이다.

이런 문제들을 해결하기 위해 독일 연방정부는 다양한 재정지원과 교류를 통해 문제를 해결하고자 하는 노력을 꾸준히 지속해 왔다.

그 결과로 동독지역의 경제가 활성화되고, 동독출신 정치인이 총리가 되기도 하는 등 화합과 통합과정을 거치면서 현재 통일독일은 경제적 문제도 어느 정도 해소하고, 유럽연합(EU) 내에서도 주도적인 국가로서의 위상을 확립해 가고 있는 점은 우리에게 시사하는 바가 크다.[17]

---

[15] 통일부, 『2020 통일문제 이해』, 2020

[16] "오씨", "베씨" 손가락질, 마음에는 '베를린장벽', 한겨레 2006년 6월9일자

[17] 통일부, 『2020 통일문제 이해』, 2020

남북 회계협력을 위한 3단계 로드맵

(중략) 북한에 대한 대외 투자는 회계 기록의 투명성과 신뢰성 확보가 전제돼야 한다. 지난 10월 31일 한국공인회계사회 산하 남북회계협력위원회(지난 7월 발족)는 수개월간의 연구 끝에 이 부분에 대해 나름의 해법과 방향성을 제시했다.

(중략) 북한은 1990년대에 심각한 경제 위기상황을 거치면서 2002년에 과거와는 다르게 시장경제 체제를 부분적으로 수용한 7·1 경제관리제도 개선지침을 내렸고, 회계부문에도 경영회계와 종합회계 개념을 도입했다. 또한 경제 문제를 해결하기 위해 나진·선봉, 황금평 등 여러 경제특구에 외국인 투자자를 유치하려는 노력을 하면서 국제적으로 인정되는 회계 관습을 따르도록 방향을 틀었다.

'남북회계협력 그랜드 디자인'은 회계제도, 통제(회계감사), 교육제도, 국제교류, 경제특구, 표준화 등 6가지 남북회계협력의 전략적 핵심 의제를 제시하고 이를 바탕으로 기반구축, 경협확대(일부개방), 글로벌화(완전개방) 등 3단계 로드맵으로 이뤄져 있다.

1단계로 정부와 학계가 남북한 회계제도에 대한 연구를 통해 기반을 구축한 후 2단계에선 한국공인회계사의 북한 내 활동과 남북한 회계전공자 교환학생 제도를 추진한다. 전면 개방이 이뤄지는 3단계에서는 남북 공인회계사 교차 응시를 위한 시험제도 개선과 북한 내 거래소 설립 관련 제도구축을 수행하는 로드맵이다. 남북회계협력위원회가 제시한 단계별 로드맵이 구호에 그치지 않고 실제적인 성과를 이루기 위해서는 회계학계와 회계업계는 물론 정부기관의 유기적 협력이 필요하고 무엇보다도 북한의 이해와 협력이 절대적으로 필요하다. (중략)

- 이태호(본고 필자)의 비즈니스워치 2018년 11월12일자 특별기고문 중에서-

이렇듯 통독 사례에서 볼 수 있듯이 남·북한 간에도 갈등과 혼란을 최소화할 수 있는 길은,

일관되고 꾸준한 인적교류 밖에는 없다고 생각한다.
더 늦기 전에
지금 당장 할 수 있는 교류부터
시작할 수 있도록 해야 한다.
그리고
일단 시작한 것은
원칙과 신뢰를 기반으로
오래도록 지속할 수 있는 기반을 만들어야 할 때다.

지금 많은 사람들이 '포스트코로나'를 이야기하고 있다. 코로나로 인해 모든 것이 중단되고 마스크로 가려진 현실을 극복하고 나아가야 할 새로운 시대적 과제가 우리 앞에 있다고 강조한다. 새로운 문화와 체제일수도 있고 새로운 가치관과 국제질서일 수도 있다. 과거에는 없었던 협력관계가 다발적으로 생겨날 수도 있을 것이다. 남북문제도 마찬가지다. 과거와 같은 일방적인 지원, 북한의 환경에 대한 고려가 부족한 상황에서의 남북협력 시도가 아니라 공동의 가치 실현을 위한 고민과 상상력이 필요한 때다.

참고문헌

한국공인회계사회, 『남북경제협력 회계통일이 우선이다』, 중앙 books, 2019

통일부, 『2020 통일문제 이해』, 2020

BOK 경제연구, 『북한의 장기경제성장률 추정: 1956년~1989년』 한국은행, 2020

양문수, 『북한의 계획경제와 시장화 현상』 통일부, 통일교육원, 2013

Chapter 08   경제발전에서의 외부지원 효과

"美 '원조' 교훈 아래,
北 경제발전에 진정한 '손길'을"

1. 북한 경제개발 지원의 의미
2. 한민족에게 근대화는 인간존중 실현하는 역량 확대
3. 백년의 집착 : 같은 속 내용, 다른 겉모습
4. 한국전쟁 이후 남북경제의 갈림길
5. 남과 북, 다른 환경에서 다른 방식으로 발전경로 진입
6. 미국의 지원효과
7. 인도와의 차이점
8. 세계 속에서의 한국 역할, 한반도 내에서의 남한 역할
9. 백 년 전 한민족이 꿈꿨던 소박한 이상은 인류의 이상

이 정 훈

미 텍사스주립대 대학원 산업관계학 석사

현, 동북아평화협력연구원 이사
전, 관동대 교수
　　한국생산성본부(KPC) 노동연구실장, 생산성연구소 소장

〈저서〉
- 『생산성 개념체계에 관한 연구』, KPC, 1997
- 『패러독스 경영연구』, KPC, 2000
- 『한국경제근대화와 전환기의 지식인들』, 승지연, 2019

〈주요 연구 및 논문〉
- 「유교문화권에서 부모의 양육행위가 자녀 도덕성 형성에 미치는 영향 연구」, 2009
- 「지속가능한 한반도 평화·번영과 북한개발협력」, 평화재단, 2012
- 「Support for Integrated Labor System in Mexico」, Inter-America Development Bank, 2014
　　외 다수

- E-mail : octoberiver@naver.com

Chapter 08 경제발전에서의 외부지원 효과

"美 '원조' 교훈 아래,
　　　　北 경제발전에 진정한 '손길'을"

1. 북한 경제개발 지원의 의미

근대가 시작할 즈음 자연에 대한 인간의 지배력은 인간복지에 기여하는 역량증진으로 다가왔다. 휴머니즘은 사회체제를 변혁하고 과학기술발전을 통한 물질적 풍요로 인간과 인간의 존재조건을 확장하려는 실천적 과제를 제시하였다. 그러나 20세기 들어서면서 인간적 가치를 실현하려는 의도에서 진행된 관료주의 전체주의 과학주의가 폭력적으로 변모한다. 자본주의와 공산주의는 근대성의 다른 형태로 출현하여 제국주의와 환경파괴로 그 민낯을 드러내었다.

논의의 중심에서 밀려난 것은 바로 '사람들의 삶' 자체였다.

인간의 삶을 풍성하게 만들 것으로 기대되었던 근대화가 조선에게는 재앙으로 다가왔다. 백년에 걸친 한반도에서의 근대화 역사는 세계사적 모순구조가 초래한 아픔과 굴욕을 포함하고, 재앙으로 변할 수 있는 위험이 잠재된 과학기술 역량이 축적되는 장소로 변모시켰다. 한반도에서 드러나는 세계사적 모순구조에서 미래를 개척하는 지혜가 등장할 가능성은 인간의 존엄함을 회복하는 데에서 시작한다.

북한 경제개발을 지원하는 것은 한민족 뿐 아니라 인류 전체에게 문명이 새로운 단계로 진입하였음을 알리는 신호가 된다.

2. 한민족에게 근대화는 인간존중 실현하는 역량 확대

우리가 어떤 민족이고 어떻게 살아왔고 지금 우리는 누구인가를 아는 것은 모든 논의의 시발점이다. 역사란 현재와 미래를 위해 필요하다. 한국인이 다른 민족과 다른 점은 고대에서부터 하늘을 섬기고 하늘의 태양을 숭배하는 영성이 있었다는 점이다. 한국은 오랜 인본주의의 전통을 갖고 있다. 널리 인간을 이롭게 한다는 홍익인간 이념은 한국인이 공유하는 뚜렷한 지향점이다. 한국이 경제개발을 이뤄낼 수 있었던 배경으로 언급될 최우선적 요소는 한국이 오랜 역사와 특출한 문화역량을 지녔다는 역사적 사실이다.

그럼에도 불구하고 조선 후기부터 기술을 소홀히 여기고 대외적으로는 세계 교역망으로부터 조선 스스로가 격리되어 세계 다른 지역의 경제와 상호작용하는 상공업이 위축되면서 동시에 대내적으로는 국가권력을 사유화한 토지소유자가 농민을 상대로 한 수탈이 수세기 동안 이뤄졌다. 그 결과 조선 사회의 공공성은 극도로 위축되었으며, 권력으로부터 핍박 받은 민중의 삶은 가난으로부터 벗어나지 못하는 상황이 여러 세기 지속되었고, 이는 민중으로 하여금 자유와 풍요를 향한 열망을 축적하게 했다. 한국은 역사적으로 에너지와 생명력이 억압된 시기를 겪었다. 이 시기 에너지가 밖으로 향하지 못하고 자기보존의 내부로만 향하자 누가 더 많이 자기 것을 갖고 보존하느냐에 대한 갈등을 비등하게 만들었다.

일본의 전선이 만주, 중국, 남아시아, 태평양군도를 넘어서 미국으로 확대되자 임시정부는 일본의 패전을 예상하게 된다. 임시정부 인사들과 독립을 준비하던 지식인들은 새롭게 건설한 공화국이 어떤 경제질서를 형성하는 것이 민중의 행복한 삶을 보장할 것인가에 대하여 고뇌하며 국가의 밑그림을 그리기 시작한다. 임시정부에서 조소앙*(趙素昻)은 1941년 당시 활동하는 다양한 이념성을 지향하는 사회운동단체를 망라하여 장차 한민족이 건설할 국가의 체제에 대하여 논의하고 합의를 도출하는데 이것이 『대한민국임시강령』이다.

> *** 조소앙**
> 본명 용은(鏞殷), 1887년~1958년. 대한독립의군부 부주석, 임시정부 국무위원. 김구 등과 한국독립당을 창당하여 부위원장직을 수행했던 독립운동가. 일제강점기 좌·우파를 통합하는 '삼균주의'를 제창한 정치지도자였던 그는 한국전쟁 당시 납북되었다.
>
> 한국학중앙연구원, 한국민족문화대백과 자료인용 재구성 / 편집자 주

이 합의정신에 더하여 1948년 제헌의원 전진한*(錢鎭漢)은 개인의 자유와 협동주의로 보완하여 새로운 국가가 지향하는 기본권과 경제질서에 대한 헌법적 틀을 마련한다. 핵심은 개인의 독자적 자유와 사회의 공동체적 질서를 동시에 추구하여 개체성과 전체성을 하나로 통합하는 것이다. 전진한은 현대사회의 문제를 세계사적으로 파악하여 개체와 전체의 불균형에 그 원인이 있다고 이해한다.

개인주의 사상이 자본주의와 결부하여 개인이기주의로 전락하고, 공산주의적 전체주의는 강권주의와 획일주의적 기계주의로 변질되는데, 이 두 사상은 모두 사회협동을 파괴하여 인간 존엄성을 파괴하는 모순을 범한다고 진단한다. 이러한 모순을 해결하는 방안으로 전진한은 전체의 발전을 위하여 개체의 발전을 무시하여서도 안 되고, 개체의 복리를 위하여 전체의 복리를 무시하여서도 안 된다는 점을 강조한다.

전진한은 민족 재건의 사상적 토대로서 자유협동주의를 제시하였다. 자유협동주의는 세계사상의 모순을 지양 통일함으로써 하나의 세계를

> *** 전진한**
> 호는 우촌(牛村), 1901년~1972년. 1946년 민족통일총본부노동부장, 대한노총총연맹 위원장 등 역임. 제헌국회의원으로 초대 사회부장관을 지냈으며 1949년 국제자유노동조합연맹을 창립, 런던대회에서 이사로 선임된 뒤 본 연맹 아시아지구대회 부의장에 선출, 활동하였다.
> 한국학중앙연구원, 한국민족문화대백과 자료인용 재구성 / 편집자 주

지향하는 지도이념이다. 이 사상을 요약하면 개체의 자유가 보장되면서 전체의 협동이 유지되는 사회를 건설하자는 것이다. 사회전체의 복지를 저해하지 않는 조건 하에 개체의 자유와 창의를 살려가자는 것이다.

개체의 완성 없이는 전체의 발전이 있을 수 없고 전체를 떠나서 개체의 완성도 있을 수 없으므로, 전체와 개체가 상호관계를 맺는 것이다. 협동조합체제는 자본지배를 배제하고 인간본위의 경제질서를 세우되 개인의 경제자유활동권을 용인하면서, 협동조직에 의하여 공동의 복리를 증진하자는 경제질서이다. 개인의 경제자유활동권을 부인하는 공산독재주의와 인간본위의 경제협동을 무시하는 자본독점주의를 초극한 새로운 경제질서이다. 이는 인간존중을 실현하려는 방향성을 지니며 이러한 헌법정신은 한국이 세계에 대하여 자랑할 만한 정신이다.

3. 백년의 집착 : 같은 속 내용, 다른 겉모습

대한제국이 스러질 무렵 한국인은 국민이라는 자의식을 형성한다. 이 시점에서 한국의 모든 지역, 계층, 집단은 국권상실의 원인에 대하여 공통된 인식을 갖게 된다. 근대지식, 즉 과학기술력이 부족하여 문화적으로 열등한 일본의 무력에 밀렸다는 인식을 전 국민이 공유하였다. 이후 한국인의 교육열은 자강의식을 동력으로 강화되고 특히 과학기술 발전을 통해 국가적 역량을 확립해야 한다는 믿음이 보편적으로 확산된다.

일본 패전은 한반도의 남과 북에 다른 체제의 두 국가가 들어서는 결과를 가져왔다. 많은 민족 지도자들의 희생을 뒤로 하고 북에는 공산주의 체제가 등장하고 남에는 자유민주주의가 대두되어 남북 각기 독재체제가 유지된다. 남북 모두에서 폭력성은 외부로만 향하지 않고 내부로도 향하였고, 그 결과 국가폭력에 의한 희생이 국가를 위한 충성을 위한 죽음만큼 광범위하게 행해졌다.

한국에서 천민자본주의가 대두된 데에는 인권억압을 조장하는 환경에 기인하는 바가 컸다. 남한은 개방체제여서 밑으로부터의 저항이 작게나마 공간을 확보할 수 있었다. 외부세계의 지원도 작용하였다. 작은 차이가 민주주의 실천역량을 조성하여 확대시켰고 독재자들은 모두 민중적 저항을 통해서 권력을 잃었다.

20세기 후반에 남한은 산업역량을 확보하였다. 오랜 자강의 전통으로 지식이 축적되고, 사회에는 역량이 축적되었다. 그러나 한국인은 여전히 고

> **잠깐만 보고 갈까요!!**
>
> ### 과학기술인력에게서의 '남북 차이'란? 그리고 北의 결과는?
>
> 북한의 발전방향은 폐쇄체제로 인해 어쩔 수 없이 자력갱생의 과학기술 발전노선을 선택한다. 외부세계로부터의 지식 유입 없는 개발은 불가능하지는 않아도 낙후하기가 쉽다. 기업이 시장에서 팔리는 물품을 제조하느냐, 국가가 인민을 위해 수립한 계획에 따른 물품을 당의 통제를 받는 지배계층이 생산하는가에 따라 판이하게 다른 결과가 나타났다. 경제활동 주도세력이 기업인가 국가인가에 따라 경쟁력 차이를 결과한다.

통스럽다. 산업기술은 세계적 수준임에도 한국의 미래는 낙관적이지 않다. 한편 북한은 핵무기를 제조하고 인공위성을 우주궤도에 올리는 역량을 확보했다면서 군사강국임을 자랑한다. 북한의 핵무기 개발을 통한 국가존립전략은 백 년 전 과학기술 역량 결여가 망국의 원인이었다는 인식, 그리고 지금은 국가의 소멸을 저지하고 민족자존을 지킬 수 있는 유일한 수단이라는 인식에서 비롯된다.

남북은 모두 과학기술을 중시하면서 국가발전을 도모하였고, 선진국의 과학기술력을 배웠다. 과학기술인력에게 주어진 남북의 차이는 발전의 기회와 개인의 창의력이 발현될 기회의 정도에서의 차이이다.

> 효율성은 남한에서는
> 생산역량 중심으로 탁월하지만,
> 북한에서는 생산역량이 저조하다.
> 경제주체가 개인인가 또는
> 당 영도세력인가에 따라
> 결과가 달라졌다.

남한과 북한 모두 조선이 일본의 식민지로 전락한 이유를 각자의 이념을 잣대로 헤아린다. 남·북한 공히 과학기술력 부족과 성리학 이념에 따른 계층 간 분열이 국가를 쇠락하게 했다고 왕조시대를 반성한다. 과학기술 역량의 부족과 사회계층 간 분열이 식민지로 전락한 주된 원인인 것은 분명하지만, 더욱 본질적으로는 사회구성원인 개개 인간을 존중하지 않음으로 해서 사회의 구심점이 상실되었다는 점에 대해서는 언급하지 않는다.

구성원이 존중되지 않는 공동체를 위해 개인이 헌신하는 경우는 좀처럼 없다. 인간 존중의 태도가 결여된 것은 남·북한이 동일하다. 사회적 위세를 지닌 계층의 사회적 약자를 향한 수탈은 현재진행형이다. 이 행위를 요즘 남한사회에서는 '갑질'이라는 용어로 표현한다. 재벌기업은 이윤의 대부분을 취하는 원청/하청기업 간의 모순구조와 기술고도화를 바탕으로 높은 경쟁력을 지닌다.

더 나은 삶과 사회를 향한 열망을 지니고 20세기를 살아온 한민족이 21세기에 구현한 삶의 모습은 기대한 바와 많이 다르다*. 백 년 전 한반도 시골구석의 촌부는 생명을 소중히 여기던 소박한 눈초리로 사람을 바라보았다. 오늘 현재의 길거리에서는 행인을 자신의 욕구충족 수단으로 바라보는 눈초리가 매섭다.

> *** 그렇다면 '기대'와 다른 남과 북의 모습은?**
> 남한에서 급속한 경제발전과 민주화를 거친 뒤 나타나는 세계 최고의 자살률과 최저의 출산율이 시사하는 바는 한국이 생명을 존중하지 않는 사회가 되었다는 점이다. 북한은 수령의 지배를 받는 독재체제와 세습을 통해 유지되는 전체주의 국가이다. 민중을 위한 나라를 만들겠다고 시작한 사회주의 이념이 생명을 경시하고 민중의 삶을 피폐케 하는 체제를 결과했다.

한반도에는 남과 북이 각기 다른 형태로서 인간 존엄을 훼손하는 지속불가능의 사회를 만들었다. 생명을 대하는 사회의 접근방식이 남북 모두에서 존엄하지 않다.

'한민족'이라 더 수월할 '공생협력'
北 경제개발 역량을 북돋는다면… 사진은 베트남 하노이의 '한-베 과학기술원(VKIST)' 착공식
에서의 문재인 대통령과 베트남 국가부주석의 시삽 장면.   출처 : 연합뉴스

4. 한국전쟁 이후 남북경제의 갈림길

제2차 세계대전 이후의 한반도에서는 공산주의와 자유주의 세력의 대결이 전쟁으로 이어져서 한반도 전체가 폐허가 되고 많은 생명이 희생되었다. 한국전쟁은 내전이었지만 동시에 세계전이었다. 전쟁의 내적동력은 주도권 다툼과 친일파에 대한 입장 차이였다. 냉전시대 두 진영 사이의 체제대결과 무력갈등의 중심은 동아시아에서 이루어졌다. 자본주의냐 공산주의냐가 전쟁의 표면적 이유가 되어 한국의 희생은 세계적 수준으로 심대하고, 전쟁에 사용된 무기는 외부에서 조달되었다.

한국전쟁 당시 미국 주도로 16개 국가가 참전하여 남한을 지원했다. 북한에는 중국이 대군을 보내는 동시에 동유럽 국가들은 사회주의 형제국의 반미투쟁을 도왔다. 한국전쟁은 시작부터 민족과 인종, 대륙과 지역, 문화와 종교, 국가와 언어를 초월해 세계를 두 이념과 두 체제와 두 진영으로 분리시켰다. 한반도는 철저히 파괴되었고, 국민은 생활 터전을 상실했다. 군인 전사자보다도 민간인 사망자가 더 많은 전쟁이었다.

남과 북은 같은 역사와 전통을 공유하고 같은 시기에 경제개발에 착수하였으며 전쟁의 폐허로부터 출발하였다는 점에서 공통적이다. 한반도에서의 끔직한 파괴를 복구하기 위해 자유진영과 사회주의권으로부터 각기 지원을 받았다.

휴전 이후 한반도는,

70년 동안
공산진영과 자유주의 진영 간
대립과 이로 인한 '재앙의 현장(ground zero)'이었으나
얼마 후에는 '변화의 시작점'으로
전환되었다는 점도
동일하다.

휴전 이후 남한과 북한은 체제경쟁과 전쟁위협 속에서 각기 생존을 도모한다. 남·북한 모두 전쟁 후 각기 자유진영과 공산진영으로부터 지원을 받아 전쟁 피해를 빠르게 복구하였다. 북한은 소련을 위시한 동유럽과 중국 등 아시아 국가로부터 지원받았고, 남한은 자유진영의 지원과 미국이

주도하는 세계시장에서 제조업을 중심으로 산업을 일으킬 수 있는 기회를 맞는다. 세계시장은 한국상품을 받아들여 주었고, 세계는 한국에 산업생산설비에 투자할 자본을 빌려주었다. 이러한 배경에서 한국은 수출주도형 산업화 전략을 추진하였고, 이를 통해 경제개발을 이룬 것은 모범적 사례로 세계로부터 인정받게 되었다.

북한에서도 경제개발을 위한 국가적 역량이 투입되었고 70년대 전반까지는 북한의 경제역량이 남한보다 우월했다는 것이 정설이다. 남한과 북한은 세계경제와 조우하는 과정에서 길이 갈린다. 세계경제에 대응하는 남과 북의 경제시스템의 차이가 경제적 역량에서의 차이를 결과했다. 한국에서는 경제개발계획 추진이 위로부터 정부주도에 의해 이루어지는 계획선도적 혼합경제체제를 운용함에 따라 기업활동에 정부가 개입하였다. 산업육성을 소수의 기업군과 함께 추진하다보니 전통적인 지배관계는 집단질서가 되어 발전의 효율성이 높았다. 자본주의적 세계시장의 일원으로서 제조역량을 갖추는 것은 필수적이다. 70년의 시간이 경과하는 동안 세계정세는 자본주의가 주도하는 세계시장으로 변모한다. 남한은

〈그림 1〉 남북경제의 세계경제 조우 '2韓2色'

세계시장에서 상품을 공급하는 경쟁력을 지닌 경제체제를 가꾸고, 북한은 자급자족으로 꾸려나가는 폐쇄적 경제로 핵무기 개발에 국가적 역량을 투입하며 국가존립을 도모하고 있다.

5. 남과 북, 다른 환경에서 다른 방식으로 발전경로 진입

정부수립 후 정부는 산업발전을 위한 적극적 역할을 수행할 것으로 기대되었다. 당시로서는 다른 대안이 없었는데 국가가 산업발전을 위해 투입할 수 있는 경제력은 식민지 기간 형성된 금융과 생산시설로서 미군정이 국유화하고 정부 수립 후 귀속재산 형태로 정부가 점유하고 있는 자산과 미국 원조물자 뿐이었다. 산업화를 위해 동원될 수 있는 민간자산은 토지자산에 불과했다.

경제발전의 초기 국면에서 정부가 많은 영향력을 지녔다는 점은 남과 북이 공통적이었다. 한국은 정부수립 직후 계획경제를 주도할 것으로 기대되었던 기획처가 역량과 위상을 지니지 못하였다는 표면적 이유로 해서 진전된 여건을 만들어내지 못하였다. 1955년 부흥부와 그 산하조직인 산업개발위원회를 설치함으로써 발전국가가 태동하고, 1961년 경제기획원 설치를 통해 경제개발5개년계획이 효과적으로 추진될 행정조직을 갖추게 된다. 정부는 정부구성 직후 1948년 12월 한미경제원조협정을 체결하고 1949년 기획처는 사회간접자본 확충, 기간산업 건설, 생산능력 확충을 목적으로 하는 산업부흥계획을 수립한다. 그러나 전쟁으로 실행에 옮겨지지 않는다. 전쟁 중인 1951년에 「부흥계획」을 수립하고, 1953

년 미 대통령 특사가 실사를 거쳐 작성한 「Tasca 보고서」가 작성된다. 한국전쟁은 전쟁으로 인해 남한 내 사회간접자본의 72%가 파괴되고, 1952년 말 공업생산력은 전전 수준의 1/3 수준으로 축소된다. 재정적자로 인하여 인플레이션을 야기했다.

정부는 전쟁 후 체계적인 전재복구(戰災復舊)를 위해 몇 가지 개발계획을 수립 추진한다. 1954년 종합부흥계획, 1956년 경제부흥5개년계획, 1960년 경제개발3개년계획이 수립된다. 미국 한국재건단(UNKRA)이 계획하고 네이산(Nathan)협회가 작성한 An Economic Programme for Korean Reconstruction(한국경제재건계획 : 1954~1958년) 보고서도 있으나 이승만 정부에서는 정부주도 개발계획이 실시되지 않았다*.

> * (개발계획, 정부가 주도하지 않았다?) 어째서 그런 일이?
> 당시 이승만 대통령이 '경제계획' 의미를 사회주의적 계획경제의 의미로 받아들여 매우 부정적이었다고 한다. 농업협동조합 관련법 역시 1958년에야 입법되고 그 후로도 한동안 정상적으로 기능하지 못하였는데 이 대통령이 '협동'이라는 용어에 대해서 저항감을 지닌 데에 주된 원인이 있다고 알려져 있다.

1950년대의 한국정부는 미국정부의 원조에 의해서 유지되고 있었다. 한국경제의 재건과 부흥은 원조에 의해 결정되었다. 제조업 재건에 배정된 자금의 67%가 비료공장 건설에 투입되었다. 1950년대 수입대체공업화는 원조자금으로 도입된 원료 반제품을 이용하는 산업이 빠르게 성장하였다. 면방직공업, 제분공업, 소모방공업, 고무공업 등 소비재 생산부분이 성장했다. 사회간접자본 재건이 부분적으로 이루어지고, 비료 같은 중점 사업이 진행되었다. 1957년의 원조액은 50년대 최고 수준인데 이 금액은 국민총생산의 23%를 차지한다. 경제재건에 소요되는 물자의 조달은 대부분 원조에 의해 충당되었다. 미국의 대외원조에서 한국이 차지하는 비중은 세계 다른 지역에 대한 지원 총액보다도 많다.

제2차 대전 이후의 미국의 세계전략은 일본과 독일이 공산주의 팽창을 저지하는 아시아와 유럽의 중심국가로 설정하는 것이었다. 미국은 전쟁 종결을 계기로 일본과 독일을 자유진영의 동맹국가로 국제사회에 복귀시킨다. 한국에게 중국은 우방이었으나 전쟁으로 적국으로 바뀐다. 중국과 소련의 지도부와 소통할 수 있는 동지적 인연과 역량을 지닌 한반도의 지도자급 지식인들은 암살되거나 납북되었다.

세계사의 물줄기를 역행시키는 데에는 냉전이라는 세계적 폭력구조와 함께 남과 북에서는 내부를 향하여 위세를 떨치는 폭력구조가 작용하였다. 그 와중

〈표 1〉 미국의 한국 원조액

단위 : 1천 달러

연도	원조액
1950	58,706
1951	106,542
1952	161,327
1953	194,170
1954	153,925
1955	236,707
1956	326,705
1957	382,892
1958	321,272
1959	222,204
1960	245,394
합 계	2,409,844

자료 : 한국은행, 경제통계연보, 1962

에 북에서는 김원봉*(金元鳳)이, 그리고 남에서는 조봉암**(曺奉岩)이 제거된다.

> *** 김원봉**
> 호는 약산(若山), 1898년~1958년. 일제강점기 대한민국임시정부 군무부장, 광복군 제1지대장 및 부사령관 등을 역임한 독립운동가이자 정치인. 해방이 되자 백범 김구와 함께 남북연석회의에 참석 차 방북 후 잔류하게 된다.

> **** 조봉암**
> 호는 죽산(竹山), 1899년 ~ 1959년. 일제시기 사회주의 항일운동을 하였으나, 광복 후 초대 농림부장관, 국회부의장 등을 역임한 정치인. 1958년 국가보안법 위반으로 체포되어 1959년 사형이 집행되었으나 2011년 대법원의 무죄판결로 복권되었다.
>
> 한국학중앙연구원, 한국민족문화대백과 자료인용 재구성 / 편집자 주

미국은 한국을 공산주의 세력의 남하를 저지하는 방어선으로 설정한다. 그리고 한국이 자유민주주의 진영의 일원으로 경제발전을 이루도록 지원하는 것이 미국의 정책이었다. 한국에서 반미 정서가 형성된 주요 배경은 한국의 위상이 샌프란시스코조약의 부수적 존재라는 위치 설정과 이런 미국의 세계전략에 충실히 따른다면 군사독재 정권이라도 포용하려드는 미국의 국제정치노선에 대한 저항감에 기인한다.

1960년 정부는 국토건설사업이 실업자의 가동과 농촌 소득의 증대, 그

리고 국토의 보존 및 사회자본의 증대를 연결하는 작업이라 설명한다. 주요 내용은 미국 잉여농산물을 재원으로 치산, 치수 등 공공사업을 하는 것이며, 소양강 댐, 춘천강 댐, 남강 댐 등을 건설하는 것도 동 계획에 포함된다. 장면 정부가 수립한 「경제개발5개년계획」은 문서화되어 1961년 5월 12일 국무회의에 보고되었고, 동일자로 「경제개발5개년계획」이 부흥부 명의로 발표되었다.

며칠 뒤에는 쿠데타가 일어나고 군사정부는 통화개혁을 통해 산업자금을 확보하려 하였으나, 이는 미국의 반대와 국내기업의 반발로 좌절되었다. 중화학공업 건설을 통한 경제자립을 실현하려던 내포적 공업화 전략이 좌절하는데, 남은 선택지는 경공업으로나마 수출산업의 육성을 통해 실업문제를 해결하고 서서히 경제성장을 달성해 가는 외연적 공업화 정책이었다.

경제기획원은 발전국가 형태의 전형이었다. 시장에 적극적으로 개입하여 자원을 추출하고 새로운 성장기업을 모색하는 등 실천주의적 행위주체 역할을 수행했다. 시장의 원리에 따라 인적·물적 자원을 동원하는 시장형성 정책을 추진한다. 정부가 시장을 앞서가면서 기업들이 국제경쟁력을 확보하는 식의 시장형성 노력이 강력히 추진됨으로써 시장구조의 틀을 확장시키고 시장 중심의 경제체제를 구축하게 된다.

박정희 체제는 국가와 국내 대자본 사이의 연합으로 산업화를 이루었다. 불균형적 상황에서 고도성장을 성취한다. 가치합리성보다는 목적합리성이 지배이데올로기를 형성하였는데, 박정희 발전모델을 연구한 연구자

가운데에는 개발연대를 '합리를 위하여 불합리를, 평등을 위하여 불평등을, 공정경쟁을 위하여 독점경쟁을 추진하였다'고 정리하는 견해가 보편적으로 받아들여진다.

6. 미국의 지원효과

1960년대는 세계적으로 개발의 시대였다. 제2차 세계대전 이후 독립한 신생국은 가난을 타개할 획기적 계기를 마련하지 못하였고, 냉전시대에 공산주의 확산을 봉쇄하고자 했던 미국은 근대화 이론가들을 정부 요직에 발탁하여 제3세계 외교정책에 관여케 하였다. 존 F 케네디(John F. Kennedy) 미국 대통령은 1961년 9월 유엔 총회연설에서 1960년대를 개발시대(decade of development)로 선언할 것을 제안한다. 개발은 전 세계의 관심사였다.

제3세계에서는 개발이 곧 근대화와 같은 의미를 지니고 있었다. 저개발 국가는 대부분 경제개발에 착수하면서 수입대체산업을 일으키는 전략을 취한다. 그러나 수입대체산업 육성은 산업화를 촉진시키는 데에 효과적이지 못하였다. 공산주의의 팽창전략이 무력이 아닌 비군사적 수단에 의해 도모되는 방향으로 냉전의 성격이 변화함에 따라 한국을 경제적으로 발전시키는 것이 아시아지역에서 공산화를 방지하는 데에 관건이 된다는 인식은 미국의 세계전략이 한국이 생산능력을 확충하려는 경제정책을 지원하도록 이끌었다. 경제가 부진하고 공산주의 세력이 한국의 민족주의 정서에 침투하여 반미의식이 부각되는 것을 염려하여, 미

> **잠깐만 보고 갈까요!!**
>
> ### 당시 한국 경제발전의 '쌍두마차'는?
>
> 한국의 경제발전은 세계시장에 팔리는 제품을 만드는 역량과 한국제품을 세계가 구매하는 환경이 서로 합치했기 때문이다. 한국경제가 세계시장에서 차지하는 비중을 증대시킬 수 있었던 것은 개발계획을 수립한 계획수립자나 개발계획을 실행에 옮긴 특정인에 의해서 이루어진 것이 아니다. 베트남전을 겪으면서 미국은 한국이 동아시아지역에서 역할을 맡는 것이 필요하다고 판단하였고, 한국경제가 자생적으로 발전해 나가기 위해서 어떤 역량을 필요로 하는가에 대한 검토가 진지하게 이루어졌던 것이다.

국은 한국상황에 적합한 제조업 중심의 수출진흥방안을 권장하는 한편 한국상품 구매를 확대하였다.

미국 존슨(Johnson) 행정부는 동맹국 한국이 월남전에 참전한 것에 대한 감사의 표시로 KIST건립을 선물하여 산업화의 종자를 개발하는 역량을 한국에게 전수하여, 자체적으로 새로운 품종을 개발할 수 있도록 하는 동시에 전자산업이라는 새로운 산업화의 종자를 이전하였다. 미국이 한국에 전자산업이라는 새로운 종자를 제공하고, 더구나 새로운 종자를 개발할 수 있는 연구소를 설립하도록 실제적 도움을 제공한다. 기술이전이 실효를 거두려면 자본투자가 병행되어야 하는데, 1966~1970년도 한국의 외자도입은 미국이 70.7%를 차지한다.

미국은 한국이 세계라는 열린 곳으로 거리낌 없이 나아가기를 촉구하며 미국 고생산성의 비결을 한국의 지도층에게 직접 보여주며 체감하게 하였다. 이러한 미국의 지원은 경제발전에는 단계별로 요구되는 역량이 존재하고 단계에 맞추어 역량을 갖추는 것이 저개발국의 발전전략에서 고려되어야 하는 요소라는 점을 파악하고 있었음을 시사한다. 한국은 원자재를 수입하여 제품을 생산하고, 이를 수출하는 발전모델이 1960년대 후반에 작동하기 시작했다. 한국의 발전모델은 세계시장 의존, 정부주도, 재벌위주라는 특징으로 이루어졌다. 정부는 발전국가로서의 역할을 충실히 수행했다. 미국이 제공한 원조와 차관을 배정하는 재량권을 통해서 정부는 산업정책을 주도했다. 대기업은 자본을 조달하기 위해 정부에 종속되었다. 재벌을 특정의 정예산업으로 몰아감으로써 부국강병으로 향했다. 정부는 투자패턴, 새로운 산업에로의 진출, 일상 기업활동에 영향을 미쳤다. 정부가 기업이 생산시설을 갖추기 위한 자본을 낮은 금리로 외국으로부터 조달할 수 있도록 주선하고, 은행이 대여금 상환을 보장하였다. 당시 은행은 정부에 의해서 소유되고 통제되었으며, 은행장은 기업가가 아니라 관료였다. 은행의 판단기준은 이윤이 아니라 GNP 성장률이었다.

정부는 산업공업지대에 공장부지를 마련하여 인프라를 건설해주고, 미국의 잉여시멘트를 건축 자재로서 활용되도록 지원하고, 기업은 시장과 기술 및 유통을 장악하는 외국회사를 찾아 판로를 구축한다. 정부는 노동력을 양성하여 공급하고 노동운동을 억압한다. 정부는 기업의 경쟁상대를 결정하고 생산 목표액을 정해주고, 성장이 확실시 되도록 배려한다. 이렇게 기업은 기업활동에 필요한 모든 것을 정부에게 의지하여 해결했다. 1973~1978년 사이에 평균 11%의 성장률을 기록했고, 그 가운데 중공업이 제조업 투자의 70%를 점했다. 조달 가능한 많은 자본을 출혈을 감수하며 중공업화 계획에 투자하였던 것이다.

7. 인도와의 차이점

한국에서 경제개발을 담당하는 정부기구에 대한 논의는 1958년부터 1960년에 이르는 기간 동안 경제관료들 사이의 주요 관심사였다. 1949년 기획처가 중심이 되어 경제개발을 계획하고 추진하는 데에 있어서의 걸림돌은 정부 내 부처 간 의견 차이를 조정하지 못하였다는 점인데 그 원인을 이승만 개인의 정략적 판단에서 찾을 수도 있지만, 갈등을 의사결정으로 수렴하는 시스템의 관점에서도 볼 수 있다.

> **'예산배정기능' 없는 이 빠진 호랑이로는 수행 난망**
> ### 인도의 개발계획 추진 실책 '반면교사'
>
> 부흥부 기획과장 재직 시 경제개발계획을 입안하였던 이기홍은 1958년 ECAFE 사무국 기획조사부에 근무하며 인도의 5개년계획 등 아시아 지역 각국의 경제개발계획을 연구하였다. 특히 인도가 추진하는 개발계획에 관심을 갖고 관찰하였는데, 인도의 계획위원회는 총리직속기관이기에 각 부처 간 정책조정기능은 있지만 예산편성을 통한 재원배분기능은 없기 때문에 이빨 빠진 호랑이나 다름없다는 평을 들었다.
>
> 기획기능, 정책조정기능과 예산배정기능을 함께 아우르지 못한 행정부서는 개발계획 추진을 제대로 수행하기 어렵다는 좋은 예를 인도의 사례를 통해서 확인하게 되었다. 한국의 경제실무관료들은 1950년대 인도 계획위원회가 그려내는 미래 인도의 장밋빛 청사진을 한없이 부러워하며 바라보았지만, 인도의 경제개발은 그 후 20년 동안 별다른 변화를 이끌어내지 못한다.

이기홍의 생생한 목격담을 전해들은 재무부 예산국장 이한빈은 재무부에서 예산국을 분리하여 새로 설립할 경제기획기구로 이관하는 데에 적극 동의하고, 이러한 과정을 통해 정부기구개편소위원회는 경제기구의 위상에 대하여 합의에 도달하는데 이러한 논의 과정은 「정부경제기구설치에 관한 연구」라는 보고서 〈그림 2〉를 통해서 공개된다.

한국정부가 1960년대에 효과적으로 경제정책을 수행할 수 있었던 배경에는 경제기구 위상에 대한 정부 내에서의 합의가 조성되어 있었기 때문이다. 한국의 경제발전에서 특징이 있다면 사회간접자본 투자라던가 수입대체산업에의 투자, 중화학공업 투자 등의 내용에 대한 부분보다 정부가 어떻게 이러한 의사결정을 내리고 실행할 수 있었는가는 시스템에 대해 주목해야 한다.

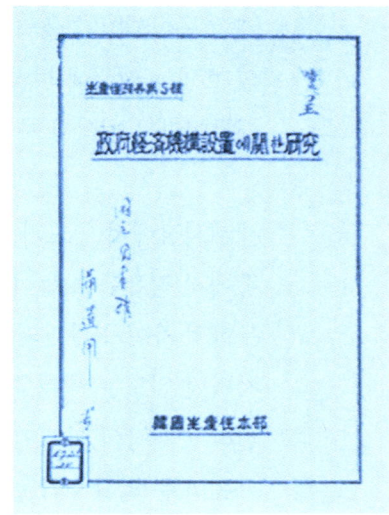

〈그림 2〉 정부경제기구설치에 관한 연구

자료 : 「정부경제기구설치에 관한 연구」, 1960
* 민관합동으로 경제개발 추진방안을 논의한 보고서

미국시장에 대한 점유율을 국가별로 살펴보면 1960년대까지는 인도제품이 어느 정도의 비중을 차지하고 한국제품의 비중은 미미하였다. 그러나 1960년대 후반부터는 인도제품 비중이 미미해지고 이에 상응하여 한국제품이 차지하는 비중이 증대한다. 미국시장을 발판으로 한국제품은 세계로 판로를 넓혀갔다.

미국시장에 진출한 한국제품은 1960년대 초에는 공업용 원료가 큰 비중을 차지했으나 1968년에 이르러서는 의류, 신발, 합판, 가발, 전자제품 5개 품목이 대미수출의 80% 이상을 차지한다. 한국제품에 대한 세계시장의 호의는 전쟁에 휘말려 고통을 당한 한국에 대한 세계의 따뜻한 눈길* 때문이라는 해석이 가능하다.

세계시장에서 인도가 차지하던 비중의 하락과 이에 반비례하여 세계시장에서 점유율을 높여온 한국산업의 부상은 제품가격 이면에 존재하는 문화적 차이가 간과되었다. 제2차 세계대전 후 제3세계의 맹주의 위상을 지녔던 인도는 세계무대에서 상당한 영향력을 지녔으나 세계경제가 발전하고 시장이 확대되면서 인도의 위상은 약화된다. 이는 남아시아지역 고유의 문화 요소와 관련하여서도 해석되는데, 인도경제의 질곡이 계층적 차별의식과 집단 간 갈등을 조정하고 포용하는 역량결여와 관련되는 전통문화 요소를 고려하지 않고는 설명하기 어렵다.

> *** 그 '눈길'을 따라가 보면?**
> 한국경제가 발전을 이룩할 수 있었던 배경 가운데에는 전쟁으로 고통 받은 극동의 작은 나라에 대한 세계의 배려와 함께 참전국 병사가 전쟁수행 과정에서 직접 목격한 생명에 대한 따뜻한 마음이 문화적으로 배태되어 있는 한국인의 삶에 대한 태도에 의해 발현되는 감수성 차이가 작용한다. 요컨대 한반도에 냉전의 기운이 덮였지만 한민족은 강한 생명력으로 살 길을 찾았고, 세계는 연민의 심정에서 활로를 열어주었다고 간략히 정리된다.

< 그림 3 > 그래프로 본 한국제품의 미국시장 점유율 변화 추세

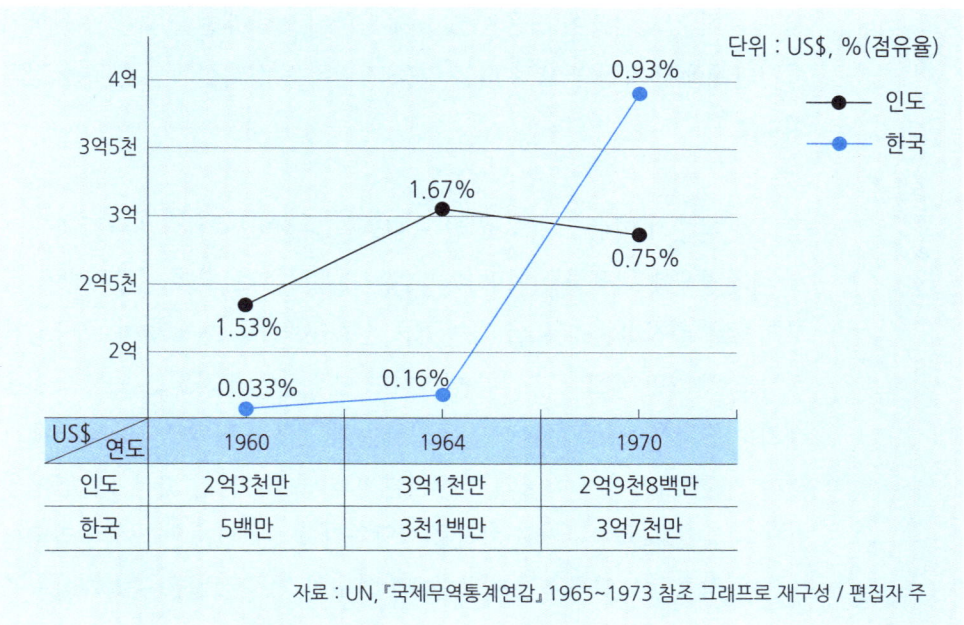

8. 세계 속에서의 한국 역할, 한반도 내에서의 남한 역할

한국경제는 모방에서 시작하여 선진국의 자본과 기술에 종속되지 않고 이들의 견제와 방해를 극복하고 독자적인 발전을 이루었다. 이를 가능케 한 정신역량, 모두가 자발적으로 움직일 수 있었던 열정을 불러일으킨 그 힘이 우리만의 독특한 길을 열었고 그 길을 따라 발전을 이루었다.

한국정부가 세계화의 시대에 적합한 국가전략을 구상하고 실시한 것은 탁월한 정책적 결정이었다. 공적개발원조를 통해서 저개발국을 지원하는 결정을 내린 것은 매우 바람직하다. 더구나 개발원조의 내용에 있어서 단순히 경제원조에 머물지 않고 수원국의 역량개발을 위해 수원국의 발전단계에서 가장 필요로 하는 것을 지원하는 정책실행은 매우 긍정적이다.

국가가 경제적 역량을 키우고 연구개발 역량을 마련하는 것은 독자적으로 세계경제에 대응하는 역량을 키우는 것이다. 베트남이 연구개발을 독자적으로 추진하는 베트남 과학기술연구소(V-KIST)를 설립하는 방침을 정하고 2012년 베트남 총리가 방한하여 한국정부에 지원을 요청한 것을 계기로 한국은 3,500만 달러를 투입하는 대규모 공적원조사업을 진행하였다. 또한 미얀마가 한국의 경제개발정책 연구기관인 한국개발연구원(KDI)과 같은 교육연구기관 설립을 희망하자 총 2,000만 달러가 투입되는 미얀마 최초 국책연구소인 미얀마개발연구원(MDI) 설립을 공적개발원조사업으로 결정, 2014~2019년 224억 원을 들여 '미얀마 지속가능개발계획' 등 주요 국가개발 정책을 수립·이행하는 역할을 지원하고 했다.

만일 북한이 자립역량을 지닌 경제 시스템을 형성하도록 남한이 지원하고자 한다면, 50년 전 한국이 필요로 하였던 것을 미국이 자신의 시각으로 판단하여 동맹국의 발전을 진정으로 바라며 전수하였던 점을 상기할 필요가 있다. 미국은 새로운 산업화의 종자를 이전하고 세계로 향한 열린 자세를 유도하기 위해 새로운 안목을 형성시키는 프로그램을 운영하였다. 이러한 조치들은 진정성에 바탕을 둔 것이다. 남한정부가 진정 북한의 경제발전을 바란다면 남한이 북한에게 제공해야 할 것은 미국이 한국의 과학기술역량을 증진시키는 시스템을 구축하고, 유망한 생산성 품종을 이전하면서, 기업가 역량개발을 위해 취한 국가적 노력과 내용들과 비슷할 것이다. 발전단계는 어쩔 수 없는 고비가 있고 이를 넘어서도록 지원하면 그 만큼 수월하게 다음 단계로 진입할 수 있다.

한국이 아시아의 이웃나라들로 하여금 자생적으로 경제개발을 이루어나갈 수 있도록 과학기술분야에서의 연구개발 역량과 경제분야에서의 개발역량을 갖도록 지원하는 세계화 전략은 매우 적실성을 지니는 정책이다. 반면 체제가 다르지만 같은 한민족 국가인 북한이 개발역량을 갖추도록 지원하는 것은 민족적 화해와 더불어 번영하는 방안이다.

물론 미국은 근대화 과정의 한반도에 대한 정책에 있어서 여러 오류를 범했다. 한국전쟁과 분단은 그 결과이다. 미국은 전후질서의 기본틀로서 샌프란시스코 체제를 형성하고 한국을 일본에 종속되는 위치인 부수적 존재로 규정하였다. 한국인에게 있어 미국은 믿을 수 없는 동맹국이다. 그럼에도 불구하고 미국에 대한 한국인의 태도는 긍정적이다. 왜냐하면 전쟁 후 당장 먹을 것이 없는 한국인에게 먹을 것을 제공하고, 비료공장을 지어주고, 한국이 세계시장에 제조품을 팔 수 있도록 문호를 개방하고, 산업기술개발역량을 키워주려고 다양한 노력을 기울인 우방이라는 점만큼은 분명하기 때문이다. 구한말 시절부터 한국의 근대화를 위해 선교사로서 또는 교육자로서 혹은 의사로서 땀 흘린 역사와 함께 자신의 의지는 아니었으나 공산화를 저지하기 위해 피 흘린 희생의 병사에 대한 기록도 남아 있다.

마찬가지로 북한에게 있어 남한은 친일파가 주도한 동족 국가로 수치스런 존재이고 또한 북한은 남한에게 있어 전쟁을 일으킨 동족 국가로서 적개심을 지닌다. 그럼에도 불구하고 남한이 진정 북한이 발전하고 경제가 성장할 수 있도록 지원한다면 민족적 유대감은 복원되고 함께 발전해 나갈 수 있도록 돕는 우호관계를 수립하게 되고 이러한 태도변화는 통일로 한 걸음 더 나아가는 바탕이 될 것이다. 혈연적 역사적 공동체를 복원하는 것은 미국과의 우의를 회복하는 것보다는 더 쉽고 빠르게 진행되리라는 점은 누구나 예상할 수 있다.

9. 백 년 전 한민족이 꿈꿨던 소박한 이상은 인류의 이상

세계는 지금 근대화가 이룬 성취와 실패를 넘어 지속가능한 세상을 만들어야 하는 상황에 있다. 대륙문명과 해양문명이 교차하는 한반도는 남과 북으로 갈려 적대적 공존을 통해 각기 생존과 발전을 도모하였으나, 그 과정에서 생명을 소홀히 하는 공통적 오류를 결과했다. 이러한 오류는 5세기 전 조선의 유학자가 조선 땅에 성리학적 질서를 구축한다면서 민중의 삶을 어렵게 만든 것과 성격이 비슷하다. 남한에서 자본주의 질서는 인간을 상품화하고 인간관계를 시장화하였다. 북한에서는 인간의 자유와 창의를 국가에 종속시켰다. 남과 북 모두 백 년 전 근대화 출발선상에서 실현하려던 한민족의 꿈을 배반하였다.

한민족이 백 년 전에 꾼 그 꿈은 한민족만의 꿈이 아니라 인류의 이상이다. 한반도의 생명을 존중하는 시각을 정책으로 확장하여 지난날 한국이 발전과정에서 경험한 고충과 외부지원 효과를 되돌아보면서 남한이 진

정성을 가지고 북한의 경제발전을 위해 지원의 손길을 보낸다면,

한민족은
지난 70년 동안
남과 북으로 갈려
서로가 범한 과오를
포용하는 단계로 훌쩍 올라설 수 있다.
통일문제는 그 다음 단계에서
자연스럽게 해결의 길이
열릴 것이다.

참고문헌

구미과, 「공동성명서」, 『박정희대통령미국방문, 1965. 5. 25. 전2권 (V.1 기본문서집)』, 한국외교부외교문서(Microfilm 번호 :C-0011-07, 프레임번호 :239), 1965

김근배, 「한국과학기술연구소 설립과정에 관한 연구: 미국의 원조와 그 영향을 중심으로」, 『한국사회과학사학회지』 11(1), 170-173

송인상, 『부흥과 성장』, 21세기북스, 1994

李起鴻, 『경제근대화의 숨은 이야기』, 보이스사, 1999

임현진, 『비교시각에서 본 박정희 발전모델』, 진인진, 2017

재무부·한국산업은행, 『한국외자도입30년사』, 1993, 121

전진한, 『이렇게 싸웠다』, 무역연구원, 1996

조소앙 (1932), 김보성 임영길 옮김, 『素昻集』, 한국고전번역원, 2019

한국생산성본부, 『정부기구설치에 관한 연구』, 1960

한국생산성본부, 『번영하는 미국의 산업사회와 최고경영자의 역할 - 제1차 한국 톱 매니지먼트 미국시찰보고』, 1967

한국은행, 『경제통계연보』, 1962

UN, 『국제무역통계연감』, 1965~1973

KIST, 『VKIST 설립지원사업 사업수행기관 연차보고서』, 2019

Korean Institute for Industrial Technology and Applied Science, *Memorandum for the President, Korea*, Name File, Box 225, NSF, LBJ Library, February 9, 1996

NARA, RG 407 Administrative Services Division, Opreations Branch, *Foreign (Occupied) Area Reports 1945-1954,* Entry 368, Box 2101(1945.4)]

Presidential Task Force on Korea, *Report to the National Security Counsil.* 1961

Nathan Robert , *An Economic Programme for Korean Reconstruction,* 1954 UNKRA

Part III

포스트 코로나 시대, '남북공생'의 마중물 '협력사업'

Chapter 09 '한반도 공동체'를 위한 남북 보건의료협력 _ 심의섭

이념도 체제도, 남과 북 따로 없는 한민족 '존속문제'로 머리 맞대야

Chapter 10 한반도 지속가능발전과 생태환경 협력 _ 유재심

'국제화' 수용과 '지역성' 반영, '인간안보'로서 남북협력

Chapter 11 국제개발협력 관점에서 본 '남·북한 농업협력' 문제점과 추진방향 _ 권태진

"농업에서 '농촌'중심으로, 北 지역사회 협력 '종합적' 모색을"

Chapter 12 '남북연결' 교통인프라 건설 추진방향과 정책과제 _ 박용석

남북 '소통 화합' 출발이자, 한반도 균형발전 평화의 길

Chapter 09 '한반도 공동체'를 위한 남북 보건의료협력

이념도 체제도, 남과 북 따로 없는
한민족 '존속문제'로 머리 맞대야

1. 머리말
2. 보건의료 협력 개관
3. 건강공동체를 위한 남북협력
4. 생태공동체를 위한 방역방제
5. 맺음말

심의섭

건국대 대학원 경제학 박사
Institute of Commerce and Business(몽골) 명예박사

현, 동북아평화협력연구원 자문위원장
　　명지대 명예교수(경제학과)
　　Etugen University(몽골) 석좌교수
전, University of The Witwatersrand University(남아공화국) 강의초빙교수
　　Arab Africa Association(Tunisia) 명예회장
　　외교통상부 정책자문위원
　　남북경제협력포럼 상임고문
　　금강산사랑회 상임대표
　　민주평화통일자문회의 상임위원

〈저서〉
- 『한국의 슈바이쳐들』(공저), 휴먼드림, 2011
- 『금강산, 평화를 마중하다』(공저), 세창미디어, 2018

〈주요 연구 및 논문〉
- 「한국의 아프리카 정부파견의사정책의 성과에 대한 고찰」(공저), 『한국아프리카학회지』, 2011. 12
- 「Comparative Analysis of DMZ: South Korea vs Cyprus」, Journal of Afro-Arab Studies, Arab Africa Center/AAA, Tunis, 2019.10
- 「South Korean Workers and the Middle East Construction Boom in the 1970s in Forgotten History, Unheard Voices」, Journal of Contemporary Korean Studies, National Museum of Korea Contemporary History, June 2015
외 다수

• E-mail : shimuisup@hanmail.net

Chapter 09 '한반도 공동체'를 위한 남북 보건의료협력

이념도 체제도, 남과 북 따로 없는 한민족 '존속문제'로 머리 맞대야

1. 머리말

왕래가 금지된 비무장지대(DMZ)와 군사분계선(MDL)은 인간에게만 의미가 있지 전염병, 생물, 바람, 물, 불, 빛, 소리, 전파 따위 인간이 아닌 대상에게는 무의미하다. 그것들은 인간의 법규와 관계가 없고, 인간도 그 대상에게 어찌 할 수도 없다. 그러나 그것들의 이동이 인간과 생태에 미치는 영향은 파괴력이 클 뿐만 아니라,

> 시간적으로 단속성·지속성·영속성이
> 혼재되어 있고
> 공간적으로도 국지성과 광역성이
> 섞이어 공존하고 있다.

당연히 피해는 직접적, 간접적, 복합적, 파생적, 연쇄적으로 얽히어 뒤범벅이 된다. 이러한 폐해를 예방하고 줄이려면 남북 간의 협력이 지속적이고 복합적으로 이뤄져야 한다는 것은 두 말할 나위가 없다. 특히 이중에서도 전염병처럼 생명에 영향을 주는 이동의 주체에 대한 총체적 대응은 개인과 개체의 존속을 위함은 물론이고, 가족과 집단, 겨레를 살리고 나라를 지키기 위한 일이기 때문에 당연한 것이다. 이러한 관점에서 남북 간의 건강공동체와 생태공동체를 위한 의료, 보건, 위생, 생태, 환경 등에 관한 협력현황과 대응방안을 차례로 살펴보기로 한다.

2. 보건의료 협력 개관

북한의 보건의료체계는 1970년대까지 그나마 유지가 되었으나 1990년대 '고난의 행군'을 거치면서 무상의료정책을 지지할 재정이 열악해지면서 무너진다. 이 시기부터 환자가 직접 치료 등 자구책을 찾아야 했던 것으로 전해지고 있다.[1]

몇 가지 보건지표를 보면 북한의 영아 사망률(출생아 1,000명 당 1세 미만 사망자 수)는 2014년 기준 23.68명으로 경제협력개발기구(OECD) 평균의 5배, 남한의 6배를 넘는다. 2012년 기준 북한 산모 사망률은 인구 10만 명당 76명으로 남한의 7배에 이른다. 2018년 세계보건기구(WHO)가 발간한 자료를 분석한 결과 2016년 기준 북한의 인구 10만 명당 결핵 사망자는 38.7명으로, 사망률이 한국의 11.3배에 달한다. 감염성, 기생충성 질환으로 인한 사망률도 4.5배에 달한다*.

[1] 신희영 외, 「통일의료 : 남북한 보건의료 협력과 통합」, 서울대학교출판문화원, 2017

> **＊ 왜 이런 수치가 나오는 걸까?**
> 이러한 북한의 열악한 보건의료 현실은 전력공급과 약품공급체계가 무너지면서 기초적 의료서비스조차 제공하지 못하고 있는 상황에서 빚어진 것이다. 먼저 전력난으로 인한 의료장비 의 가동중단이 심각한 수준이다. 병원들은 의료설비가 낡거나 없어서 환자를 치료하지 못하고 의약품 공급체계에서도 암시장이 등장하였다. 의료소모품은 재활용이 일상화된 수준이어서 감염 문제가 심각하다.

보건사회연구원의 보고서에서는 "현재 북한의 의료체계는 형식만 앙상하게 남아 있는 것으로 보인다"라고 평가하고 "북한의 노동력과 남한의 자금이 결합된 형태의 의약품 생산 합작회사를 설립하여 의약품을 공급하는 정책을 고려해 볼 필요가 있다"라고 제안하고 있다.

말라리아와 결핵은 남한에서는 1980년대까지 유행하였다. 하지만 북한에는 아직 남아있어 면역이 약한 남한사람들은 장차 교류과정에서 접촉을 꺼릴 수도 있다. 북한 보건의료체계의 붕괴 원인으로 무상의료정책을 꼽고 있다. 북한의 의료상황은 국가공급에 의존하던 보건의료사업이 붕괴하고, 의료기계 부족 및 의료기술의 낙후로 인해 전반적인 보건의료 시스템 가동이 중단된 상황이다. 그 원인으로는 에너지의 위기가 산림훼손 및 홍수 등의 재해를 가져왔고, 이는 식량부족으로 이어져 심각한 영양문제로 나타났다. 이로 인해 결핵과 전염성질환이 크게 증가하는 악순환이 나타난 것이다. 또 다른 특징으로는 북한의 경제위기로 인해 보건의료 재원조달에 있어서 외국의존도가 증가했으며, 북한 보건의

료에 있어서 장마당과 같은 비공식 경제영역이 확산되는 상황이 전개되고 있다.2)

보건의료는 통일을 준비할 때 가장 시급히 다뤄야 할 중요한 분야 중 하나이다. 남북보건의료협력사업의 거시적 효과는,

> 건강수준의 향상으로 북한의 경제성장은 물론
> 남한의 경제발전에도 기여하고,
> 국내 전염성질환의 위험을 감소시키고
> 유관산업의 성장에 기여하는 파급효과들이 있다.

따라서 북한의 보건의료체계의 현대화 협력은 통일 후 남한주민을 위해서도 반드시 필요한 것이다. 문재인 대통령과 김정은 국무위원장이 2018년 4월 27일 발표한 '한반도의 평화와 번영, 통일을 위한 판문점 선언'에 따라 보건의료 분야에서도 협력 재개의 길이 열렸었다. 2007년 10·4 남북공동선언에서 합의가 됐어도 금강산 관광객 사건, 천안함 사건들과 꼬이면서 전혀 진척이 없었던 아동 건강증진, 모자보건사업 등 북한의 열악한 보건의료 분야에 대한 협력 추진이 기대되었으나 2020년 6월 16일 남북공동연락사무소 폭파 이후 지금은 남·북한 교류 자체가 꽁꽁 얼어붙어 있는 상태이다.

통일부에 따르면 2000년 이후 매년 2,000억 원 수준을 유지하던 정부의 대북 지원은 2008년 이후 감소했고, 2016년부터는 완전히 끊어졌다. 세계보건기구(WHO)를 통한 결핵백신 지원사업도 2015년 이후 중단됐다.

2) 서울대 의대 통일의학센터, 「북한 보건의료 문제, 해결방안은 무엇인가?」, 2013. 8.27

대북 인도적 지원 추세를 보면 일반구호 중심에서 보건의료 등 사회 인프라 지원으로 지원분야로 확대되었다. 대북 인도적 지원 초기에는 주로 북한의 식량난 해소를 위해 긴급을 요하는 일반구호에 집중(1995~1998년 평균 95.5%)되었으나, 2000년 이후에는 북한의 식량난이 다소 개선되면서 대북 농업복구 지원 비중(1999~2007년 평균 54.3%)이 크게 증가하였다. 특히 2000년대 후반 이후에는 보건의료 등 개발구호성 대북 인도적 지원 비중(2008~2016년 평균 58.9%)이 증가한 것이 특징이다.

> **잠깐만 보고 갈까요!!**
>
> **北 '일반구호'와 '보건의료' 비중 변화추이는?**
>
> - 일반구호 비중 : 1995~1998년 평균 95.5% → 1999~2007년 평균 31.4%
> - 보건의료 비중 : 1995~1998년 평균 1.3% → 2008~2016년 평균 58.9%
>
> 이용화·이해정, 「대북 인도적 지원 현황과 향후 과제, 현안과 과제(18-05)」, 현대경제연구원, 2018.2.7

한국의 대북 인도적 지원은 집권정부의 대북정책에 따라 달라져 왔고, 식량 중심의 일반구호 방식에서 보건의료 등 다양한 부문으로 전환되었다. 이를 분야별로 보면 일반구호 중심에서 보건의료 등 사회 인프라 지원으로 확대되는 추세이다.[3]

우리는 독일이 통일 이전에 보건협정을 체결하여 전염성질환, 의약품 교환 등에 대한 교류와 협력을 촉진시켰던 사실을 타산지석으로 삼아야 한다. 돌이켜보면 남북한에서도 2005년과 2015년에 '남북 보건의료교류협력 증진에 관한 법률안'이 발의되었지만 통과되지 못한 안타까운 역사로

[3] 이용화·이해정, 「대북 인도적 지원현황과 향후과제, 현안과 과제(18-05)」, 현대경제연구원, 2018.2.7

기억된다. 이처럼 남북 간의 보건협력이 부진한 상황이지만 북한에서 보건협력을 하고 있는 국제기구는 WHO, UNICEF, UNFAP, UNDP, WFP 등이 있으며 이중 WHO와 UNICEF가 대북 보건협력 사업을 주도하고 있다. 이들 국제기구들과 더불어 한국, 이탈리아, 스위스 등 정부기관이 관여하고 있으며, 글로벌 펀드, GAVI, ICRC, IFRC, 유진벨 재단, CFK(조선의 그리스도인 벗들) 등도 참여하고 있다. 북한에서 활동 중인 국제기구는 북한 내 대민접촉, 활동기회, 활동반경 등 북한의 내부에 미치는 역량은 국가행위자보다 훨씬 뛰어나게 나타나는 것으로 평가받고 있다. 따라서 한반도 통일기반 조성 및 역량 강화를 위해 국제기구를 통한 대북 인도적 지원 강화, 인도적 대북지원의 탈정치화, 국제기구 활동의 제고 등이 요구된다.4)

국제기구의 대북 인도적 지원차원의 보건의료협력의 주요한 사례를 보면 다음과 같다.

1) 글로벌 펀드의 결핵, 말라리아 지원사업

글로벌 펀드(The Global Fund to Fight AIDS, Tuberculosis and Malaria)는 후천성면역결핍증(AIDS)과 말라리아 퇴치를 목표로 2002년 유엔 총회결의를 바탕으로 설립된 조직이며 한국도 참여하고 있다. 글로벌 펀드는 2010년 6월부터 북한 내 결핵 예방과 치료·퇴치, 말라리아 퇴치사업, 결핵환자 진단과 치료사업을 진행해 오고 있다. 글로벌 펀드는 2010년부터 2018년까지 북한 내 결핵과 말라리아 퇴치를 위해 약 1억 달러를 지원하여 결핵 예방백신, 약제구입 등에 필요한 지원을 하였으나 2019년부터 지원을 중단하였다. 지원중단 이유는 글로벌 펀

---

4) 김성한 외, 「한반도 통일기반 조성을 위한 대북지원 방향: 국가와 국제기구의 역할 비교분석」, 『국제관계연구』, 제23권 제1호(2018년 여름호): pp.5~43; 자유아시아방송, 「세계기금, 북 결핵·말라리아 퇴치 지원 중단」, 2018.7.3.; 조한승, 「국제 보건 거버넌스의 대북 보건협력의 특징: 비국가 행위자 관여의 관점에서」, 『평화연구』, 제25권 1호, 평화와 민주주의연구소, 2017년 봄호(2017.4); 신영전, 「남북 보건의료협력의 방향: 모자보건사업을 중심으로」, 『KDI 북한경제리뷰』 2014년 9월호, pp. 19~33

드 감사관의 방북이 불허되는 등 북한에 지원되는 결핵 및 말라리아 관련 의약품 등의 유통경로와 사용처에 대한 모니터링이 불가능해 '투명성'이 충분히 보장되지 못하고 있기 때문으로 알려지고 있다.

2) 국제백신연구소(IVI ; International Vaccine Institute)

비엔나 조약(1969)에 의거, 감염성 질병으로 고통 받는 제3세계 국가를 돕기 위해 1997년에 유엔개발계획(UNDP) 주도로 설립된 국제기구다. IMI는 1990년대 초 유엔개발계획(UNDP)의 주도로 시작되었으며, 1994년 한국이 유치국가로 선정되었고 한국(서울대학교)이 본부를 유치한 최초의 국제기구이다. IVI는 2007년에 한국정부의 재정지원을 받고 북한의과학연구원과 협력하여 일본뇌염 등 집단예방접종을 시행하였다.

3) 독일 카리타스(Caritas in Germany)를 통한 집단예방접종사업

카리타스는 1897년 최초로 독일에 설립되었고 제2차 세계대전 직후 1950년 자선구호사업을 하던 각국 카리타스가 연합체를 이룬 것이 국제카리타스로 로마 바티칸에 본부를 두고 있다. 국제 카리타스는 전 세계 198개 나라와 지역에서 활동하고 있는 162개 카리타스와 상호협력함으로써 특히 제3세계 국가의 구호 및 복지, 개발사업을 지원하고 있다. 카리타스의 대북사업은 독일의 카리타스를 통해 B형간염과 일본뇌염에 대한 대규모 집단예방접종이 이루어졌다. 독일 카리타스와 북한 보건성은 B형간염 예방접종을 실시하고 간호원 기숙사건립, 태양열 온실건립 등을 진행하였다. 2016년에 독일정부는 북한의 결핵과 간염 환자를 지원하고 있는 독일 카리타스에 미화 153만 달러를 지원하기도 하였다

3. 건강공동체를 위한 남북협력

문재인 정부 들어 2018년 한 해에만 남북정상회담이 세 차례나 열리면서 의료협력 분야에 대한 관심 또한 증대되었던 게 사실이다. 남북 간의 보건의료 격차 해소는 향후 인적 및 물적 교류 확대를 위한 필수 전제조건이므로 건강격차 해소사업은 빠를수록 좋다. 보건의료분야 협력 증진을 위해 북한의 의료 인프라, 전달체계, 질병의 종류 및 유병률(有病率)5) 등 충분한 사전조사가 전제돼야 한다. 이를 위해 인도주의적 차원에서 정치적 환경과 관계없이 협력이 지속적으로 유지 가능하도록 보건의료합의서를 체결할 필요가 있다.

현재 북한은 병원의 약 부족 등으로 의사들이 약을 장마당 의료에 의존하는 경향이 있다. 전문가들이 제시하는 북한의 우선지원이 요청되고 예상되는 사업으로 결핵 말라리아 예방사업, 아동 대상 풍진 예방접종사업, 북한 병원 현대화사업 2단계 추진 등이다. 특히 결핵은 통일 후 막대한

> **잠깐만 보고 갈까요!!**
>
> **그나마 '통일보건의료학회' 2014년 출범**
>
> 현재의 남북협력 증진을 위한 여건이 그다지 우호적이진 않지만 한반도 건강공동체 형성을 위한 학계의 노력으로 '통일보건의료학회'가 출범하였다. (2014. 10) 이 학회는 의학, 치의학, 간호학, 약학, 보건학 등 모든 보건의료 영역에서 통일 및 북한 관련 연구, 교육 및 다양한 현장 활동을 한 전문가들이 정보와 아이디어를 공유하는 것을 목적으로 하고 있다.

5) 어떤 시점에 일정한 지역에서 나타나는 병자 수와 그 지역 인구수에 대한 비율

의료비 지출이 예상되는 질환이므로 북한 결핵 실태를 고려해 결핵의 발병부터 완치까지 다루는 공동기구를 설치할 필요가 있다.

한반도 건강공동체 형성을 위해 남북한의 감염병 상호 전염방지, 공동 보건의료 과제, 의료정보 교류관리, 상대 지역방문, 남북한 보건의료협정 체결 등이 연구대상이다. 정부의 노력을 보면 2007년 12월 남북보건의료·환경보호협력분과위원회 개최이후 남북 보건의료협력 회담이 11년 만인 2018년에 다시 열렸다. 이번 회담에서는 결핵, 말라리아 등 주요 전염병 확산 방지를 위해 의약품, 의료장비를 대여하는 협력 방안과 더불어 모자보건을 위한 지원책이 논의되었다.

아래에서는 한반도 건강공동체를 위한 우리의 관심이 많은 부문을 생각해 보자.

1) 말라리아

앗, 우리가? 우리나라가 OECD 국가 중 발생률이 1위다. 국내 말라리아는 지난 1963년 법정감염병으로 지정되었고, 1970년에 1만 5,926건으로 정점을 찍었다. 그 후 말라리아 퇴치사업 추진으로 환자 발생이 감소하였고 1979년에는 말라리아 완전퇴치를 선언했다. 그러나 1993년 재출현하여 2000년에 4,183명으로 정점을 보였고, 이후 말라리아 재퇴치사업으로 최근 5년간은 연간 400~600명 선에서 유지되고 있다.

이곳 요주의! 2019년 우리나라의 말라리아 발생률은 10만 명당 1명꼴로 발생한 반면 멕시코는 10만 명당 0.6명이 발생했다. 특히 우리나라의 경우 휴전선 접경지역 (인천, 경기, 강원 북부)에서 주로 발생하며, 2019년에는 삼일열(三日熱) 말라리아 환자의 89%가 이곳에서 발생했다. 질병관리본부는 매년 말라리아 위험지역을 중심으로 4월부터 10월까지 말라리아 매개모기 감시사업을 실시하고 있다. 파주지역에서 2019년 5월 26일부터 6월 1일까지 채집한 말라리아 매개모기에서 당해연도 처음으로 말라리아 원충 유전자가 검출되었다.

헌혈도 제한! 말라리아와 관련 생활상의 불편은 헌혈제한과 관련된다. 국내 말라리아 관련 헌혈제한지역이 2018년 9월부터 변경됨에 따라 해당지역 시민들은 전혈 헌혈과 혈소판성분 헌혈을 할 수 있게 되었다. 경기도 파주시, 연천군, 인천시 강화군, 강원도 철원군, 북한은 백두산을 제외한 전 지역이 말라리아 위험지역으로 분류되어 있기 때문에 해당지역에 거주나 복무(연중 6개월 이상 숙박 시)는 2년 간, 여행(연중 1일 이상 6개월 미만 숙박)을 다녀온 경우에는 1년 간 전혈헌혈 및 혈소판성분 헌혈을 할 수 없다.

2) 유행성 출혈열

앗, 쥐가! 한탄 바이러스에 감염된 쥐의 배설물이 건조되면서 호흡기 감염과정을 거쳐 발열과 온몸의 발진이 발생하고, 복통과 출혈이 동반되면서 혈뇨와 신장장애를 일으켜 생명을 위협하는 질환이다. 광복 이후 1951년 한국전쟁 시 중공군이 참전한 뒤

휴전선 부근에서 전선이 고착화되면서 미군을 중심으로 유행성 출혈열 환자가 발생하여 3,000여명이 사망하였다.

백신개발을! 1960년 강원도 철원지역 민간인 감염사실이 확인되었고, 휴전선 일대에(한탄강) 유행하던 질환이 전국적으로 확산되는 등 매년 가을철 많은 환자가 발생하게 되자 보건당국도 유행성 출혈열을 법정전염병으로 지정하였다. 1962년까지 원인 바이러스를 찾지 못해 포기한 상태였으나 유행성 출혈열의 원인을 한국의 이호왕(李鎬汪) 박사가 등줄 쥐의 폐에서 한탄바이러스를 세계 최초로 분리하는데 성공(1976), 1981년 한탄바이러스 백신개발을 시작 1991년 마침내 한타박스(Hantavax) 개발에 성공하였다.

3) 결핵

앗, 창궐하면! 공기를 통해 감염되는 전염병이므로 약이 떨어져 치료를 하지 못할 경우 환자만 증상이 심각해지는 것이 아니라 신규 환자가 발생할 수 있다. 현재 북한에는 13만 명 가량의 결핵 환자가 있는데 이대로 진행된다면 북한에서 결핵이 창궐할 가능성을 배제하지 못한다. 세계보건기구에 따르면 매년 북한에서 결핵으로 죽는 사람이 1만 6,000여 명에 달하는 시급한 상황이므로 비핵화 진전 여부와 관계없이 한민족으로서 북한의 결핵환자가 적절한 치료를 받을 수 있도록 진단과 치료약 지원에 꼭 나서달라고 유진벨재단 인세반(Stephen W. Linton) 회장은 호소하고 있다.[6]

---

[6] "북한 결핵 치료약 바닥… 각계 지원 나서달라", 유진벨재단 방북 결과 기자회견, 국민일보, 2019년 5월 31일자 / 심재권, 북한 결핵지원 등 대북 인도지원 통해 남북간 신뢰 구축되길, 의정활동 보도자료, 2018. 1. 29

북, 감염심각 유진벨 재단은 북한에 있는 12개의 치료센터를 통해 매년 새로 등록하는 1,000여 명의 환자를 대상으로 치료를 진행해오고 있다. 인세반 회장은 "최근 추정치에 의하면 북한에는 5,700명 이상의 다제내성결핵(多劑耐性結核) 환자들이 있지만 적절한 치료를 받지 못해 사망하는 등 질병 확산을 막는데 역부족이라고 하였다. 뿐만 아니라 "최근 북한이 대북제재로 인한 어려움을 호소하며 치료 환자 수를 3,000명 이상으로 확대해줄 것을 요청했다."고 전했다.

이건 우리문제! 북한의 결핵문제 해결을 위해서는 먼저 정략적, 정치적인 틀에서 벗어나야 한다. 왜냐하면 북한 결핵문제를 한반도 문제라고 자각하고 대처해야하기 때문이다. 남북의 정치분위기에 따라 결핵사업이 단속(斷續) 되어선 안 되기 때문이다. 글로벌 펀드 같은 국제기구의 도움도 절실히 필요하지만, 무엇보다도 한국사회가 나서서 북한 결핵문제를 해결하는 데 앞장서야 한다. 북한의 결핵문제를 위한 협력을 국제사회에만 의존할 것이 아니라 이제는 한반도의 문제라 생각하고 해결에 나서야 할 것이다.

4) 중동호흡기증후군(메르스, MERS)

앗, 재발병! 중동지역을 중심으로 유행하였는데 2015년 5월 20일 남한에서 메르스 최초 감염자가 확인되었고 첫 환자가 발생한 지 68일 만에 정부는 국무회의에서 메르스가 사실상 종식되었음을 선언했다. 그 후 3년 만에 남한에서는 다시 비상이 걸렸었다.(2018. 9. 8~10. 16)

북한도 총력! 당시 북한에서는 조선신보가 "조선에서 중동호흡기증후군의 국내 유입을 막기 위한 대책들이 취해지고 있다"고 전했다. 북한은 성·중앙기관 관계자로 국가비상방역위원회를 구성해 가동에 들어갔었다. 각 지역 보건기관과 의사들은 담당주민들을 대상으로 검병(검역)을 진행 중이며, 평양국제비행장과 국경지역 검사검역소에는 검역설비를 늘리는 등 위생과 동물 검역을 강화한바 있다. 열악한 보건환경에서 예상되는 피해를 막기 위해 메르스의 월경차단에 총력을 기울였던 것이다. 특히 북한이 중동호흡기증후군, 메르스가 발생한 중동지역이나 남한 내 전파지역을 오고 간 남한주민의 개성공단 출입을 제한해 줄 것을 남한 측에 요청하기도 했다. 메르스와 관련해서 조선중앙통신은 "면역기능만 갖추면 비루스(바이러스)를 다 막아낼 수 있다"며 "바이러스가 유기체에 침습해도 병에 걸리지 않게 몸을 튼튼히 단련하는 것과 함께 강한 면역부활제인 '금당-2 주사약'을 쓰는 것이 좋다"고 보도했다.(2015. 6. 18)[7] 어쨌든 메르스 사태의 교훈으로 남북 간의 의료보건(Health) 협력은 안보(Security) 개념으로 확장되고 있으며 통일과 남북 교류에 있어서도 감염병은 중대하게 다뤄야 할 사안이 되었다.

5) 코로나19(COVID-19)

北 북한정국? 2019년 12월 중국 후베이성 우한시에서 발병이 시작되었으며, WHO는 3번째 팬데믹(Pandemic) [8]으로 선언하였다.[9] 북한에서는 모든 외국인 관광객에게 국경을 폐쇄한다는 사실을 통지한 이후 국가비상방역체계로 전환하고 개성 남북연락사무소도 닫았다.(2020. 1. 22) 북한은 한 동안 '코로나 청정국'이라는 입

[7] 북한은 자체적으로 개발한 '면역부활제'를 통해 중동호흡기증후군(메르스), 중증급성호흡기증후군(사스), 조류독감뿐 아니라 에이즈까지 예방·치료할 수 있는 만병통치약 같이 선전하였다. 그러나 국제적으로는 실제 효과엔 회의적이란 시각이 있다

[8] 팬데믹(Pandemic)은 세계보건기구(WHO)의 전염병 경보 단계에서 최고위 6단계인 '감염병의 세계적 유행' 단계로서 두 개 이상의 대륙에서 전염병이 유행하는 상태를 뜻한다

[9] 2020년 3월11일 세계보건기구는 1968년 팬데믹(홍콩독감), 2009년 팬데믹(신종플루)에 이어 세 번째로 코로나바이러스(SARSCoV-2, Covid-19)에 의한 팬데믹을 선언했다

장을 고수하고 있었다. 그러나 2020년 4월 26일자 산케이신문에 따르면, 북한군 출신자로 구성된 한국의 탈북자단체인 '북조선인민해방전선'이 북한의 코로나19 현황을 정리한 간부 대상 보고서를 입수하였는데, 여기에는 북한의 코로나19 사망자가 267명, 의심환자가 5만여 명에 달한다는 내용*이 실려 있다고 한다.

> *** 북한의 코로나19 '보고서'를 보면…**
> (중략) 나진(격리자 6355명, 사망자 20명), 신의주(2426명, 51명), 함흥(3218명, 17명), 청진(5481명, 13명) 등 중국 국경에서 가까운 지역이나 무역항에 의심환자와 사망자가 집중됐다.
>
> 정영효, "北 코로나 사망자 267명·의심환자 5만명…김정은 살아있다", 한국경제, 2020년 4월26일자

그리고 노동신문은 '인민의 생명 안전을 굳건히 지키는 것은 우리 당의 제일 중대사' 제목의 논설(2020. 7. 10)에서 "그 어떤 경제건설 성과보다 대유행 전염병의 침습을 막는 것을 더 중요하게 이 사업에 최선을 기울여야 한다는 것이 우리 당의 요구"라고 강조하기도 했다.

협력제의 견지

이러한 상황에서 "감염병 분야의 남북협력에 있어 북한은 국가이익 또는 정치적 상황에 따라 한국정부의 협력을 선별적으로 수용하는 모습을 보이고 있다."[10] 표면적으로는 정부 차원의 신종 코로나바이러스 감염증 확산방지를 위한 협력제의를 북한 당국이 계속 거부할 가능성이 있다. 하지만 북한 내의 정치적인 상황 변화에 따라서는 협력에 응할 가능성도 동시에 존재하므로 대북제

---

10) 이규창, 「감염병 확산방지를 위한 남북협력과 재난공동대응」, Online Series, 통일연구원, 2020-02-04: pp.1~5

北 역시 '코로나' 악몽
북한 평양역에서 직원들이 코로나19 확산을 막기 위해 체온 측정을 하고 있다고 조선중앙통신은 보도했다.(2020년 8월 29일자) 출처 : 연합뉴스

재위원회의 인도적 지원을 면제승인을 하기 위한 노력을 더 적극적으로 해야 한다.

이 밖에도 2017년 11월 판문점 공동경비구역(JSA)을 통해 탈북한 북한 병사의 몸에서 남한에선 거의 퇴치된 기생충 수십 마리가 발견된 것은 북한 주민의 위생환경이 투사된 것이어서 우리 모두가 마음 아팠던 바가 있다. 한편 북한 어린이의 경우 아토피가 없는 것으로 알려지는데 이는 기생충 감염과 높은 연관이 있다[11]. 기생충에 감염과 아토피감염에서 나타나는 자가면역에 관한 연구협력은 경색된 남북관계의 돌파구가 될 수 있다.

11) 「고립된 사회 질병 패턴 규명은 노벨상감」, 과총, 한반도 과학기술 ICT 포럼, The Science Times. 2018.4.19

4. 생태공동체를 위한 방역방제

1) 아프리카돼지열병(ASF)

이 전염병은 사람에게는 전염되지 않으나 돼지에게는 폐사율이 최대 100%인 무서운 전염병이다. 바이러스에 의해 퍼지며 출혈과 고열이 주된 증상이다. 아직 사용가능한 백신이 개발되지 않아 외국 발생국에서는 100% 살처분(殺處分)으로 대응하고 있다. 감염된 돼지나 돼지로부터 생산된 가공식품, 야생멧돼지 등을 통해 퍼진다. 처음에는 아프리카와 유럽을 중심으로 발병하다가 2018년 8월 중국에 처음으로 상륙하며 중국을 중심으로 급속 확산하고 있다. 2019년 1월에는 몽골, 2월에는 베트남, 4월에는 캄보디아까지 퍼졌다. 5월에는 홍콩에 이어 북한까지 퍼졌다. 정부는 긴급회의를 열고 남북 접경지역(휴전선을 중심으로 한 경기-인천, 강원권 지역) 10개 시군을 '특별관리지역'으로 정하는 등 방역 강화방안을 내놓았다.

2) 조류 독감(鳥類毒感, AI)

닭, 오리와 같은 조류가 걸리는 바이러스 전염병이다. 닭과 오리 등이 조류 독감에 걸리면 호흡기 증상이 생기고 설사를 하며 산란율이 저하된다. 2003년 말 충북에서 발생한 조류독감이 전국 곳곳으로 확산되었고 그 후는 연례행사처럼 발생하는 전염병이 되었다. 2005년에는 북한에서도 평양의 닭 공장에서 발생하였다. 그 후에도 FAO는 북한을 2013년, 2014년, 2016년에 AI 발병국으로 분류한 바 있다. 이러한 사례는 남북 간 각종 대형재난과 사고에 함께 대처할 수 있는 체제를 구축하여야 할 당위성을 보여주는 것이다. 태풍, 홍수, 가뭄 등 천재지변과 같이 전염병도 한반도 전체를 대상으로 대처해야 한다.

3) 구제역(口蹄疫)

소, 돼지, 양, 사슴 등 발굽이 둘로 갈라진 우제류(偶蹄類)에 속하는 동물에게 퍼지는 감염병이다. 구제역에 걸리면 입술, 혀, 잇몸, 젖꼭지, 코, 발굽 사이 등에 물집이 생기고 다리를 절며 침을 흘린다. 또 체온이 급격히 올라가고 식욕이 떨어져 심하게 앓거나 죽게 된다. 전염성이 매우 강한데다 치사율도 높다. 이것도 남한에서 자주 발생하는 가축전염병이다. 북한에서도 2007년과 2010년, 2011년 2014년에 구제역이 발생했다. 2010년 연천, 포천 지역에 구제역이 발생했을 때도 북한지역에서 유입되었다. 북한은 유엔 식량농업기구(UN FAO)를 인용해 2011년과 2014년 구제역 확산으로 국제기구의 지원을 요청한 바 있다. 2016년에도 북한은 구제역이 발병한 것으로 알려졌다. 이처럼 구제역이 남쪽에서 발생하든 북쪽에서 발생하든 확산범위는 DMZ와 아랑곳없이 남북으로 이동할 수 있으므로 남북의 공동대처가 당연히 요구된다.

4) 광견병(공수병)

너구리나 여우, 박쥐같은 야생동물이나 개, 고양이 같은 반려동물에서 발생되는 질병이다. 1984년 이래 남한에서 발병하지 않았던 광견병이 1993년부터 북한 야생동물로부터 들어와 경기, 강원 북부지역에서 재발하기 시작해 수도권 인근까지 번졌다. 영국보건부 산하 공중보건국은 2014년, 2015년에 북한을 광견병 고위험 국가로 분류했다. 영국 당국은 북한이 중국, 러시아 등 광견병 위험이 높은 나라들과 국경을 마주하고 있는 사실과 보고관련 자료가 없는 점을 근거로 북한을 고위험 국가로 분류했다. 따라서 광견병은 북한을 통해 유입된 가축 전염병 확산 사례라 볼 수 있다. 따라서 우리나라 야생동물 건강과 축산업 보호를 위해서라도 남북 당국은 가축질병 발생, 정보 파악과 방역, 검역 기술의 지원 등의 협력이 필요한 것이다.

5) 소나무 재선충병(材線蟲病)

솔수염하늘소나 북방수염하늘소가 자신의 몸에 들어온 재선충이란 벌레를 이 나무에서 저 나무로 옮겨 발생하는 산림 병충해이다. 1988년 부산 금정산에서 처음 발생한 이래 전국적으로 확산되었고, 2005년에는 재선충병 방제특별법이 제정되면서 2010년까지 감소했으나 2011년부터 다시 전국 곳곳에서 기승을 부리고 있다. 소나무에 치명적인 병해충인 재선충이 파주, 연천, 화천 등 민간인 통제선(민통선) 부근까지 번진 것으로 확인되었다. 이 매개충은 활동 범위가 4㎞ 정도여서 매년 4㎞ 정도씩 퍼져 나갈 수 있다. 파주, 연천지역은 민통선 7~10㎞ 떨어진 곳이어서 민통선 북쪽이 감염되면 방제가 어렵다. 작업자 출입이 까다롭고 지뢰도 많기 때문이다. 민통선 이북지역에 방제가 제대로 이뤄지지 않을 경우 자칫 북한까지 재선충이 번질 수도 있다.

소나무 재선충이 민통선 이북 지역으로 확산하지 않도록 방제 저지선을 구축하는 등 예방 방제를 위한 노력이 필요하다. 사실 남북은 2018년 10월 22일 개성 남북공동연락사무소에서 산림협력회담을 열고 이런 내용의 공동보도문에 합의했다. 남한이 11월 소나무재선충 방제에 필요한 약제를 북한에 제공하고, 2019년 3월까지 산림병충해 공동방제를 펼치기로 하였다. 공동보도문에 따르면 남북은 매년 병해충 발생시기별로 소나

무재선충을 비롯한 산림병충해 방제사업을 진행하고, 병해충 발생 상호 통보, 표본 교환과 진단, 분석 등 산림병충해 예방대책과 관련한 약제 보장문제를 협의해 나가기로 했다.

5. 맺음말

인도적 지원에서 대북 보건의료부문의 협력은 5·24 조치 하에서도 추진되었고, 판문점선언에도 포함되었듯이 남북 교류협력의 근간이므로 새로운 거버넌스를 구축해야 한다. 앞으로도 안정적인 남·북한 교류협력의 지속과 획기적 돌파구 마련을 위한 역할을 담당해야 한다. 현 상황에서 남·북 간의 인도적 보건의료부문의 협력은 다양한 교류, 협력을 촉발시키면서 북한주민에게 실질적인 혜택을 제공할 수 있는 협력사업의 하나이므로 우선 1차 지역보건 협력사업을 추진할 필요가 있다. 1차 지역보건 협력사업에서는 보건교육, 예방접종, 모자보건, 가족계획, 질병예방 및 치료, 영양지원, 식수개선, 환경위생 등의 서비스를 통합적으로 제공할 필요가 있다.[12]

1974년 4월 동독과 서독은 건강격차를 줄이기 위한 보건의료 협정을 맺었다. 독일 통일 16년 전의 일이다. 건강격차를 줄여야 통일 뒤 사회혼란을 막을 수 있다고 판단했기 때문이다. 우리는 통일 전 동·서독 의료보건협력 15년 역사를 타산지석으로 삼아야 할 것이다. 남북 간에도 2007년 10·4 공동선언을 통해 여러 보건의료 협력사업을 진행하기로 한 바 있다. 하지만 이명박, 박근혜 정부를 거치며 남북관계는 얼어붙었

[12] 이상영, 「남북 간 일차보건의료 협력사업 추진방안」, 보건복지포럼 2007, 10월 (통권 제132호), pp.17~23

고 의료협력은 2016년 이후 사실상 끊겼다. 10·4 공동선언 이후 남북보건의료-환경보호협력분과위원회에서 제약공장, 병원 현대화 등을 합의했으나 정권 변화 이후 진척된 사항이 없다.

이제는
인도적 지원 측면에서
협력이 시급한 분야인 감염병, 결핵, 아동·모자보건을
중심으로 협력을 추진해야 한다.
이를 위해서 제도적 기반을 만들어
일회성이 아니라 단계적으로 의료협력을
추진하는 것이 중요하다.

특히 한반도뿐만 아니라 전 세계를 들끓게 하는 코로나19는 남북관계를 새로운 국면으로 몰아넣고 있다. 북한은 전면적 국경폐쇄 외에도 의심되는 집단에 대한 격리를 어느 나라보다 긴 40일로 시행하고, 학교와 사업장 폐쇄, 외출금지 등의 강력한 봉쇄정책을 실시하고 있다. 북한은 청정국가로 자평하고 있으나 국제사회는 냉엄하게 주시하고 있다. 북한은 코로나19 보건부문 뿐만 아니라 경제적 어려움에 처해있다. 남한은 K방역으로 해당분야에서 일약 선진권으로 부상하고 보건의료뿐만 아니라 국격의 상승을 체감하고 있다. 남한의 선진 보건의료는 남북관계개선의 지렛대가 될 수 있으므로 보건의료협력은 안보적 차원에서 접근이 되어야 한다.

무엇보다 중요한 것은 한반도의 건강공동체를 위한 대명제를 바탕으로 말라리아 방제, 결핵퇴치와 같은 보건의료 부문에서의 협력사업을 지속적으로 추진해야 한다. 아울러 한반도 생태공동체를 위해서 아프리카돼지열병(ASF), 구제역과 고병원성 조류독감(AI) 등에 대한 진단, 예방, 방역기술 지원, 가축질병 정보교류, 질병모니터링과 관리시스템 구축을 지원해야 한다. 현재의 한반도의 국제정치적 지형의 돌파를 지향하며 큰 틀을 마련하기 위해서는 북한주민의 삶의 질 개선과 통일 이전 북한주민의 마음을 얻기에 초점을 맞춘 대북 인도적 지원 방안을 수립해야 한다. 다가올 대북제재 해제이후의 상황에도 대비하여 인도적 지원이 시급한 사업부터 우선 추진하고, 민간단체의 역할을 제고하고 점차 정부 차원의 노력을 확대해야 한다.

참고문헌

과학기술단체총연합회, 「고립된 사회질병 패턴 규명은 노벨상감」, 국립과천과학관, 한반도 과학기술 ICT 포럼, The Science Times. 2018년 4월18일자

국민일보, 「북한 결핵 치료약 바닥… 각계 지원 나서달라」, 유진벨재단 방북 결과 기자회견, 2019년 5월31일자

김성한 외, 「한반도 통일기반 조성을 위한 대북지원 방향 : 국가와 국제기구의 역할 비교 분석」, 『국제관계연구』, 제23권 제1호(2018년 여름호), pp.5~43

서울대의대 통일의학센터, 「북한 보건의료 문제, 해결방안은 무엇인가?」 [제3회_통일의학포럼자료집] 2013. 8. 27

신영전, 「남북 보건의료 협력의 방향: 모자보건사업을 중심으로」, 『KDI 북한경제리뷰』 2014. 9, pp.19~33

신희영 외, 「김정은 시대 북한 보건의료체계 동향 : 전달체계와 조직체계를 중심으로」, 『통일과 평화』, Vol.8 No.2, 서울대학교 통일평화연구원, 2016: 81-211

신희영 외, 「통일 의료: 남북한 보건의료 협력과 통합」, 서울대학교통일학연구총서; 31, 서울: 서울대학교 출판문화원, 2017

심의섭, 「포스트 코로나 시대의 남북의료협력」, 제21회 동북아정세토론회/동북아평화협력연구원, 청연재, 2020. 9. 22

심재권, 「북한 결핵 지원 등 대북 인도지원 통해 남북간 신뢰 구축되길」, 의정활동 보도자료, 2018. 1. 29

이규창, 「감염병 확산 방지를 위한 남북협력과 재난공동대응」, Online Series, 통일연구원, 2020. 2. 4

이상영, 「남북 간 일차보건의료 협력사업 추진 방안」, 『보건복지포럼』(통권 제132호), 2007. 10

이용화·이해정, 대북 인도적 지원 현황과 향후 과제, 현안과 과제, 18-05, 현대경제연구원, 2018. 2. 7

자유아시아방송(RFA), 북 '코로나 19' 현주소 ① 초기대응 이후 한계 드러내, 2020-08-05; ② 난관 봉착 속 버티기 전략 나서, 2020-08-06; ③ '선전용' 아닌 근본 대책 절실, 2020. 8. 7

자유아시아방송(RFA), 세계기금, 북 결핵·말라리아 퇴치 지원 중단, 2018. 7. 3

정영효, "北 코로나 사망자 267명·의심환자 5만명…김정은 살아있다", 한국경제, 2020년 4월26일자

조성은, 「북한 보건의료 분야의 변화와 전망」, 보건복지 ISSUE & FOCUS, 제361호, 한국보건사회연구원 2019. 4. 2

조한승, 「국제 보건 거버넌스의 대북 보건협력의 특징: 비국가 행위자 관여의 관점에서」, 『평화연구』, 제25권 1호, 평화와 민주주의연구소, 2017년 봄호, 2017. 4

질병관리본부, 코로나바이러스감염증-19 (자세히보기) http://ncov.mohw.go.kr/[2020. 9. 9]

WHO, Coronavirus Disease (COVID-19) Dashboard [2020. 9. 9]

Chapter 10　한반도 지속가능발전과 생태환경 협력

'국제화' 수용과 '지역성' 반영, '인간안보'로서 남북협력

1. 들어가는 말
2. 한반도 생태계 특성
3. 남북 생태계 차이
4. 생태환경을 강조하는 북한의 개발계획
5. 환경분야 남북협력의 경험
6. 국제사회의 북한과의 협력
7. 북한의 대외협력과 정책적 의사결정
8. 맺음말

유재심

서울대 대학원 공학박사

현, 서울대 환경계획연구소 객원연구원
　　서울시 남북교류협력추진위원회 위원
　　파주시 평화도시위원회 위원
　　산림청 중앙산지관리위원회 민간위원
　　동북아평화협력연구원 연구위원

〈주요 연구 및 논문〉
- 「남북산림협력활성화를 위한 전문가 지식 아카이브 구축」, 산림청, 2020
- 「북한 명승지 기초조사 연구용역」, 문화재청, 2020
- 「북한 산림정책과 남북산림협력 상황별 북한 산림변화 예측 및 산림협력세부 실행방안 개발」, 산림청, 2019
- 「북한 도시지역의 환경인프라 현황분석 및 Keco 참여전략 연구」, 한국환경공단, 2019
- 「한반도 균형발전과 남북 지역교류활성화 방안」, 대통령직속 국가균형발전위원회, 2018
- 그린데탕트 세부추진계획 및 연계전략 연구, 통일부, 2016
- 목표기반 북한 산림경관복원(FLR)전략, 통일부, 2014
- 「산지개발의 공간분포와 산림훼손」, 한국환경복원기술학회지 19권 6호, 2016
- 「북한의 산림복원계획과 기준 경사도 고찰」, 한국환경복원기술학회지 19권 4호, 2016
- 「북한 산림의 시·공간 변화와 황폐화 추동」, 한국환경복원기술학회지 18권 6호, 2015
- 「북한 산림경관복원 적용을 위한 한반도 생태지역 특성」, 한국환경복원기술학회지 18권 6호, 2015
- 「다변량 환경공간변수 주성분 분석에 의한 남·북 생태계 차이」, 한국환경복원기술학회지 18권 4호, 2015
  외 다수

• E-mail : jaeshimy@daum.net

Chapter 10 한반도 지속가능발전과 생태환경 협력

'국제화' 수용과 '지역성' 반영, '인간안보'로서 남북협력

1. 들어가는 말

한 나라의 환경개념은 '국민소득 2만 달러가 넘어야 싹튼다'고 한다. 그래서인지 북한을 직업적으로 연구하는 사람들은 '북한과 같이 먹고살기 힘든 나라에 환경에 관한 개념이 있을까'라는 의문을 제기하곤 한다. 심지어 북한환경을 연구해온 것으로 알려진 전문가도 '남북 학자들이 세미나를 할 때 환경관련 질문을 했는데 대답이 시원찮더라'는 이유를 들어 북한에 환경지식이나 환경관리 개념이 있는지 조차 모르겠다고 말하는 것을 들은 적이 있다. 이런 북한환경 논쟁에 종지부를 찍은 것은 바로 북한 자신이었다.

한반도 평화관련 단체들은 2020년 첫날, 예년과 다를 바 없이 북한 신년

사 분석 행사를 준비했다. 단체들은 그러나 2020년 신년사 없는 신년사 분석 행사를 진행해야 했었다. 북한당국이 새해 첫날 최고지도자의 육성 신년사를 내보내는 대신 조선중앙방송을 통해 2019년 12월 28일부터 31일까지 당중앙위원회 본부에서 진행된 '조선노동당 중앙위원회 제7기 제5차 전원회의(이하 전원회의)' 의정과 결정서를 내보냈기 때문이다.

당시 북한 전원회의는 형식과 내용에서 새로운 면모를 보여주었다. 형식적으로는 북한식 사회주의 집단체가 국정문제를 상정하고 토의하여 의사결정하는 과정을 공개했고, 내용면에서는 북한이 당면하고 있는 대내외 형세를 극복하기 위한 국가적 의정을 발표하였다. 결정서에는 경제발전과 과학기술 발전을 중요하게 다루고 있었지만 이에 못지않은 무게로 보건위생 개선, 생태환경 보호, 자연재해와 재난대응을 위한 위기관리 체계 등의 내용도 담고 있었다.

2020년 북한은 전원회의 결정서에 따라 해당부서에서 기초단위까지, 보건위생, 생태환경 보호, 재난 및 재해방지 업무를 정책 우선순위로 설정하고 방법을 찾는 데 매진하였다. 그럼에도 2020년 북한은 코로나19의 팬데믹 유입을 막기 위해 국경을 폐쇄하였고, 사상유래 없는 강우량과 국지성 집중호우는 북한의 경제적·환경적 어려움을 가중시켰다. 2021년 8차 당대회가 끝난 현재에도 북한은 여전히 부마위침(釜磨爲針) 할 정도의 노력이 필요하고 자력갱생을 끝없이 반복해야하는 처지에 있다.

그러나 북한은 스스로 보건환경과 기후위기 및 자연재난을 인식하고 있으며 대응체계 확립에 고심하고 있다는 사실을 만천하에 드러냈다.

이를 계기로 남북협력은,

인간안보(新안보)의
개념을 반영하여
일국가든 이국가든 상관없이
한반도 지속가능한 발전과 생태계 협력을
포함하는 사업을 논의하자는 공감대를
형성하는 단계에 와 있다.

생각해보면 우리는,

'북한은 이럴 것이다'
혹은 '북한은 어찌어찌 하다고 하더라'라는
추정에 근거한 자기 확신을 갖고
일반화하는 경우가
상당하였다.

북한에서 발생한 사건을 지식 삼아 전체를 단정하는 경우는 보았어도 사건의 본질을 구슬처럼 꿰어서 지역으로서의 북한을 탐구하고 방법론 개발에 천착하는 경우를 거의 찾지 못했다. 한반도의 생태환경을 공간적 물리적 방법으로 연구한 필자도 북한에 관해 모르기는 마찬가지다. 다만, 북한 정책체계에 담겨진 생태환경 개념과 정책적 의사결정과정을 이해하면 남북협력의 실행이 현재보다 조금 더 수월해질 것이라는 경험적 확신은 가지고 있다.

2. 한반도 생태계 특성

어떤 지역에 처음 여행을 계획하거나 그 지역에서 비즈니스를 시작하는 사람에게 가장 궁금한 정보는 무엇일까? 우선 기후와 풍토를 알고 싶을 것이다. 인심도 궁금할 것이다. 기후와 풍토는 인심과 밀접한 관련이 있고, 지역의 경제 및 문화에 영향을 미친다고 알려져 있기 때문이다.

계절별 강수량은 얼마나 되는지, 눈은 많이 내리는지, 추위와 더위는 견딜만한 지 등 기후에 관한 정보를 우선 파악한다. 높은 산은 어디에 존재하고, 강은 어디서 발원하여 어떤 경로로 흐르는지도 궁금하다. 평야는 어느 지역이고, 산림은 울창한지, 토양은 황폐해서 불모지가 되었는지 옥토로 보전된 지역은 있는지 궁금하다. 이렇게 상상할 수 있는 모든 환경 변수들을 공간 자료로 만들고 서로 상관이 높은 요인을 차례로 탈락시키는 방법으로 최종 도출한 한반도 생태계 주성분이 〈그림 1〉 지도이다.

빨강색 톤('매우 짙음')은 한반도 북쪽 백두산을 비롯하여 개마고원 등 고산과 고산평원 지대를 지배하는 것처럼 보인다. 고도가 높은 지형을 표현하는 색깔일 것이라고 짐작할 수 있다. 그러나 한라산, 지리산, 백두대간 남측 구간을 따라 발현되는 파랑색(앞의 빨강색 톤과 유사하게 '매우 짙음')과 비교하면 빨강색이 반드시 높은 지형만을 나타내는 것은 아닌 것 같다. 녹색('짙음')은 대부분 한반도 전체에서 지형이 낮은 지역에 나타난다. 대구와 김제평야 주변은 녹색에 가깝다. 그러나 한반도 북측 서해안과 동해안 지역은 녹색으로 보이기보다는 연두색('엷음')에 더 가까워 보인다. 지형이 낮거나 평야 지대라고 해서 남북이 같은 색상을 보이

<그림 1> 색깔로 해석하는 한반도 생태계

필자의 컬러 표현의 전달에 있어 양해를 구합니다

본 책의 내지 색도가 2도인 관계로 필자가 컬러를 표현한 문장을 '매우 짙음', '짙음', '엷음', '매우 엷음' 등의 표현과 함께 문맥전달 편의를 위해 문장일부를 우회 표현함을 양해 바랍니다 / 편집자 주

자료 : 필자 작성

는 것은 아닌 것 같다. 파랑색은 주로 남측의 한라산, 지리산, 백두대간 등 산악 지역에서 관찰된다. 북측에서는 거의 관찰되지 않지만 남북 백두대간이 연결된 북측의 일부 지역은 유사한 색깔이 관찰된다. 멀리 떨어져 있는 울릉도는 비록 점으로 보이지만 파랑색의 기운이 완연하다. 제주도는 한라산을 정점으로 파랑색이 완연하지만 동서는 녹색과 파랑색의 주성분이 다르게 보인다.

우리는 한민족 통일론에 익숙해 있어서인지 한반도는 하나의 생태계일 것이라고 생각되지만 지역마다 생태환경 특징은 색깔의 차이만큼 상대적으로 서로 다르다. 색깔이 유사한 지역은 생태적으로 유사하고, 색깔이 다르게 보이는 지역은 생태적으로 환경이 유사하지 않음을 나타낸다. 남부지역 보다는 북부지역의 색깔변화가 더 역동적으로 보인다. 이처럼 한반도는 지역마다 생태적 특성이 다르고 생태계 특성이 다른 만큼 풍토가 다르다. 생태적 특성이 다른 지역 간에는 주로 자라고 있는 식물의 특성이 다르고, 토양의 척박함과 비옥함이 다르고, 지형, 강수량, 기온, 춥고 더움의 정도, 심지어 하루 중 태양에 노출되는 시간도 다르다. 이에 따라 오랫동안 생태적 속성을 공유한 지역의 사람들끼리는 공유하는 전통과 관습이 다르다. 그래서 어떤 정책을 시도할 때에는 그 지역의 풍토, 지형, 기후, 사람들의 사고체계나 관습을 반영하는 것이 기본이다.

이것을 남북 간에 대비해보면 그동안 남한의 경험을 바탕으로 남북 간 사업을 계획하거나 지역 간 교류협력을 준비하였다면 이제는 기존의 사고방식에서 벗어나 변화의 필요성을 인식해야 한다.

> 비록 실제 행동이
> 분단체제로 형성된 기존 사고와 관습의 틀을
> 벗어나는 것은 힘들겠지만 지역의 생태적 특성에 따라
> 지역의 사고방식과 관습의 차이가 있다는 것을
> 인식하는 계기가 되어
> 남북 개발협력이나 경제협력을 준비하는 데
> 참고가 되었으면 좋겠다.

3. 남북 생태계 차이

휴전선을 중심으로 남북의 생태계는 얼마나 다를까?

산술적으로 남북 간에 유사한 생태적 특성을 갖는 지역은 북한 국토 면적의 약 12%이다. 북한의 국토면적은 약 122,000㎢로, 북한 국토면적 중 약 14,700㎢는 남북이 공유하는 생태계이다. 그러나 북한 국토면적의 약 88%는 남한과 생태적으로 유사하지 않아서 남북 간에 이질성이 더 크게 나타난다.

남북의 생태계 차이는 휴전선을 기준으로 색깔이 다르게 나타나는 것만큼 특성이 다르다. 남한은 파랑과 녹색이 조화를 이루면서 나타나고 북한은 빨강색과 노란색('매우 엷음')을 띠는 연두색이 주로 나타난다. 남북이 큰 틀에서 다르게 보이지만 남한 내부의 지역 간 차이보다는 북한 내부의 지역 간 차이는 훨씬 더 크다. 남한이 크게 4개의 생태지역으로 나뉜다면, 북한은 내부에서 8개의 생태지역으로 나뉘고 8개의 생태지역에는 남한에서 나타나는 4개의 생태지역 특성도 포함된다.

〈그림 1〉에서 빨강색('매우 짙음')에 영향을 주는 주요인은 높은 지형, 낮은 연평균 온도, 더 낮은 겨울철 온도와 낮은 연평균 강수량 등이다. 녹색('짙음')에 영향을 주는 주요인은 겨울철과 여름철 연평균 강수량의 변동성과 연평균 기온의 변동성 등이다. 파랑색에 영향을 주는 주요인은 높은 지형, 높은 평균 강수량, 풍부한 토양수분함유량 등이다.

남한과 북한에서 똑같이 지형이 높은 지역인 한라산, 지리산, 백두대간, 백두산, 부전고원, 장진고원 등의 색깔은 파랑색(빨강색 톤과 유사하게 '매우 짙음')과 빨간색으로 다르다. 그러므로 남북 간에는 생태계를 특징 짓는 주성분에서 지형요인은 중요한 설명요인이 아니다. 위도 상 남한은 상대적으로 따뜻하고 북한은 상대적으로 춥기 때문에 온도도 중요한 설명요인이 아니다. 지형과 온도를 제외하면 강수량과 토양수분함유량으로 남북의 차이를 설명해야 한다.

남북의 생태적 특성은 토양이든 공중이든 습윤함의 정도에서 특징이 갈린다. 남한은 상대적으로 습윤한 생태계이다. 북한은 상대적으로 건조한 생태계이다. 그래서 북한 생태계의 가장 큰 취약점은 전 국토의 '건조함'이라고 이해해도 좋다. 남북의 생태계가 서로 다른 것을 넘어 북한 내부의 지역별 생태적 차이도 만만치 않다. 남한이 주로 푸른색 계열 안에서 색의 편차를 보여주고 있다면 북한은 남한에서 잘 보이지 않는 강렬한 빨강색과 누르스름한 연두색('매우 엷음') 계열이 발현되는 지역이 넓게 분포한다. 북한 전체의 색깔 차이도 역동적이지만 지역에 따라 파란색, 녹색, 연두색과 연노랑이 편차를 두고 분포한다. 언뜻 보아도 남한 보다 북한 내부 지역별 생태적 요인의 편차가 더 커 보인다.

남북협력을 가정하고 북한 몇몇 지역의 생태적 요인 값을 도출해보았다. 빨간색('매우 짙음')이 발현되는 지역 대부분의 연평균 강수량은 남한 전체 연평균 강수량의 절반 남짓에 지나지 않는다. 나머지 대부분 지역의 강수량도 남한 연평균 강수량의 2/3 정도이다. 북한 전체의 토양수분함유량은 한반도 평균을 100으로 보았을 때 70% 정도이거나 이

보다 낮다. 그럼에도 영하 10도 이하의 극한 추위는 남한보다 일수가 훨씬 많고, 영상 30도 이상의 극한 더위가 지속되는 일수도 넓은 지역에 분포한다.

북한은 국토면적의 약 73.4%가 산지이고, 15.4%가 농경지이지만 농경지 중 약 41%는 경사 10도 이상의 산지에 분포한다. 산지를 이용하여 농업생산을 하지 않을 수 없는 북한은 토지 황폐화의 결정요인도 건조함과 관련이 있다. 만성 건조함에 시달리는 북한의 토지특성상 산지가 농경지로 개간되는 결정요인은 여름철 3개월의 강수량이다. 비가 내렸을 때 촉촉함이 유지되는 산지를 농토로 사용해야하는 것이 북한 자연생태계 활용의 현실이다.

이런 생태환경 조건을 가진 북한과 개발협력 사업을 계획한다면 무엇을 우선해야 할까?

4. 생태환경을 강조하는 북한의 개발계획

북한 내부의 지역적 생태요인 편차는 북한 국토계획 및 도시계획에 어떻게 반영되는가?

북한의 개발계획 수립은 국토계획법 및 도시계획법을 기반으로 기본법-계획관리 부문법의 기본체계가 남한의 그것과 유사하다. 남한은 '국토의 계획 및 이용에 관한 법률'을 근거로 도시의 개발과 관리의 실행을 강조한다면 북한의 국토 및 도시계획은 도시건설에 대한 청사진을 제시하고 도시 수요를 제시하는 성격이 강하다. 북한은 개발계획의 목표는 장기적 전망성을 갖고 꼼꼼히 세우되 계획을 실행할 때는 상황의 변화를 반영하여 끈질기게 이행하도록 요구한다.

도시계획을 할 때는 해당지역의 자연 지리적 조건, 기후 및 풍토를 반드시 고려할 것을 특별히 강조한다. 물론 도시계획 보다 하부계획인 경제개발구나 산림 조성계획을 세울 때도 지역의 지형, 기후 및 풍토를 의무적으로 반영한다. 북한의 도시는 크게 개발하지 말고 인구밀도와 건축밀도를 줄여서 작은 도시가 전국에 골고루 분포하도록 안배하되 생태적 특성과 지역적 수용성을 반영하도록 규정되어 있다. 북한 경제개발구가 관광특구를 제외하면 대부분 개발 면적 5~6㎢ 이하의 소규모이고 전국에 골고루 분포하는 것도 같은 맥락으로 이해된다.

북한의 환경관련 법제도는 최상위에 사회주의 헌법을 두고, 기본법 성격의 '환경보호법', 매체 및 분야별로 환경 개별법 – 규정 – 세칙의 위계를 두고 있다. 자연보호법, 환경영향평가법, 대기오염방지법, 폐기폐설물취급법, 대동강오염방지법, 국토환경보호단속법 등이 환경을 보호하고 개발을 규제하며 환경오명을 방지하는 정책의 근간을 이룬다. 수자원과 관련된 법률로는 물자원법, 하천법, 갑문법, 광천법 등이 있으며, 하천관리에 대한 국가와 지자체의 책무, 치수와 이수 방법, 환경을 종합적으로 고려한 하천관리를 규정하고 있다. 김정은 위원장 집권이후 최근까지 수정·보충된 환경관련 법률들은 〈표 1〉과 같으며, 위 법률들의 내용을 통해 북한의 국가 경제개발계획과 연계된 환경관련 관심사를 유추해 볼 수 있다.

<표 1> 최근연도 수정·보충된 부처별 환경관련 법률

구분	사회주의 헌법			
	도시경영성	국토환경보호성	국가과학기술위원회(내각)	기타
법규	도시경영법 도시미화법 공원·유원지관리법	대기오염방지법 환경보호법 산림법 유용동물보호법 자연보호구법 환경영향평가법	재생에네르기법 페기페설물 취급법 방사능오염방지법 대기오염방지법	하천법 대동강오염방지법 독성물질취급법 평양시관리법 재자원화법 임업법

자료 : 필자에 의한 조선민주주의인민공화국법전 재분류 및 정리

2018년 세 번의 남북 정상회담을 기억할 것이다. 정상회담 후속조치로 남북은 도로협력, 철도협력 및 산림협력에 합의하였다. 이후 진행된 실무회담에 남측에서는 각 실행 부문 책임부서 관계자가 참석하였다. 북측에서는 시종일관 국토환경보호성 관계자가 참석하였다. 산림협력에는 국토환경보호성 산림총국 관계자가 참석하였다.

남한의 산림청은 산지, 산림 및 임업과 관련된 일을 총괄한다. 북한 국토환경보호성 산림총국은 임업성과 채취공업성의 사업을 제외한 나머지 산림부문을 담당한다. 임업성은 목재산업과 산지개발 등을 담당하고 산나물, 버섯 등 산림 작물의 채취와 가공은 채취공업성 소관이다. 북한의 국토환경보호성은 남한의 환경부, 국토교통부의 계획 부문 그리고 산림청의 산림보호와 관리 부문 업무를 담당하는 조직이이라는 것을 알 수 있다.

5. 환경분야 남북협력의 경험

1) 도시환경시설분야

실질적으로 남북교류가 시작된 1999년부터 2018년까지 환경관련 분야의 남북협력은 어느 정도 이루어졌을까? 산림분야와 산림이외의 도시환경 분야로 나누어 살펴보자.

정부 차원의 남북 환경협력 사례는 거의 찾아보기 힘들다. 그나마 개성공업지구 사례를 제외하면 특히 김정은 위원장 집권이후 중요성이 커지고 있는 도시개발과 관련된 환경인프라 협력은 전무하다고 말할 수 있다. 남북협력이 시작된 이래 통일부가 승인한 581건의 협력사업 중 환경과 관련된 사업은 겨우 다섯 건에 불과하다. 다섯 건의 사업은 과거 개성공업지구를 건설할 때 적용한 환경인프라 건설사업이다. 남북 환경협력에 관한 협의도 개성공업지구 인프라시설 운영을 주로 다루었다. 개성공단과 관련하여 한국환경공단(K-eco)의 폐수종말처리시설과 폐기물 처리시설 운영관리, 수자원공사(K-water)의 정·배수시설 수탁운영관리 등이 그 내용이다.

북한 내부에서 발생한 환경분야 개발협력 사업은 대부분 국제협력의 틀 속에서 이루어졌다. 남한이 국제협력의 틀 속에 참여하여 북한에서 진행하기로 논의한 환경분야 교류협력 사업으로는 탄소배출권, 녹색기술, 해양보전, 철새서식지, 천연기념물 등이 있다. 그러나 속사정을 알고 보면 사업의 논의는 거론조차 하지 못하고 연속성이 없는 단발성의 지식나눔 행사, 즉 세미나에 참석하여 발표하거나 연구자들 간에 의견을 나눈 사례가 전부이다. 그마저도 북한이 최대의 관심을 가지고 있는 도시의 생태관리, 환경오염 처리시설과 경제개발구에 필요한 폐기물 처리, 자원의 리사이클링 및 오폐수처리 분야 등 도시환경 인프라 협력사례는 찾아보기 힘들다.

2) 산림분야

남북협력의 대표주자인 산림분야 협력은 1990년대 북한의 '고난의 행군'이 세계적 이슈로 등장했을 때 시작되었다. 1999년 금강산 병충해 방제를 계기로 시작된 산림협력은 녹화를 위한 묘목지원, 양묘장 조성, 종자지원, 산림병해충방재 등 인도성 물자지원을 통해 관계를 유지하였다.

2007년 이후 개발협력 성격의 사업을 논의하는 과정에서 남북경색 국면이 시작되어 산림협력도 2010년에 중단되었다. 2010년부터 2014년까지 남북 산림협력은 전무하였다. 그래도 학계에서는 기후변화메커니즘이나 산림경관복원방법론 같은 방법론을 적용한 산림복원 협력에 대비하고 새로운 시대를 준비하였다.

2015년 북한이 '산림조성10년전망계획(2015-2024)'을 발표하자 남측은 '임농복합경영'이나 '산촌개발협력'을 타진하였지만 성과는 없었다. 그 사이에도 남북 산림협력은 간헐적으로 솔잎혹파리방제 등 병해충방제사업에서 협력한 경험이 있었다. 2018년은 남북 정상회담 후속조치로 남북 간에 도로협력, 철도협력, 산림협력의 3가지 협력 틀이 제시되었다. 산림협력분야에서도 여러 차례의 '남북 산림협력' 실무회담이 진행되었다. 남북은 중단되었던 산림협력을 재개하고, '산불방지 공동대응'과 '양묘장 현대화 추진' 등을 합의하였다. 그러나 여전히 제3국을 경유한 다자간 물자지원 이외에 양자협력은 이루어지지 않고 있다.

참고로 2001년부터 2018년까지 진행된 산림협력 분야별 실적은 병해충 방제 86,100ha, 종자 25,293kg, 묘목 2,577,000본, 산지에 나무심기 511ha, 양묘장 11개소이다. 그러나 북한은 2015년부터 진행된 '산림조성 10년 전망계획' 기간 동안 전국의 수림화·원림화 전투를 벌여 2020년 현재는 일부 취약지역을 제외하고는 대부분 지역의 녹화사업은 끝난 것으로 알려져 있다.

2020년 현재 북한당국이 역점을 두고 추진하고 있는 산림조성 사업은 산에 나무심기, 도로변 수림대 조성, 혹은 양묘장 조성사업이 아니다. 나무심기 단계를 넘어 북한 각 군 지역의 양묘장은 현재 지역의 미래 먹거리 생산을 논의하고 실험하는 데 필요한 '온실 현대화 개건사업'에 총력을 기울이고 있다. 큰 틀에서 시군구 및 사업장의 기초단위 양묘장은 지역의 지식나눔센터로, 현대화 온실은 지역의 먹거리 실험센터로 이해해야 한다. 그래야 북한 '산림조성10년전망계획'의 최종 목표를 이해하고 새로운 남북협력 사업을 구상하고 실행하는 데 도움이 될 것으로 판단된다.

다음 페이지에 있는 사진은 기존 군단위 양묘장에 조성된 재래식 온실(사진 1)이 군단위 개건계획도(사진 2)를 바탕으로 내부의 자력갱생과 외부와의 협력을 통해 현대화 온실로 탈바꿈 하고 있는 모습을 보여준다.

〈사진 1〉 군단위 양묘장의 재래식 온실(2019년 6월)   〈사진 2〉 수지경관 온실 구조와 쓰임새 설명(2019년 6월)

〈사진 3〉 경량철골조 온실과 양어실험용 내부 구조(2019년 6월)   〈사진 4〉 수지경판으로 외부 마감된 모습(2019년 9월)   〈사진 5〉 외관 마감된 온실의 내부 모습(2019년 9월)

출처 : 필자 제공

6. 국제사회의 북한과의 협력

북한당국이 역점을 두고 추진한 대외협력 사업들은 어떤 종류가 있을까?

남북관계가 경색된 2010년 이후 북한과 협력관계를 유지하고 있는 유엔 산하 전문기구, 공여국 정부기관, 국제적십자사 같은 INGO의 사례를 살펴보면 남북협력의 실마리가 보일지도 모른다.

국제연합(UN)과 북한 외무성은 2016년 「북한-유엔 간 전략계획(Sustainable and Resilient Human Development 2017-2021)」에 서명하였다. 전략계획에 담긴 지속가능발전목표(Sustainable Development Goals) 4가지 주제는,

- 식량 및 영양안보
- 사회개발서비스
- 회복력 및 지속가능성
- 데이터와 모니터링

등이다. 그리고 실행 프로그램으로는,

- 농업발전을 통한 기아종식
- 건강 및 위생적 물 관리와 평생교육
- 합리적토지이용
- 기후변화적응
- 육상생태계보호
- 재생에너지 및 생태도시와 거주지 개발
- 표준화된 정보의 구축과 증거에 기반한 이행·보고·관리체계 구축

등이 있다.

앞서 UN은 2010년 밀레니엄 개발목표 달성을 위해 『UN-북한 간의 전략 기본계획(2011~2015)』을 수립하여 북한의 기후변화 및 환경사업을

지원하였다. 다자간 환경협정 준수를 위한 환경보호법, 규제와 계획의 강화, 국가 통합 폐기물 관리전략의 개발·이행·감시, 폐기물 오염물질 관리 증진, 공동체의 재난위험감소와 대응 역량강화, 기후변화 적응활동 및 에너지와 연계한 생태계 관리증진, 지속가능발전 관련 교육프로그램을 시도하였다.

유엔환경계획(UNEP)은 북한 국토환경보호성과 협력하여 환경 모니터링 및 조기경보 역량강화, CDM 프로젝트 이행 역량강화, 환경관리를 위한 법적·규제 체계 역량강화, 국가 청정생산센터 설립, 고체 폐기물 통합관리를 위한 역량강화, 도시 폐기물을 이용한 에너지, 비료 생산, 환경관리 의사결정 지원체계 개발, 자연 보전지역 관리를 위한 국가체계 개선, 습지생태 복원 행동계획 등을 지원하였다.

북한에서 환경협력 활동을 하는 INGO는 수자원 관련하여 유니세프, 트라이앵글 제너레이션, 휴머니테어, 컨선월드와이드, 국제적십자연맹 등이 있다. 국제적십자연맹은 (북한의) 북부 183개 리 지역에서 식수 및 공중위생 환경 개선사업을 진행하였다. 호주, 캐나다, 덴마크, 핀란드, 독일, 네덜란드, 스페인 등 9개 적십자사도 조선적십자회와 함께 재난관리, 조림, 식수 및 공중위생 등의 분야에서 기술을 지원하였다. UNICEF, 스위스 개발청(SDC), EU가 지원한 『물과 공중 및 개인위상 프로그램(2017)』의 'WASH(Water, Sanitation, Hygiene)'는 도시와 농촌에서 깨끗한 식수공급을 위해 수자원 시설 및 수질 개선, 하수처리, 공중보건·위생 환경 개선사업 등을 진행하는 대표적인 사업이다.

7. 북한의 대외협력과 정책적 의사결정

환경분야 남북 개발협력 사업을 성공시키기 위해서는 어떤 준비와 프로세스가 필요할까?

스위스 개발청(SDC)의 사례는 북한의 대외협력이 중앙정책으로 채택된 구체적인 사례를 잘 보여준다. 스위스 개발청이 북한을 처음 방문한 시기는 1995년이다. SDC는 1997년 기근과 재해가 한창이던 농촌에서 '경사지관리 프로그램'을 도입하였다. SDC관계자가 북한을 처음 방문했던 1년 동안은 북한 전역을 여행하면서 '어디에 어떤 사업을 도입하면 성공할 수 있을까'만을 고려했다고 한다. 지역에 꼭 필요한 사업이어야 내외적 호응을 얻을 수 있고, 사업이 성공해야 장기간 사업을 이끌고 유지하여 지역을 변화시킬 수 있기 때문이다. SDC가 북한에 꼭 필요한 사업이라고 결론 내린 후 도입한 것이 '경사지관리 프로그램'이다. 농경지가 부족하기 때문에 산지 이용이 필수라는 북한의 현실을 이해하고 경사지에서 농사를 짓되 토양유실과 자연재해를 방지하는 방법을 도입한 것이다.

1997년부터 시작된 SDC의 경사지관리 사업은 황해북도 수안군 등 4개 지역에서 시작되었지만 해마다 인근지역으로 확대되었다. 북한당국과 함께 매년 사업의 총화를 개최하여 성공요인과 개선점을 도출한 후 지역을 확대할 때 적용하였다. 북한의 체제특성과 지역의 풍토를 반영한 사업으로 북한당국과 신뢰를 형성하였고 매년 사업을 확산시켰다.

국제사회의 대북제재를 빌미로 스위스 의회가 대북 개발협력사업을 금지했던 2002년부터 SDC는 비록 적은 예산이지만 인도지원 항목의 예산으로 변경하여 사업을 지속하였다. 2011년에는 인도적 지원예산 마저 중단될 위기를 맞이한 적이 있었으나 SDC와 외무성의 노력으로 한정된 분야만을 지원하는 조건을 붙여서 경사지관리프로그램을 운영·유지하는 노력을 보였다.

경사지관리프로그램은 10여 년 동안 전문가들을 현장에 참여시켜 과학기술적 방법과 비즈니스 개념을 적용하여 '림농복합경영'으로 발전시켰다. 북한 당국은 프로그램이 지역경제와 인민생활을 향상시킨 성과를 인정하여 제도화하였다. 황해남북도와 평안남도에서 시작된 '경사지관리프로그램'은 2013년 중앙정책으로 채택되었고 북한 당국은 2015년 '산림조성10년전망계획(2015-2024)'을 선포하였다.

SDC의 북한 산림분야 예산은 인도지원 예산 총액의 1/10 정도에 불과하였다. 전체 인도지원 예산 약 80억 원 중 경사지관리프로그램에 투입된 금액은 약 8억 원이 채 되지 않았다. 비록 적은 예산이지만 북한 생태계 조건에 꼭 필요한 사업을 찾아내어 끈질기게 오랫동안 북한 정책적 의사결정에 합의·이행을 반복하면서 구축된 신뢰의 결과로 판단된다.

북한이 국제기구 및 국제NGO들과 협력하고 있는 또 다른 사업들은 좋은 사례이다. '북한-UN 간 전략계획(Strategic Framework 2017-2021)'의 지속가능한개발목표(SDGs) 몇 가지 세부 프로그램이 시범지역에서 진행되었다. 사업검증 결과는 연말 총화에 보고되어 시범사업을 확대하는 기준이 되고, 관련법에 수정·보충되기도 하며 중앙정책으로 채택되기도 한다. 북한이 실행 중인 '고리형순환생산체계'도 임농복합경영의 일환이고 북한식 정책결정 사례의 하나이다.

아래 〈그림 2〉는 남북관계가 경색되었던 2000년대 후반이후에도 국제사회는 대북 인도개발협력 사업을 꾸준히 추진했음을 보여준다. 국제기구와 북한은 중장기적 관점에서 북한의 경제회복과 지속가능한 발전을 위한 협력예산에 환경인프라 관련 인도지원협력 예산을 꾸준히 반영하였다.

〈그림 2〉 국제사회(OECD DAC국가, 국제기구, 비DAC국가)의 대북 개발협력 총액 추이

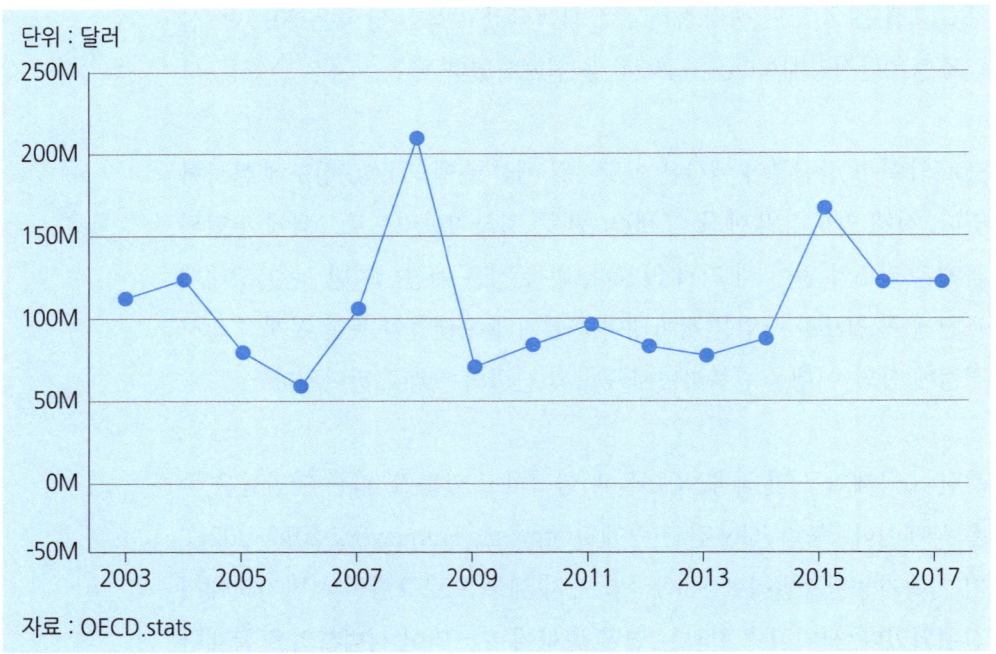

8. 맺음말

남북은 70년 이상 다른 생태환경과 다른 배경지식으로 살아왔다. 따라서 남북은 사고체계, 사회체계, 정책체계가 다르다. 남북협상 테이블에 백가지 사업을 풀어놓으면 공통점이 한두 가지밖에 안될 정도로 서로 차이가 난다. 서로 다르기 때문에 협력정책이나 사업을 구상할 때 상대의 수용성을 고려해야 지속가능성을 담보할 수 있다.

앞서 2019년 말 북한 전원회의는 당면한 대내외 형세를 극복하기 위해 생태환경보호, 보건위생 대응, 자연재해 방지를 위한 국가 위기관리체계 구축 등을 결정하였다고 언급한 바 있다. 2010년 이후 북한과 협력하여 끈기를 갖고 시범사업을 성공시킨 유엔 전문기구, 공여국 정부기관, INGO등의 노력의 일환으로 판단한다. UN-북한 간 전략계획, 유엔 전문기구 및 INGO들이 주도하는 기후변화 대응과 재난관리, 조림, 식수 및 공중위생, 자연 보전지역 관리를 위한 국가체계 개선, 습지생태계 복원 협력 등이 좋은 사례이다.

스위스 개발청은 북한과 협력을 구상할 때 처음부터 지역적이고 장기적인 프로그램으로 끌고 갈 수 있는 사업을 구상하였다. 시범사업 대상지를 선정할 때에도 성공 가능성을 우선순위로 고려하였다. 경사지관리 프로그램을 10년 운용하는 동안 양측 간에는 신뢰가 구축되었고, 북한은 법·제도의 개선과 중앙정책화로 보답하였다. 그 열매는 지역주민의 몫으로 돌아갔다.

유엔 유관기관들은 북한에서 인도지원 활동한 지 10여 년 만에 환경보호 및 재난방지 프로그램을 도입할 수 있었다. UN기관 및 INGO들이 환경 관련 활동을 실행한 지 10여 년 만에 전원회의에서 중앙정책으로 채택되었다. 작은 시범사업을 입구로 삼아서 조금씩 진전된 합의를 이행하고 협력의 지평을 넓혀 북한의 법·제도 개선과 정책변화에 기여하였다. 과정은 1단계 합의, 시범사업 이행 및 신뢰 확인, 2단계 진전된 합의 및 사업의 확대, 이행 평가의 반복이 여러 해 반복되어 양자 간에 되돌릴 수 없는 신뢰가 쌓였을 때 북한은 되돌릴 수 없는 정책으로 결과를 보여주었다.

북한은 남북협력에서도 기존의 대외협력과 같이 똑같은 패턴을 유지하

<그림 3> 국제사회의 대북 환경개발협력 성공 메커니즘

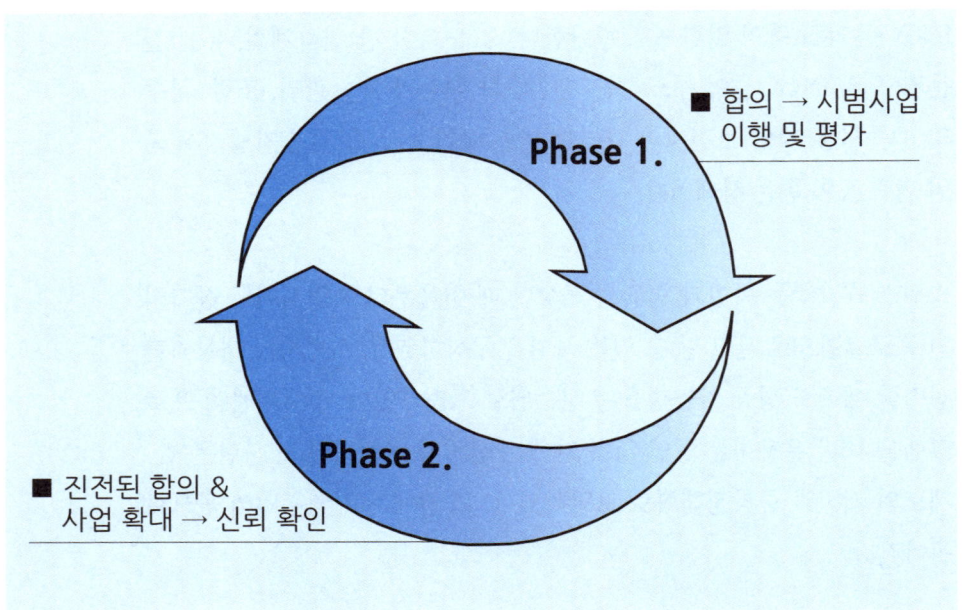

기를 기대하는 것 같다. 북한이 거론하는 사업들을 보면 오히려 기타 대외협력 보다 더 혁신적이고 개량적인 형태의 사업을 장기간 끌고 갈 수 있기를 기대하는 듯하다. 북한의 대외협력 프로세스와 정책 의사결정과정의 반영을 고려하면 남북 간에 기존 사고방식과 관습이 유도하는 멀고 높은 경지의 평화통일 프로세스를 넘어 새로이 실용적이고 생태적인 접근 프로세스가 필요한 것을 알 수 있다. 길게는 지난 70년, 짧게는 2018년 이후의 실패를 반복하지 않기 위해서이다.

문재인 대통령은 2020년 5월 외교와 국제관계 기본원칙으로 '인간안보'를 선포하였다. 전통적 군사안보를 넘어서 코로나19 같은 질병에서 국민과 인류를 공동으로 지키는 것이 중요한 시기가 되었음을 의미한다. 마침 2019년 북한 전원회의가 채택한 환경관련 의정은 한반도의 인간안보와 밀접한 관련이 있다.

> 인간안보는
> 과학기술 기반의 혁신,
> 기후위기에 대응한 토지이용과 에너지 정책,
> 환경오염을 방지하기 위한 다자협력,
> 전염병의 확산방지,
> 재난방지를 위한 공동대응 등

국제화를 수용하되 지역성을 반영하는 글로컬(glocal) 개념이다. 남북협력이 지역 간 생태환경의 다름을 반영하여 글로컬한 마스터플랜 하에서 새롭게 진행되기를 희망한다.

참고문헌

유재심 외, 다변량 환경공간변수 주성분 분석에 의한 남·북 생태계 차이, 한국환경복원기술학회지, 2016

유재심 외, 북한 산림경관복원 적용을 위한 한반도 생태지역 특성, 한국환경복원기술학회지, 2016

유재심 외, 북한의 산림복원계획과 기준 경사도 고찰. 한국환경복원학회지, 2016

박규홍 외, 북한 도시지역의 환경인프라 현황분석 및 Keco 참여전략 연구, 한국환경공단연구용역보고서, 2019

유재심 외, 한반도 균형발전과 남북 지역교류 활성화 방안. 대통령직속균형발전위원회, 2018

Bailey, R,G., 2005. Identifying Ecoregion Boundaries, Environmental Management, 2005

Lager B. 2015. Agroforestry is taking root in North Korea. Available online at http://www.siani.se searched on 2018

Strategy Framework for Cooperation between the United Nations and the Democratic People's Republic of Korea(2017-2021)(2017) searching on https://dprkorea.un.org/en/10156-un-strategic-framework-2017-2021

Chapter 11 국제개발협력 관점에서 본
'남·북한 농업협력' 문제점과 추진방향

"농업에서 '농촌'중심으로, 北 지역사회 협력 '종합적' 모색을"

1. 北, 국제사회에는 'SOS', 남한 손길엔 등돌려
2. 잇단 대북제재 여파로 민생경제 '직격탄'
3. 기술교류와 농촌개발 등 개발협력까지 한때 추진
4. 향후 남북농업협력 재개 시 '공통 문제점' 해결부터

권태진

미 워싱턴주립대 농업경제학 박사

현, GS&J 인스티튜트 북한동북아연구원장
  동북아평화협력연구원 연구위원
전, 한국농촌경제연구원 부원장
  민주평화통일자문위원회 상임위원
  남북교류협력추진협의회 위원
  통일부 정책자문위원

〈저서〉
- 『김정은 시대의 경제와 사회』(공저), 한울, 2014
- 『이제는 통일이다』(공저), 헤럴드경제, 2014
- 『통일한국정부론』(공저), 나남, 2012

〈주요 연구 및 논문〉
- 「김정은 집권 이후 북한농업 실태와 정책변화 연구」, 통일부, 2019
- 「한반도 신경제지도 구상을 위한 농업분야 협력방안 연구」, 농림축산식품부, 2018
- 「해외농업개발과 협력의 연계」, 한국농촌경제연구원, 2010

• E-mail : kwontj@gsnj.re.kr

Chapter 11 국제개발협력 관점에서 본
'남·북한 농업협력' 문제점과 추진방향

'농업'에서 '농촌'중심으로,
北 지역사회 협력 '종합적' 모색을"

1. 北, 국제사회에는 'SOS', 남한 손길엔 등돌려

2019년 12월 27일부터 31일까지 평양에서 개최된 조선노동당 제7차 제5기 전원회의에서 김정은은 2019년 농업부문의 대표적인 성과 세 가지를 들었다. 첫째, 전례 없는 대풍을 이루었다. 둘째, 자체의 힘으로 평안남도 순천시에 '순천인비료공장'을 건설했다. 셋째, 불과 1년 만에 함경북도 경성군에 대규모 중평남새온실농장과 양묘장을 건설했다.

김정은이 언급한 농업부문의 성과는 사실상 보잘것없는 것이다. 실제로는 농사가 잘되지 않았음에도 대풍이라고 허풍을 떤 것이나 비료의 핵심인 질소질 비료의 생산실적은 언급하지 않으면서 완공도 되지 않은 채 준공식만 치른 순천인비료공장 건설을 대표적인 성과라고 내세운 것도 이해하기 힘들다. 또 하나의 성과로 내세운 중평남새온실농장 건설 역시 김정은이 언급했듯이 지방의 주민들에게도 채소를 먹게 하겠다는 약속을 실천했다고 할 수는 있으나 '보여주기식' 사업이라는 점에서 아직은 평가가 이르다.

농촌진흥청은 2019년 북한의 곡물 생산량이 2%가량 증가한 것으로 추정했다. 국제사회의 대북 경제제재에다 가뭄, 한반도의 허리 부분을 강타한 13호 태풍 링링의 영향으로 적지 않은 농작물 피해가 발생했음에도 이 정도의 성과를 얻은 것은 비교적 선방했다는 평가다. 그러나 2018년 북한의 곡물 생산이 최근 10년 이래 최저라는 점을 고려하면 2019년의 농업부문 성과는 의미를 부여하기 어렵다.

2019년 초 북한은 유엔주재 대사를 통해 국제사회에 긴급 식량지원을 호소하였다. 유엔식량농업기구(FAO)와 세계식량계획(WFP)은 2018년 북한의 곡물 생산량이 최근 10년 중 가장 낮다고 평가하면서 2019년에는 136만 톤의 식량부족이 예상된다고 밝혔다. 1979년 유엔총회에서 결의된 인도지원 원칙에 의하면 인도적 지원을 받고자 하는 나라는 먼저 국제사회에 인도지원을 요청할 것을 권고하고 있다. 2019년에 북한이 국제사회에 인도지원을 요청한 것은 이러한 원칙에 따른 것이라고 할 수 있다. 이에 한국정부는 5만 톤의 국내산 쌀과 사업관리비용 1,177만 달러를 세계식량계획(WFP)에 기탁하고 북한의 취약주민에게 전달해주도록 요청하였다. 그러나 북한은 한국정부가 지원한 쌀을 받아들이지 않았다. 이는 국제관례에 비추어 볼 때 납득하기 어려운 일이다.

현재 세계식량계획(WFP)은,

- 영양지원 프로그램(Nutrition programmes)
- 지역사회 자산형성을 위한 식량지원(Food assistance for assets)
- 긴급 식량안보 지원(Rapid food security assistance)

등 세 가지 사업을 통해 취약한 북한주민에게 식량을 지원하고 있다. 2021년까지 총 1억 6,100만 달러의 예산이 필요하다고 한다. 그러나 북한을 지원하려는 국제사회의 움직임이 소극적이어서 목표로 한 예산을 확보하기가 쉽지 않은 상황이다. 이러한 상황에서 한국정부의 선의를 북한이 정치적으로 왜곡한다면 앞으로 국제사회는 북한지원에 선뜻 동참하기 어려울 것이다. 2019년에 일어난 사건은 북한을 둘러싼 국제사회의 협력과정에서 발생한 단적인 예에 불과하다.

2. 잇단 대북제재 여파로 민생경제 '직격탄'

1995년 북한에 심각한 식량난이 발생한 이후 국제사회는 적극적으로 북한을 지원하였으나 미심쩍은 북한의 태도에 실망한 적이 한두 번이 아니다. 이는 북한에 대한 인도적 지원에만 국한되지 않고 개발협력과 경협에서도 유사한 사건이 끊임없이 발생하였다.

우리국민 대다수는 남·북한 사이의 협력이 필요하다고 인식하나 유엔 안전보장이사회(이하 안보리)의 대북제재와 미국을 비롯한 개별국가들의 북한에 대한 경제제재가 중첩되면서 한국은 독자적인 판단에 따라 남북협력을 추진하기란 사실상 어렵게 되었다. 2006년 10월 북한이 제1차 핵실험을 단행하자 유엔 안보리는 결의 1718호(2006. 10. 14)에 따라 제재위원회를 설치하고 북한에 대해 제재를 가하기 시작하였다. 주요 제재내용으로는 무기거래 금지, 자산동결, 핵 프로그램 관련자 여행금지, 수출입 범위제한, 핵 및 미사일 발사시험 금지 등의 조치이다. 2006년 이후 지금까지 유엔 안보리가 북한에 대한 제재를 결의한 것은 모두 20건에 달하며 그 결의안 목록은 아래 〈표 1〉과 같다.

〈표 1〉 UN 안전보장이사회의 대북제재 결의안 목록(2006~2019)

연도	사건	결의안
2006	제1차 핵 실험(10. 9)	1718호(10. 14)
2009	장거리 미사일 발사(4. 5.), 제2차 핵실험(5. 25)	1874호(6. 12), 1887호(9. 24)
2010	전문가패널 기간 연장	1928호(6. 7)
2011	전문가패널 기간 연장	1985호(6. 10)
2012	장거리 미사일 발사(4 .13, 12. 12)	2050호((6 .12)
2013	제3차 핵실험(2. 12)	2087호(1. 22), 2094호(3. 7), 2141호(3. 5)
2016	제4차 핵실험(1. 6), 장거리 미사일 발사(2. 7), 제5차 핵실험(9. 9)	2207호(3. 4), 2270호(3 .2), 2276호(3. 24), 2321호(11. 30)
2017	장거리 미사일 발사(수차례) 및 대륙간 탄도미사일 시험, 제6차 핵실험(9. 3)	2345호(3. 23), 2356호(6. 2), 2371호(8. 5), 2375호(9. 11), 2397호(12. 22)
2018	전문가패널 기간 연장	2407호(3. 21)
2019	전문가패널 기간 연장	2464호(4. 10)

주 1) 결의안 1887호는 국가를 특정하지 않은 일반적인 핵확산 금지 관련 결의안임
주 2) 결의안 2141, 2207, 2276, 2345, 2407호는 전문가 패널 임무 연장 결의안임
자료 : 전략물자관리원(2018), Wikipedia(검색어 ; UN Security Council Sanctions Committee on North Korea)

국제사회가 북한에 대해 본격적으로 제재를 가한 것은 유엔 안보리가 의결한 결의 2371호(2017. 8. 5)라고 할 수 있다. 이전까지의 결의는 주로 무기거래의 금지, 선박과 항공기의 운항제한, 화물검색, 사치품 목록확대, 개인과 기관에 대한 제재대상자 지정 등, 북한에 대한 수입제한 등 소극적인 제재에 한정되었으나 결의 2371호부터는 북한에 대한 수출제한, 인력 송출금지 등 외화 수입원을 차단하는 등 적극적인 방법으로 경제제재를 가하기 시작하였다.

북한에 대한 제재가 강화됨에 따라 핵이나 미사일 개발뿐만 아니라 민생경제에까지 부정적 영향을 미치며 인도주의 목적의 지원사업까지 영향을 미치게 되자, 결의 2397호(2017. 12. 22)에서는 인도주의 지원사업을 위한 제재면제 조항이 신설되고 제재면제를 위한 절차가 확립되었다. 유엔 안전보장이사회는 북한의 제1차 핵실험 및 군사적 도발에 대응하여 2006년 10월 대북제재위원회(공식적으로는 1718 위원회라고 명명)를 설치하였다. 결의안 2094호(2013. 3. 27)에서 처음으로 북한의 인도적 상황을 우려하는 조항[1])이 포함되었고, 이후 발표된 모든 결의안에 인도주의 관련조항이 명시되어 있다.

결의안 2397호(2017. 12. 22)에서 북한의 인도주의적 상황에 대한 언급과 함께 제재면제 관련 사항을 명시하였다. 유엔은 북한 취약계층의 심각한 고난에 대해 우려를 표명(제24항)하고 대북제재가 북한주민에 대한 인도적 지원, 경제활동 및 협력, 식량원조, 인도적 지원활동에 부정적인 영향을 주는 것을 의도하지 않는다고 명시하였다(제25항). 따라서 대북결의안의 목적(비핵화, 동북아 평화정착 등)을 달성할 수 있는 사업의 경

1) 북한의 인도적 상황에 대한 우려를 표명하고, 대북제재가 인도주의적 상황에 부정적인 영향을 끼치지 않아야 함(제31항)

우 사안 별로 검토하여 제재를 면제할 수 있도록 하였다.

유엔 대북제재위원회는 면제신청 과정을 명확히 하기 위하여 '대북 인도적 지원사업의 제재면제 획득에 관한 지침'을 발표하였다.(2018. 8)[2] 이 지침은 ▲ 면제 요청에 관한 양식, ▲ 북제재위원회의 면제범위 한계, ▲ 국제기구 또는 비정부기구(이하 NGO)의 제재예외 신청방식, ▲ 대북제재위원회의 승인과정 등의 내용으로 구성되어 있다. 국제기구 또는 NGO가 추진하는 대북 인도적 지원사업의 제재예외 신청방식은 다음과 같다.

> - 첫째, 회원국 정부가 제재위원회에 직접 제재면제를 요청한다.
> - 둘째, (첫째 방법을 활용할 수 없는 경우) 국제기구나 NGO는 북한 내 유엔상주조정관(Resident Coordinator)을 통해 제제면제를 요청한다.
> - 셋째, (첫째 및 두 번째 방법을 활용할 수 없는 경우) 국제기구나 NGO는 제재위원회에 직접 면제요청을 할 수 있다.
> 단, 이 경우 두 가지 조건, 즉 ① 북한 또는 기타 국가에 대한 지원실적 필요. NGO는 UN회원국 내 인지도 필요, ② 해당사업의 목적이 인도적이어야 하며, 수혜자는 일반인에 한정됨을 충족하여 사업계획서 개요를 제재위원회에 제출해야 한다.

2018년 유엔 안보리는 모두 17건의 대북제재 면제요청을 승인하였으며 이 중 15건은 대북제재 결의 2397호의 25조를, 나머지 2건은 2321호의 31조와 2375호의 18조를 각각 근거로 했다.[3] 2019년 국제사회는 35여 개의 사업을 유엔 안보리의 제재위원회로부터 제재면제 승인을 받았으

[2] Implementation Assistance Notice No. 7: "Guidelines for Obtaining Exemptions to Deliver Humanitarian Assistance to the Democratic People's Republic of Korea"

[3] VOA, "안보리, 지난해 대북제재 면제 17건 승인…132개 대상과 300여 회 교신," 2019.1.2 (https://www.voakorea.com/a/4724789.html)

며 2020년에는 30건이 제재면제 승인을 받았다. 이 중 보건의료분야가 가장 많고, 다음으로 복합사업, 영양지원 및 식수 공급, 농촌개발, 재난 대응, 주민복지, 기술지원 등 다양한 사업이 포함된다. 제재면제 신청 주체는 회원국, 유엔 산하기구, 국제기구, NGO 등이다.

2019년까지 한국의 NGO가 유엔 안보리로부터 농업 분야의 제재면제 승인을 받은 사례가 전혀 없었으며, 2020년에는 4건의 제재면제 승인을 받았다. 코로나19 진단시약 등 긴급지원, 아프리카돼지열병(ASF) 진단기구 및 시약 지원, 취약계층 영양지원, 의료기구 지원 등이다.[4]

> **잠깐만 보고 갈까요!!**
>
> **지금껏 왜 '남북 농업협력'이 이뤄지지 않았을까?**
>
> 지금까지 농업 분야에서 남·북한 사이에 협력이 이뤄지지 않는 주된 이유는 북한이 원하지 않거나 협력사업을 추진하기 위한 절차가 까다로워졌기 때문이다. 과거와는 달리 북한은 한국정부나 민간단체의 인도적 지원에 선뜻 응하지 않고 있다.

외국은 최근 2년 동안 유엔 안보리의 제재위원회로부터 제재면제 승인을 받아 농업분야에서 북한과 개발 협력사업을 몇 차례 추진한 적이 있으나 한국은 제재면제만 받았을 뿐 북한과 실제 협력사업을 추진하지는 못하였다. 농업 개발협력을 위한 북한과의 협의가 구체화 되지 않았기 때문에 굳이 제재면제를 신청할 필요가 없었기 때문이다. 그러나 북한의 농업상황이나 정책을 들여다보면 남북 농업분야 개발 협력사업은 언제든지 가능하리라 판단된다. 그러나 남북협력에 대한 우리국민의 시선이 과거와

[4] Humanitarian Exemption(s) in Effect (https://www.un.org/securitycouncil/sanctions/1718/exemptions-measures/humanitarian-exemption-requests)

국제사회에선 '농업'보다 '농촌'으로
남북 농업협력도 새로운 패러다임이 필요하다. 사진은 5·24 대북조치 이후 5년 만에 처음으로 민간단체 대북 지원 차량이 임진강을 넘어가는 모습.(2019. 4. 27)
출처 : 연합뉴스

는 같지 않기 때문에 좀 더 치밀하게 계획하고 투명하면서도 효과적으로 실행하지 않는다면 협력의 기회를 살리기 어려울지도 모른다.

3. 기술교류와 농촌개발 등 개발협력까지 한때 추진

경제협력기구 개발원조위원회(OECD/DAC)는 개발 협력사업의 성과를 평가할 때 적절성(Relevance), 효율성(Efficiency), 효과성(Effectiveness), 영향력(Impact), 지속가능성(Sustainability) 등 5대 핵심 기준을 제시하였으며, 이에 덧붙여 성 평등 및 환경에 대한 평가를 범 분야이슈(Cross-cutting issues)로 다루고 있는데 OECD/DAC의 성과평가 지표를 프로세스별 살펴보면 아래의 〈그림 1〉과 같다.

〈그림 1〉 OECD/DAC의 사업평가 지표

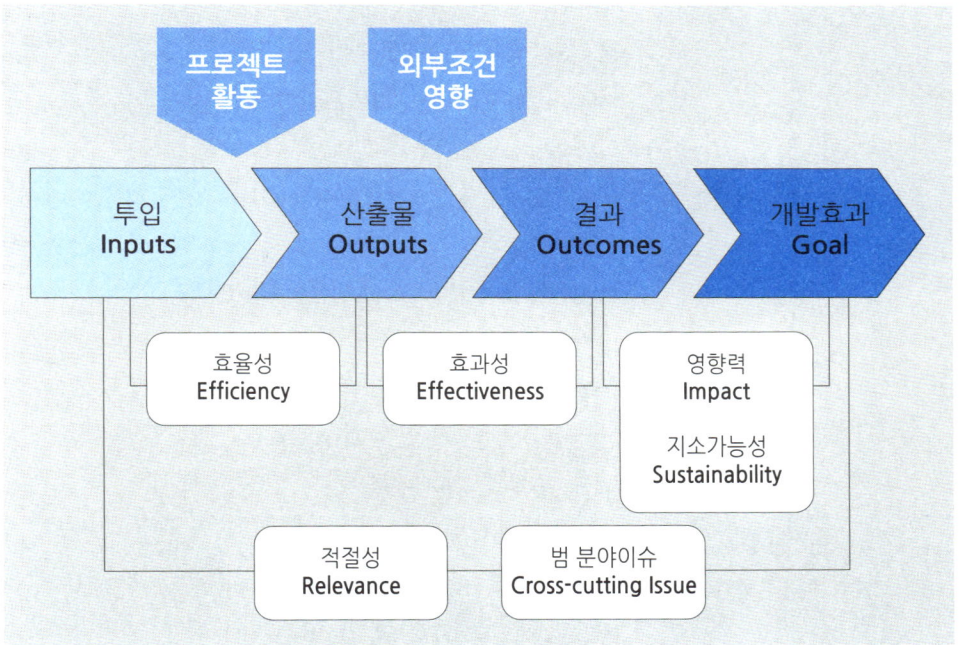

자료 : OECE/DAC 자료를 바탕으로 필자 작성

성과평가 지표를 확인하기 위한 구체적인 질문은 다음 페이지의 〈표 2〉와 같이 구성된다. 계획 및 사업수행 단계에서는 적절성, 효율성, 효과성이 강조되지만 사업의 결과에 대해 평가할 때는 영향력과 지속가능성이 좀 더 강조된다. 범 분야이슈인 성 평등과 환경에 대한 평가는 사업계획 단계부터 실행, 사업종료 이후에 이르기까지 일관성 있게 추구해야 할 과제이다.

<표 2> OECD/DAC의 세부평가 항목

평가기준	평가항목	평가질문
적절성	정책, 전략적 적합성	지원국의 원조정책 및 분야별 전략에 부합하는가?
		수원국의 개발수요, 정책 및 전략에 부합하는가?
		사업대상지 및 수혜자 선정은 적절하였는가?
		수혜자의 우선적 필요(Needs)를 반영하였는가?
	사업계획의 적절성	사업계획 및 구성이 논리적이며 일관성이 있는가?
		사업계획은 기간, 예산, 사업 범위에서 사업의 목적을 달성하기에 적절하였는가?
효율성	자원 활용의 경제적 효율성	계획된 기간 및 예산 내에 해당사업을 완료하였는가?
		모든 인적, 물적 자원은 시의적절하게 효율적으로 사용되었는가?
		비용 대비 효과적인 사업인가?
	사업수행 구조 및 기술적 효율성	수행주체의 역할분담 및 협력/의사소통 체계가 효율적이었는가?
		사업의 기술적 효율성이 있었는가?
효과성	산출물(Output)	계획대비 산출물이 일치하였는가?
		사업이 계획대로 추진되어 기대했던 산출물이 창출되었는가?
		역량강화는 효과적으로 이루어졌는가?
	목표(Outcome) 달성 정도	사업의 목표를 달성하였는가?
		산출물은 양적으로나 질적으로 목표달성에 부합하였는가?
	목표 달성의 성공/실패 요인	목표 달성의 성공/실패 요인은 무엇인가?
영향력	수혜자에 대한 혜택	사업이 수혜자에게 긍정적인 영향을 미쳤는가?
	지역에 미친 영향	사업이 지역의 사회적, 경제적 영향을 미쳤는가?
	의도치 않은 영향	사업의 의도하지 않은 긍정적/부정적 영향은 무엇이 있는가?

평가기준	평가항목	평가질문
지속 가능성	사업결과의 유지 및 확대	정책적·제도적 지속가능성은 있는가?
		행정적(조직, 인력) 지속가능성은 있는가?
		재정적 지속가능성은 있는가?
		기술적 지속가능성은 있는가?
범 분야 이슈	성 평등 문제 고려	사업계획 수립 및 진행 과정에서 성 평등 문제를 분석하고 적용하였는가?
	사업이 성 평등에 미친 영향	사업의 결과가 양성평등에 영향을 미쳤는가?
	기획 시 환경영향 평가	사업 기획과정에서 환경영향평가를 실시하였는가?
	사업이 환경에 미치는 영향	사업이 환경에 미치는 부정적 영향이 있는가?

자료 : OECD/DAC(경제협력개발기구 개발원조위원회) 자료를 바탕으로 필자 작성

남·북한 사이의 농업협력은 1989년 교역이 재개되면서 서서히 발전하다가 1995년 북한이 심각한 식량난을 겪으면서 급속히 확대되었다. 농업협력 가운데는 식량지원과 같이 인도적 성격이 짙은 분야가 있는가 하면 기술교류와 농자재 지원, 농업 및 농촌개발 등과 같은 개발협력, 교역이나 농업분야 투자 같은 경협사업 등 다양한 종류의 협력이 있다.

1990년대 말부터 2007년까지 남·북한 사이에는 다양한 협력사업이 추진되었다. 2008년 금강산에서 발생한 남측 관광객 피살 사건(박왕자 사건)을 계기로 남북관계가 급속히 위축되면서 남북 협력사업이 거의 중단되는 결과가 초래되었다. 그나마 유지되던 교역도 2010년 천안함 피격사건을 계기로 '5·24조치'가 내려지면서 내리막길을 걷게 되었으며 2016년 초 북한의 제4차 핵실험과 장거리 로켓 발사로 우리정부는 개성

공단을 폐쇄함으로써 남·북한 사이의 교역이 완전히 중단되었다. 1989년 남·북한 교역이 재개된 이후 지금까지 농업분야에서 추진된 다양한 형태의 협력사업에 대해 전문가를 대상으로 OECD/DAC의 평가기준에 따라 평가한 결과는 〈표 3〉과 같다.

〈표 3〉 남북 농업협력사업의 평가

평가기준	가중치	인도지원 30%	기술교류 20%	개발지원 30%	교역 10%	경협 10%	종합평가 100%
적절성	0.2	3	3	3	3	2	2.9
효율성	0.1	1	2	2	2	1	1.6
효과성	0.2	2	3	2	3	2	2.3
영향력	0.2	2	2	2	2	1	1.9
지속가능성	0.1	1	2	1	2	1	1.3
전략적고려	0.2	2	1	2	2	2	1.8
합 계	1.0	2.0	2.1	2.1	2.4	1.3	2.1

주 1) 0=불만족, 1=약간 만족, 2=만족, 3=매우 만족
주 2) OECD/DAC의 평가기준인 '범 분야이슈'는 남북관계의 특수성을 고려하여 '전략적 고려'로 대체
자료 : 필자 작성

여러 협력사업 중 교역을 가장 긍정적으로 평가할 수 있으며, 그 다음이 기술교류와 개발지원과 인도적 지원 순이다. 경협에 대한 평가는 가장 부정적이다. 평가기준 측면에서는 적절성이 가장 긍정적이며 이어 효과성, 전략적 고려, 영향력, 효율성 순이다. 평가기준 중 지속가능성은 가장 낮은 평가를 받았다.

4. 향후 남북농업협력 재개 시 '공통 문제점' 해결부터

협력의 종류에 따라 참여주체가 다르나 협력과정에서 나타난 문제점과 협력의 결과는 별반 차이가 없다는 게 일반적인 평가이다. 남북농업협력에 대한 다양한 평가가 있지만, 다음과 같은 공통적인 문제점을 안고 있다. 향후 농업협력을 재개할 때 지금까지 경험했던 문제점을 해소하지 못한다면 과거와 같은 잘못을 되풀이할 수밖에 없을 것이다.

첫째, 농업협력의 적절성 측면에서는 다른 평가기준보다는 비교적 후한 평가를 받고 있다.

사업형성 및 계획과정에서 북한이 원하는 사업이 발굴되었을 뿐만 아니라 한국이 강점을 가지는 사업을 중심으로 추진되었다. 다만 농업협력의 초기단계에서 북한은 자신의 사업환경을 고려치 않고 첨단분야에 대한 협력을 강하게 요청함으로써 상호신뢰가 형성될 때까지 한동안 갈등이 빚어졌으나 시간의 흐름과 함께 상호이해의 폭이 넓어지면서 갈등이 해소되는 과정을 경험하였다.

둘째, 효율성 측면에서 지금까지 추진된 남북 농업협력은 후한 평가를 받기 어렵다.

효율성이 낮은 이유는 남·북한 사이의 정치적 대립이라는 특수성과 북한의 의사결정 구조 때문이라고 할 수 있다. 협력사업 추진을 위한 협의과정은 효율성이 매우 낮았다. 남북이 서로 맞닿아 있으면서도 협의를 위해 중국에서 만나야 한다든지 협의에 참여하는 북한대표가 의사결정권을 제대로 갖지 못해 협의 진행이 매우 더디거나 협의를 하고서도 번복되는 일이 빈번하게 발생하였다. 사업기간과 추진일정을 사전에 정해 놓고는 있지만, 남·북한의 정치적 상황에 따라 북한이 현장방문을 허락하지 않거나 물자를 제때 반출할 수 없어 시의적절하게 협력을 진행할 수 없었던 일이 비일비재하였다. 농업은 생명을 다루는 산업이기 때문에 적기를 놓치면 기대한 만큼의 성과를 얻기 어려우며 때에 따라서는 1년을 기다려야 하는 상황이 발생하기도 한다.

셋째, 남북 농업협력사업이 비효율적으로 추진되었음에도 효과성은 높다고 판단된다.

시간이 지체되기는 하지만 계획했던 산출물이 대부분 달성되고, 산출물은 양적으로나 질적으로 목표를 달성하는 데 별다른 문제가 없었다. 이는 남북농업협력에 참여하는 주체가 적극적이며, 사업에 대한 집중력이 높았기 때문이다. 필자가 경험한 바에 의하면 남·북한 사이의 협력은 다른 어떠한 국제협력보다도 적극적인 자세로 사업이 추진되었으며 사업에 참여하는 주체 간 호흡이 잘 맞으면 놀랄 정도로 효율성이 높았다. 북한은 다른 어떤 나라보다도 주인의식(Ownership)이 강하고 자긍심이 높다. 목표를 달성하지 못하면 사업에 참여한 북측 관계자는 반드시 정치적 책임을 져야 하는 북한의 제도적 환경도 사업의 효과성을 높이는 요인으로 작용하였다.

넷째, 남북 농업협력은 영향력 측면에서 성과가 제한적이다.

이는 북한사회의 체제에 기인한 것이라고 할 수 있다. 북한사회의 특성상 계획에 의해 사업이 추진되며 정치적 필요성에 의해 사업의 우선순위가 정해지기 때문에 사업의 계획단계에서 기대효과가 낮거나 영향력이 낮은 사업이 선택되는 경우가 많다. 사업의 성과가 수혜자에게 직접 전달되지 않고 주변지역과 키 높이를 맞추는 과정을 거침으로써 영향력이 반감되는 의도하지 않은 효과가 발생하게 된다.

다섯째, 남북 농업협력은 지속가능성 측면에서 부정적인 평가를 받고 있다.

사업 추진과정과 결과까지는 좋은 평가를 받는다 할지라도 일단 사업이 완료되면 정책적으로나 제도적으로 행정, 재정 및 기술적 한계로 말미암아 사업의 결과가 유지된다는 보장이 없다. 특히 농업을 둘러싼 인프라 부족과 빈번한 자연재해는 사업결과의 지속성을 유지하지 못하는 주된 요인이다. 이는 비단 남·북한 사이의 농업협력뿐만 아니라 북한에서 추진되는 거의 모든 협력사업이 유사한 문제점을 안고 있다.

여섯째, 범 분야이슈 중 환경에 대한 고려는 점차 중요하게 취급되었으나 성 평등에 대한 고려는 그다지 중요하게 다루어지지 않았다.

다른 국가들과 비교할 때 범 분야이슈는 남북 농업협력에서 상대적으로 비중이 낮은 것으로 평가할 수 있다. 김정은 정권 출범 이후 북한은 환경에 대해 더 많은 관심을 쏟고 있다. 따라서 앞으로 전개될 남북 농업협력에서는 환경문제를 더욱 비중 있게 다룰 필요가 있다.

농업협력이라고 하더라도 사업의 성격에 따라 평가기준이나 비중을 달리 적용할 필요가 있다. 앞으로 추진된 남·북한 사이의 농업협력은 인도적 지원보다는 개발 협력이 중심이 될 가능성이 크고, 과거와는 달리 경협에 대한 북한의 관심이 더 높아질 것이기 때문에 제도적 측면과 시장환경에 대한 고려가 더욱 필요하다. 국제사회의 농업협력이 농업을 중심으로 하는 프로젝트 중심의 사업보다는 점차 농촌을 대상으로 프로그램 중심의 사업으로 옮아가고 있다.

다시 말해서,

<blockquote>
수혜대상자는
농업 생산성이나
소득증대 사업에서 벗어나
농촌이라는 '지역사회'가 당면하고 있는
일자리, 소득, 보건 및 의료, 위생, 교육, 생활환경 등
종합적인 협력을 요청하고 있다.
</blockquote>

김정은 정권 출범 이후 북한의 경제운용 방식과 협동농장 경영방식이 과거와는 많이 달라졌고 시장의 중요성이 더욱 커졌다. 정부에 의한 일방적인 공급보다는 주민의 요구가 정책에 좀 더 반영되고 있다는 점도 커다란 변화 중의 하나이다. 북한이 아직은 국제규범을 잘 지키고 있지 않지만, 점차 국제규범에 따라 행동하리라 예상한다. 따라서 농업협력 과정에서도 남·북한 사이의 특수성을 강조하기보다는 국제사회의 일반적인 규범을 지키는 자세가 필요하고 북한에 대해서도 이러한 규범을 지켜나가도록 촉구해야 할 것이다. 지금까지 북한은 농업의 지속성보다는 단기적인 성과에 치중하여 농정을 펼쳐왔기 때문에 여러 가지 문제가 표출되고 있다. 따라서 향후의 농업협력은 한반도의 지속 가능한 농업을 추구하는 것을 기본방향으로 삼고 남북이 상호 보완하는 방안을 모색해야 할 것이다.

북한 경제의 양면성과 우리의 인식전환

(중략) 북한 경제·농업 부문의 부진에 대해선 누구나 공감하고 있지만 최근 탈북한 새터민을 대상으로 조사한 결과는 이와 사뭇 다르다. 서울대학교 통일평화연구원에서 2018년과 2019년 상반기에 북한을 떠난 116명의 탈북자를 대상으로 조사한 자료에 따르면 올해 공식 월급은 지난해보다 줄었지만 비공식 소득은 오히려 늘었다. 하루 세끼 식사를 하는 가구의 비율은 2015년 이후 증가하는 추세며, 일주일에 한두번 이상 고기를 섭취하는 가구 비율이 60%를 넘는 등 식생활도 꾸준히 개선되고 있다. 가족 모두 충분한 양과 질의 식사를 했다는 응답자의 비율도 2018년 26.4%에서 올해는 41.4%로 대폭 증가했다. 식사의 질에서도 거의 입쌀밥을 먹는다는 가구가 지난해 45.3%에서 올해는 69%로 크게 늘었다. 심각한 식량 공급부족을 예상했음에도 북한시장의 쌀가격은 1㎏당 북한돈 5000원(0.6달러) 내외로 지난해보다 오히려 안정적이었다.

이처럼 북한의 거시경제지표와 미시경제지표의 상반된 결과는 북한 경제를 연구하는 필자로서는 적잖이 당황스럽다. 혹시 통계가 잘못된 게 아닌가 의심해보지만 그럴 가능성은 적어 보인다. (중략) 그렇다면 혹시 우리는 북한시장의 역할을 과소평가하고 있는 게 아닐까? 시장의 역할과 비중이 증가하는 국면에서 시장에서 일어나는 경제활동을 통계작성 때 제대로 반영하지 못하거나 북한 주민들의 경제행위를 잘 파악하지 못한다면 상반된 수치가 나올 법하다.

(중략) 10월 중순 러시아 블라디보스토크에서 열린 한 국제회의에 참석한 북한 대표는 유엔 차원에서 지향하는 지속가능한 개발목표(SDGs)에 대해 북한의 전략을 소개하고, 국제사회와의 협력으로 이 목표를 달성하고자 한다는 발언을 했다. 이를 통해 북한을 바라보는 우리의 시각을 이제 수정해야 하지 않을까 하는 생각을 하게 된다.

- 권태진(본고 필자)의 농민신문 2019년 11월29일자 시론 기고문 중에서 -

문재인 정부는 남·북한 경제교류를 통해 한반도의 평화와 지속 가능한 발전을 도모하기 위하여 '한반도 신경제지도'를 구상하고 이를 구현하기 위한 분야별 로드맵과 액션플랜을 마련하고 있다. 모름지기 모든 종류의 협력은 상호신뢰가 바탕이 된다. 남·북한 사이에도 예외가 아니어서 신뢰가 형성되지 않고서는 의미 있는 협력의 성과를 얻기 어렵다.

신뢰 형성은 무엇보다,
약속한 것을 실천하는 데서 출발한다.
약속을 지키다 보면 지속 가능한 협력의 기반이 조성되고
이를 통해 한반도의 평화가 정착되고
경제적 번영은 '덤'으로
얻게 될 것이다.

참고문헌

권태진 외, 「한반도 신경제지도 구상을 위한 농업분야 협력방안 연구」, 농림축산식품부, 2018
권태진 외, 「김정은 집권 이후 북한농업 실태와 정책변화 연구」, 통일부, 2019
김영훈 외, 「맞춤형 대북 농업협력사업 추진방안 연구: 효과성과 지속성 증진을 위한 대안」, 한국농촌경제연구원, 2012
양호승 외, 「새로운 패러다임의 대북 인도적 개발협력 방안」, 월드비전, 2014
이무철 외, 「북한 분야별 실태 평가 및 변화 가능성 전망」, 경제인문사회연구회, 2019
이석기 외, 「김정은 시대 북한 경제개혁 연구」, 산업연구원, 2018
이석기 외, 「2019년 북한경제 종합평가 및 2020년 전망」, 산업연구원, 2020
임강택 외, 「농업분야의 지속가능한 대북지원 및 남북 협력방안 모색」, KINU 정책연구시리즈 14-01, 통일연구원, 2014
허장 외, 「농림수산분야 ODA 평가」, 한국농촌경제연구원, 2012

Chapter 12 '남북연결' 교통인프라 건설 추진방향과 정책과제

남북 '소통·화합' 출발이자,
　　　한반도 균형발전·평화의 길

1. 들어가는 말
2. 남북연결 교통인프라 건설사업 추진경과와
   북한 교통인프라 실태
3. 남북연결 주요 교통인프라 사업
4. 북한 교통인프라 구축을 위한 주요 정책과제
5. 에필로그 : 무서워해선 안 될 남북연결의 '길'

박용석

단국대 대학원 경제학 박사

현, 한국건설산업연구원 경제금융연구실장
    국토교통부 규제개선위원회 위원
    동북아평화협력연구원 이사
전, 한국유통연구소 선임연구원
    국무조정실 규제개혁기획단 전문위원

〈주요 연구 및 논문〉
- 「국가경쟁력 강화를 위한 적정 SOC 스톡 확보방안」, 연구보고서, 한국건설산업연구원, 2007. 11
- 「북한 SOC 투자 활성화 방안」, 대한건설협회, 2008. 12
- 「남북한 건설분야 협력사례 분석과 북한 내 산업단지 개발 방안」, 워킹페이퍼, 한국건설산업연구원, 2010. 10.
- 「총사업비관리제도의 현황 및 실태분석」, 국토해양부, 2011. 3
- 「북한 경제 및 건설시장에 관한 기초 연구」, 연구자료, 한국건설산업연구원, 2012. 2
- 「북한 경제특구의 개발 동향 및 시사점」, 건설이슈포커스, 한국건설산업연구원, 2014. 2
- 「민간투자사업 활성화를 위한 정책과제」, 연구자료, 한국건설산업연구원, 2019. 8
- 「활력 넘치는 지역경제, 미래성장을 선도하는 건설핵심프로젝트」, 대한건설협회, 2019. 10
- 「북한 건설산업의 주요 법제에 관한 연구」, 연구보고서, 한국건설산업연구원, 2020. 3
- 「건축물 리모델링 시장의 전망과 정책과제」, 건설이슈포커스, 한국건설산업연구원, 2020. 9

• E-mail : yspark@cerik.re.kr

Chapter 12 '남북연결' 교통인프라 건설 추진방향과 정책과제

남북 '소통·화합' 출발이자,
　　　한반도 균형발전·평화의 길

1. 들어가는 말

2018년 총 세 번의 남북정상회담 중 제1차와 제3차 등 두 차례에 걸친 정상회담에서 남과 북은 동해선 및 경의선의 철도와 도로의 연결과 북측 구간 현대화에 합의했다. 2018년 4월 판문점선언에서 동해선 및 경의선 철도와 도로들을 연결하고 현대화하기로 했고, 같은 해 9월 평양공동선언에서 동·서해선 철도 및 도로연결을 위한 착공식을 갖기로 한 것이다. 이에 따라 실제로 경의선과 동해선 철도의 북측 구간에 대한 공동조사(2018. 11. 30~12. 17)가 실시되었고, 남북연결 경의선과 동해선의 철도 및 도로의 현대화 사업 착공식(2018. 12. 26)을 개최했다.

도로와 철도 등 교통인프라의 확충은 지역 간 거리단축, 수송비 절감, 교통시간 단축 등으로 이 시설을 이용하는 남·북한 주민의 편의를 제고할 뿐만 아니라 경제발전에도 결정적 기여를 할 것이다. 북한 내지로의 방문, 의약품과 어린이 지원용품 등 인도적 차원의 수송을 위해서도 남북 교통인프라의 연결이 필요함은 물론이다. 뿐만 아니라 남북을 연결하는 철도와 도로가 중국과 러시아 등 주변국과 연결된다면 동북아 교통의 혁신적 변화를 기대할 수 있다. 남북으로 서울~신의주 고속철도가 연결되고, 이것이 중국의 고속철도와 연결되면 한반도는 중국의 동북 3성(길림, 요령, 흑룡강)과 하나의 생활권으로 묶이고 육로로 동남아시아, 서남아시아를 넘어 유럽으로 연결될 수 있다.

이 글에서는 남북연결 교통인프라 건설사업의 추진경과, 북한 교통인프라 실태, 남북연결 주요 교통인프라 사업 등을 살펴본 후 남북연결 교통인프라 구축을 위한 주요 정책과제인 인프라 투자재원 조달방안과 대북제재 기간 중 주요 교통인프라 개발사업에 대한 남북공동 타당성조사에 대해 논의할 것이다.

2. 남북연결 교통인프라 건설사업 추진경과와 북한 교통인프라 실태

1) 추진 경과

김대중 - 김정일 2000년 김대중 대통령과 김정일 국방위원장은 남북이 분단된 이후 최초로 열린 정상회담에서

「6·15 남북공동선언」을 채택했다. 선언문 중 "남과 북은 경제협력을 통하여 민족경제를 균형적으로 발전시키고 사회·문화·체육·보건·환경 등 제반분야의 협력과 교류를 활성화하여 서로의 신뢰를 다져 나가기로 하였다"고 선언했다. 6·15 남북공동선언의 후속조치로 이산가족방문단 교환, 남북장관급회담이 이루어졌고, 경의선과 동해선 연결을 위한 복원공사가 시작되었다.

<표 1> 남북 철도 및 도로 연결 구간

구분		남측 구간	북측 구간	연결구간
경의선	철도	문산~임진강~도라산~군사분계선(12km)	개성~손하~판문~군사분계선(15.3km)	27.3km
	도로	통일대교 북단~군사분계선(5.1km)	개성~군사분계선(7km)	12.1km
동해선	철도	제진~군사분계선(7km)	금강산~삼일포~강호~군사분계선(18.5km)	25.5km
	도로	송현리~군사분계선(4.2km)	북고성~군사분계선(20km)	24.2km

자료 : 통일부, 『2008 통일백서』, 2008. 2

2002년 9월, 남·북한은 경의선 및 동해선 연결공사 착공식을 동시에 실시했다. 남북연결 철도는 2007년 12월부터 문산~봉동 간 화물열차 운행이 개시되었고, 남북연결도로는 2004년 11월에 경의선 및 동해선 연결공사가 완료되었다.

노무현 - 김정일 2007년 노무현 대통령과 김정일 국방위원장은 「10·4 공동선언」을 통해 남북을 연결하는 길에 대한 구체적 사업들을 추진하기에 이른다. 개성~신의주 철도와 개성~평양 고속도로 공동이용을 위한 개보수와 이 밖에 백두산 관광을 위한 백

두산~서울 직항로 개설, 민간 선박의 해주 직항로 통과, 그리고 한강 하구 공동이용 등에 합의했다

문재인 - 김정은 2018년 4·27 판문점선언에서 '각계각층의 다방면적인 협력과 교류, 왕래와 접촉을 활성화'하기로 하고, "남과 북은 민족경제의 균형적 발전과 공동번영을 이룩하기 위

<그림 1> 2018년도 남북철도 공동조사 북측 구간

자료 : 통일부

해 10·4선언에서 합의된 사업들을 적극 추진해 나가며, 1차적으로 동해선 및 경의선 철도와 도로들을 연결하고 현대화해 활용하기 위한 실천적 대책들을 취해 나가기"로 합의했다. 또한 같은 해 9·19 평양공동선언에서는 '금년 내에' 동해선과 서해선 철도 및 도로 연결을 위한 착공식을 갖기로 했다. 또한 개성공단과 금강산관광 사업을 정상화하고 서해경제공동특구 및 동해관광특구를 조성키로 했다.

이를 위해 남·북한은 서해선과 동해선의 도로와 철도에 대한 공동조사를 실시했다. 북측 도로에 대한 남·북한 공동조사가 있었는데 1차로 개성~평양 고속도로 161km 구간의 교량과 터널 등을 점검(2018. 8. 13~20)했고, 2차에선 고성~원산 100km 도로 구간에 대한 현장 점검(2018. 12. 21~23)을 실시했다.

또한 남북철도 연결과 현대화를 위한 북측 구간 공동조사(2018. 11. 30~12. 17)가 추진되었다. 이때 경의선(개성~신의주 구간) 약 400km와 동해선(금강산~두만강 구간) 약 800km를 북측 기관차와 남측 객차를 연결해 실제로 운행하면서 북측 철도의 전반적인 레일과 침목상태 등을 조사했다. 남과 북은 2018년 12월 26일 북측 판문역에서 남북 철도·도로 연결과 현대화를 위한 착공식을 개최했다.

2) 북한의 철도, 도로, 항만, 공항 등 교통인프라 실태

주철종도(主鐵從道)의 교통망, 즉 철도 중심인 북한의 교통과 물류체계에서 여객수송의 60% 이상, 화물수송의 90% 이상을 담당하고 있는, 북한의 철도시설과 시스템의 노후화가 상당부분 진행*된 것으로 보인다. 북한 고속도로 역시 인프라 낙후**로 그 사정은 철도와 매일반 차이가 없는 것으로 알려졌다.

> *** 그렇다면 北 철도 노후화는 얼마나?**
> 북한 철도의 평양~신의주 구간은 중국 북경과 연결된 국제철도로, 속도는 시속 45㎞/h, 개성~사리원 구간은 10~20㎞/h 수준이다. 특히 북한 철도는 대체적으로 토양 및 자갈의 부족, 궤도의 마모, 훼손, 부식 등의 다양한 문제점을 안고 있는 것으로 알려지고 있다.
>
> BBC NEWS(www.bbc.com), 2019년 4월10일자

> **** 北 고속도로 사정은 또 얼마나?**
> 북한 고속도로 중 평양~원산 고속도로의 경우 총 연장 172㎞인데, 소요시간은 7시간으로 평균 속도가 시속 30㎞/h 수준이다. 도로 폭이 좁고 노면상태가 부실하며 가드레일이나 중앙분리대가 제대로 설치되어 있지 않아 사고 위험이 커서 겨울철 대형 교통사고가 빈번한 것으로 지적되고 있다. 북한의 도로인프라가 전반적으로 낙후되어 있는데 버스로 평양~신의주는 8시간 소요되고, 평양~청진은 48시간 소요되는 것으로 분석되고 있다.
>
> 뉴데일리(www.newdaily.co.kr), 2018년 1월24일자와
> 곽인옥 교수의 평양워치(https://blog.naver.com/inokkwak/221564658221) 인용

그리고 북한의 항만시설을 살펴보면 북한에는 총 32개 항만에 8대 무역항이 있다. 청진항, 남포항, 나진항이 핵심 항만 역할을 하고 있지만 나진항 외에는 대형선박의 접안(接岸)이 어려운 실정이다.

평양 지나 유럽行 그날이…
남북철도 연결구간 열차 시험운행이 실시된 2007년 5월 17일 동해선 제진역에 도착한 북측 열차에서 북측 승무원들이 축하문구가 적힌 패널을 옮겨달고 있다. 　　　출처 : 연합뉴스

> **잠깐만 보고 갈까요!!**
>
> **대표적인 北 항만들인데 왜 접안이 힘들까?**
>
> 일반적으로 5만 톤급 이상의 대형선박 접안을 위해서는 12~16m의 수심이 필요하나 북한 항만의 경우 준설작업의 미비로 실제 5m 내외의 수심을 보이고 있기 때문이다.

항만시설의 노후화로 거의 모든 항만에서 석탄, 철광석 등과 같은 야적화물이 심각한 정체현상을 보이고 있다. 하역장비의 노후화, 전용부두 시설의 부족, 항만 배후 수송체계의 미비, 전력공급사정의 악화로 항만이 전반적으로 비효율적으로 운영되고 있는 것으로 알려지고 있다.[1]

[1] 이상준 외 4인, 「한반도 공동번영을 위한 국토분야의 대응방안」, 국토연구원, 2008, pp.34~35 참조

북한의 공항은 총 33개인데 이 중 여객 및 물자수송 등 민간항공기 이용이 가능한 공항은 10여 개에 불과하다. 대표적인 공항으로는 순안, 어랑, 삼지연, 원산공항이 있다. 대형항공기의 이·착륙이 가능한 공항은 순안국제공항, 어랑공항, 원산공항 정도이다. 이들 공항 이외에는 민간과 군 겸용의 간이공항 형태로서 주로 소형 항공기와 헬리콥터가 이·착륙할 수 있는 최소한의 시설만 갖추고 있다[2].

3. 남북연결 주요 교통인프라 사업

1) 서울~신의주 고속철도 및 고속도로 건설사업

남과 북이 협력해서 육상의 길, 바닷길, 하늘 길을 연결해야 한다. 육상의 길을 연결한다면 우선적으로 서울~신의주 고속철도와 고속도로를 건설하고 이를 대륙의 고속철도 및 고속도로와 연계하는 방안을 검토할 필요가 있다. 서울~신의주 고속철도가 동북아 고속철도와 연계되면, 서울을 기점으로 평양과 신의주뿐만 아니라 중국의 동북지역과 베이징, 톈진 등이 1일 생활권역으로 들어올 수 있다[3].

9·19 평양공동선언에서 남과 북은 2032년 하계올림픽 공동개최를 하기로 합의했다. 하계올림픽이 서울과 평양에서 열리게 된다면 우선적으로 서울~평양 간 고속철도 및 고속도로 건설이 필요하다. 철도와 도로는 대표적인 사회간접자본으로서 경제, 사회발전뿐만 아니라 인간의 생존을 위한 필수시설이다. 북한과 같은 저개발 국가일수록 경제발전과 경기활

[2] "연간 북한 입국자 수는 25만 명 내외이며, 그 중에서 80% 이상이 중국으로부터 방문하는 육로여행자이다" 이상준 외 4인(2008), p.36 인용

[3] 국토교통부·한국교통연구원, 유라시아 고속철도 네트워크 구축을 위한 기초조사 연구, 2016.2

서울~신의주 고속철도와 고속도로 동시 건설

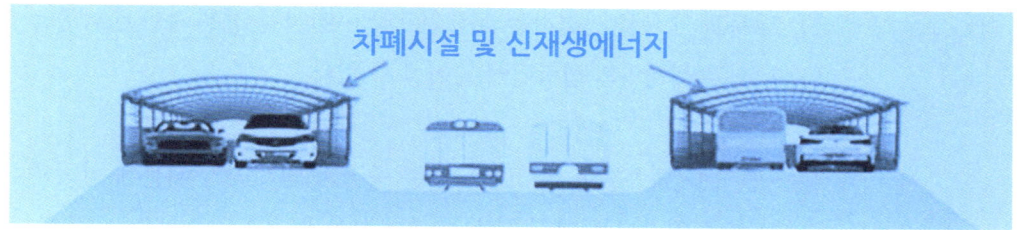

<그림 2> 서울~신의주 고속철도와 고속도로 노선 구상

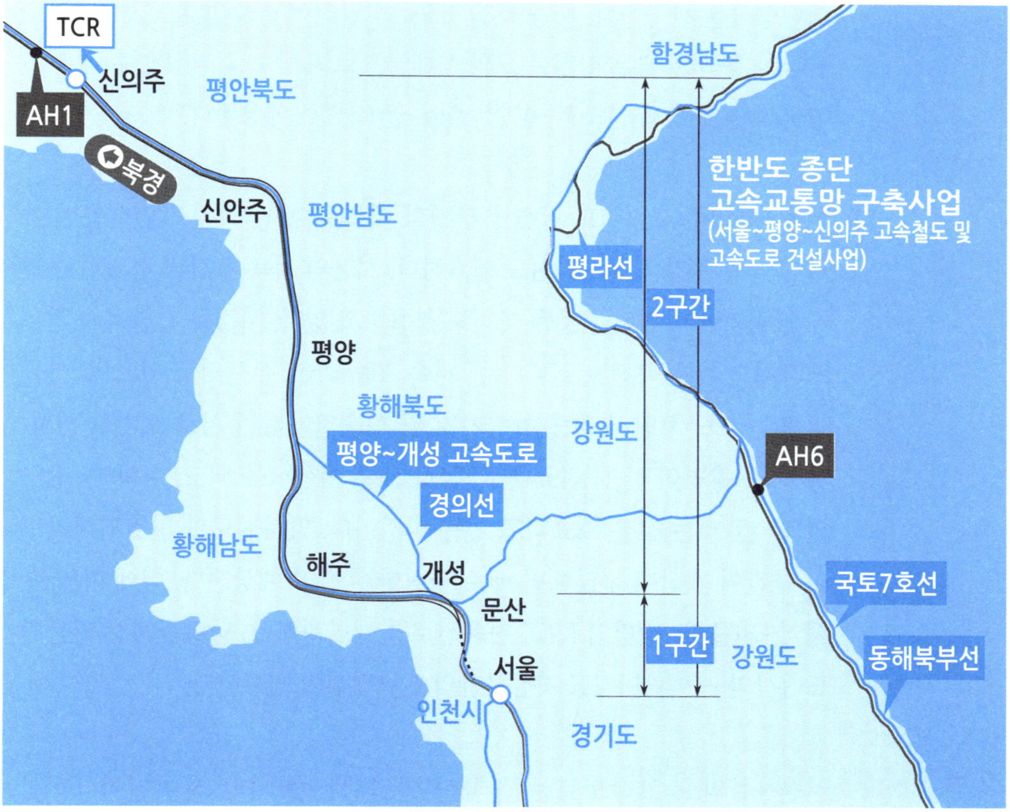

자료 : 박용석·설영만, 「서울~신의주 고속철도 및 고속도로 건설의 필요성과 추진과제」, 『건설 이슈포커스』, 한국건설산업연구원, 2020. 10 중에서

성화에 핵심적 기여를 할 수 있다. 서울~신의주 고속철도 및 고속도로와 같은 남북과 대륙을 연결하는 교통인프라가 건설될 경우 북한은 남한을 포함한 외부 세계와의 접촉점이 넓어질 수 있다.

서울~신의주 고속철도 및 고속도로는 중국과 연계되기 때문에 한국과 중국 양국을 연결하는 여객 및 물류 효율성을 획기적으로 높일 수 있다. 2019년 기준으로 한국의 제1위 교역상대국은 중국이고, 중국의 제3위 교역대상국은 한국이다. 대중 수출 1,362억 달러이고 수입 1,072억 달러로 한국과 중국은 매우 밀접한 교역 상대국으로 육상으로 직접 연결될 경우 양국의 경제·사회·문화적 이익은 매우 클 것으로 예상된다.

서울~신의주 고속철도 건설을 추진할 때 북측 구간의 철도 건설뿐만 아니라 남측 구간의 철도건설도 필요하다. 서울역 북측 구간의 경의선은 일제 강점기에 마련된 선로를 아직도 사용하고 있다. 서소문 건널목의 경우 직각에 가까운 곡선으로 KTX는 시속 20km/h로 운행하고 있으며, 서울역과 경기도 고양시 철도 차량기지 간 회송열차가 수시로 오가고 있다. 서울역~광명역 간 17.3km를 KTX로 15분 이상 소요되고, 수색역~광명역 간 27km는 34분 소요되고 있는 실정이다. 남북철도가 연결되더라도 이 구간이 개선되지 않으면 매우 극심한 혼잡이 예상된다. 이에 따라 수색역~서울역~광명역 KTX 전용선로를 지하화하고, 남방한계선 인근의 도라산역~수색역 KTX 지상구간의 신규건설이 필요하다.

서울~신의주 고속도로는 중국과 연결되는 아시안 하이웨이 1호선(AH1)과 연결된다. 남북의 철도와 도로가 대륙과 연결될 때 한반도는 그

동안 '섬이 아닌 섬'에서 명실상부 대륙의 국가로서 육로로 아시아 전역은 물론이고 유럽까지 이어지게 될 것이다.

2) 주요 교통인프라 남북협력사업

중국의 경제개발 사례를 보면 항만과 항만도시를 우선 개발하고 이들 지역거점을 중심으로 배후지역과 물류 네트워크를 형성하면서 도시를 확장시켰다. 북한도 중국의 경제개발 사례를 벤치마킹해서 항만과 항만도시의 개발을 적극 검토해야 한다.

남포항 남포항은 평양의 관문으로서 청진항과 더불어 북한 최대의 항구이다. 청진과 원산항은 주로 러시아와 일본과 관련된 선박이 정박하지만, 남포항은 동남아, 중동, 아프리카, 유럽 등지의 무역선들이 이용하고 있다. 향후 남북경제협력과 북한의 대외무역이 활성화되면 남포항은 국제적 물류중심지로 부상할 가능성이 매우 높을 것으로 보이는 바, 남포항의 시설 현대화와 신항만 개발 등이 필요하다.

나진항 나진항은 북한의 최북단 항구이며 부동항으로서 중국, 러시아, 일본 등 주변국으로부터 매력적인 국제화물 운송루트로 주목받고 있다. 중국은 동북3성 지역의 자원과 농산물을 기존의 다롄항 보다 나진항을 통해 중국 남방지역으로 운송하고, 일본, 미국 등 해외수출을 도모하고 있다. 러시아는 나진~하산~시베리아횡단철도(TSR)을 연결하는 복합 물류사업을 추진하고 있다. 이에 따

<표 2> 북한의 주요 교통인프라의 신설 및 현대화 과제

구분	단·중기 과제	중장기 과제
도로	• 서울~신의주고속도로/중국 단둥 연결 • 평양 연계 주요도로(평양~개성 고속도로 등) 정비(선형 개선, 포장재 정비 등) • 서해축(평양, 남포, 신의주 등), 동해축(원산, 흥남, 신포, 나선 등) 주요 산업단지의 내부도로 및 배후항만, 인접도시 연결도로 정비 • 개성공단~강화~인천공항/인천항연결도로 • 해주~교동 연결도로 • 남북 연결 북측 국도의 현대화(북측 지역 1, 3, 5, 7, 31, 43번 국도 개·보수)	• 경원축(서울~원산) 고속도로 신설 • 해주~남포~안주 연계한 新서해안고속도로 신설 • 주요 고속도로의 개·보수 및 현대화 • 한반도 도로망과 아시안 하이웨이 연계(AH1, AH6)
철도	• 서울~신의주 고속철도망 신설 • 국제철도(신의주~단둥 간 교량 신설, 하산~두만강, 단둥역, 남양역, 두만강 철도) 현대화 • 대륙철도 연결(TCR, TSR) • 주요 간선노선(평양~신의주, 평양~개성, 평양~나진, 나진~두만강, 평산~세포, 원산~금강산)의 긴급보수	• 경원선(서울~원산) 재시공/복선전철화 • 동해축 철도 현대화 • 주요항만 배후 철도망 개발 • 평양~나진 철도 재시공/복선화 • 원산~개성 개보수 및 현대화
항만	• 서해축(남포, 해주, 신의주 등), 동해축(나진, 청진, 원산, 흥남, 단천 등) 거점항만 정비 • 환황해축(인천-웨이하이-남포, 해주) 국제직항로 개설	• 주요 거점항만(남포, 나진, 청진, 원산, 흥남, 송림, 선봉 등)의 현대화
공항	• 순안국제공항 시설확충 및 현대화 • 삼지연공항 현대화	• 주요공항(신의주, 청진(어랑), 통천 등) 현대화 • 선봉공항 건설

자료 : 박용석, 「한반도 통일이 건설산업에 미치는 영향」, 한국건설산업연구원, 2016. 12, p.40

라 나진항과 청진항 등의 시설 현대화와 신항만 개발이 필요하다.

남북경제협력이 활성화되고 북한에 대한 외국인들의 방문이 활발해지면 북한의 항공수요도 증가할 것으로 예상된다. 북한의 핵심공항인 평양 순안국제공항의 제반시설과 기능을 더욱 고도화해야 한다. 그리고 백두산 관광과 연계하여 2004년 한국관광공사와 활주로 보수공사 등을 협의한 바 있는 삼지연공항의 현대화사업을 추진해야 한다.

4. 북한 교통인프라 구축을 위한 주요 정책과제

1) 인프라 투자재원 조달방안 : '한반도개발기금' 조성

남과 북을 연결하고 북한 내부의 교통망을 정비하는데 막대한 자금이 소요된다. 북한의 주요 인프라를 신규로 개발하거나 현대화하는데 필요한 건설사업비는 약 306조 원 규모로 그중 교통인프라에 소요되는 건설사업비는 도로 43조 원, 철도 41.4조 원, 항만 8.5조 원, 공항 1.6조 원으로 약 94조 원이 필요할 것으로 추정된다.

북한은 자체재원으로 필요 인프라를 모두 확충할 수 없어 외국자본을 활용하여 인프라 개발을 추진할 것으로 보인다. 과거 남한도 그러했고 대부분의 개발도상국들도 외자유치를 통해 핵심인프라를 구축하여 경제발전의 기초를 다졌다. 교통인프라 확충의 경우 북한당국의 직접공사와 중국·미국과 같은 해외자본의 진출이 예상된다. 남한이 북한 경제성장에 적

> **잠깐만 보고 갈까요!!**
>
> ### 北 '인프라 개발&현대화' 건설사업비 산출기준은?
>
> 주요 인프라 건설사업비는 북한의 경제성장을 지원하기 위한 필수 인프라를 단·중기간(10년)에 기존시설의 현대화 및 신규건설을 위해 투입되는 비용을 의미. 주요 인프라 건설사업비는 북한에서 작성한 '조선민주주의인민공화국 경제개발 중점대상 개요(2010~2020)'와 남한의 국토연구원, 한국건설산업연구원, 한국해양수산개발원 등에서 추정한 연구결과를 종합적으로 검토하여 추정했다.
>
> 박용석, 「북한의 주요 건설수요와 한반도개발기금 조성 방안 연구」,
> 한국건설산업연구원, 2019. 3

극 협조한다는 전제 하에 북한 교통인프라 개발의 1/2를 담당한다고 가정하면, 10년 간 건설사업비는 약 47조 원으로 연간 4.7조 원 규모가 필요할 것으로 추정된다.

남한의 경우, 교통인프라는 1960년대부터 건설에 착수하여 1990년대 들어 본격적으로 확대되기 시작했다. 1994년 교통세(교통·에너지·환경세)4)가 도입되면서 교통인프라 건설을 위한 재정을 안정적으로 확보할 수 있게 되었기 때문이다.

남한정부와 기업이 북한 교통인프라 구축을 효과적으로 지원하기 위해서는 이에 필요한 재원을 안정적으로 확보하는 것이 매우 중요하다. 이를 위해 (가칭) '한반도개발기금'의 설치를 검토할 필요가 있다. '한반도개발기금'은 남·북한 간의 교류와 협력을 촉진하고 북한의 사회간접자본 형

---

4) 교통·에너지·환경세는 도로 및 철도 등 교통시설의 확충에 소요되는 재원을 마련하기 위해 휘발유와 경유에 부과하는 특별소비세가 교통세의 재원으로 사용되고 있다. 세수는 2017년에 15.6조 원 규모이고, 그중 80%는 교통시설의 확충에 소요되는 교통시설특별회계에 전입되고, 나머지는 환경개선, 국가균형발전 등으로 전입되고 있다.

<표 3> 북한 주요 인프라 건설사업비 추정

단위 : 원

구분	건설사업비		비고
	금액	비중(%)	
주택	106조 8,156억	34.9	매년 10만호 공급, 10년 간 총 100만 호 공급 가정
전력·에너지	25조 7,972억	8.4	화력 및 수력발전소, 석탄광, 석유 정제시설 등 현대화, 천연가스망 연계 등
도로	43조 784억	14.1	기존 고속도로 및 기간도로 개·보수 및 신설, 경의축 고속도로 건설 등
철도	41조 4,332억	13.5	기존 철도 개·보수 및 현대화, 경의축 고속철도 건설 등
항만물류	8조 5,328억	2.9	22개 항만물류 개선사업
공항	1조 6,477억	0.5	평양국제공항, 청진(어랑)공항, 함흥(선덕)공항, 삼지연공항 등 현대화
산업단지	72조 1,200억	23.5	대규모 산업단지 8개(개성, 라선, 신의주, 해주, 남포, 원산, 김책, 청진), 지방급 경제개발구 22개
관광단지	5조 1,053억	1.7	금강산-원산, 칠보산, 백두산 등 관광단지 개발 등
농업개발	1조 6,800억	0.5	농약공장, 종자기지, 종합농기계, 축산업 등
총계	306조 2,102억	100.0	

자료 : 박용석, 「북한의 주요 건설수요와 한반도개발기금 조성 방안 연구」, 한국건설산업연구원, 2019. 3, p.18

성을 지원할 목적으로 설치하는데, 특히 도로, 철도, 항만, 공항과 같은 교통인프라 확충에 중점을 둔다. 재원조성 방안으로는 현재 수출입은행이 관리하고 있는 남북협력기금을 남북협력계정과 한반도개발계정으로 구분하여, 남북협력계정은 기왕에 남북협력기금이 수행하고 있는 사회·문화·인도적 사업 등을 계속 운영하게 하고, 한반도개발계정은 북한 인프라 확충을 위한 한반도개발기금을 담당토록 변경하는 것이다. 다른 방안으로는 기존 남북협력기금은 수출입은행의 관리 하에 그대로 두고 '한반도개발기금'을 별도로 신설하여 국책은행인 산업은행에서 관리·운용토록 하는 것을 생각할 수 있다. 여기에 필요한 재원은 「교통·에너지·환경세」에서 일정비율을 전입 받아 조성한다. 「교통·에너지·환경세」의 30%를 전입할 경우 연간 5조 원 이상으로 10년 간 약 58조 원의 기금을 조성할 수 있다.

「교통·에너지·환경세」의 일부가 북한 인프라 확충에 사용되는 것에 대해서 납세자의 불만이 있을 수 있다. 하지만 북한 인프라의 확충으로 북한 경제가 성장하면 남한과의 훌륭한 경제적 파트너가 되고 동시에 한반도의 평화가 더욱 공고히 될 것이다. 북한 인프라 개발사업에 남한의 기업이 참여하고 필요한 장비와 자재도 남한에서 공급한다면 남한의 경제활성화와 일자리창출을 기대할 수 있다. 또한 향후 우리국민이 북한의 철도와 도로 등을 이용할 수 있으므로 납세자에게 돌아가는 혜택이 전혀 없다고는 볼 수 없다. 장기적으로는 한반도의 교통표준을 미리미리 통일해 나감으로써 미래의 통일에 대비하는 효과도 있음은 물론이다.

2) 남북연결 교통인프라 사업에 대한 타당성 조사

2020년 12월 현재, 미국과 UN의 대북제재에 있는 상황에서는 어떠한 남북경제협력사업도 추진할 수 없다. 즉 국제사회의 대북제재가 완화 또는 해제되어야만 본격적인 남북연결 교통인프라 사업을 추진할 수 있다. 그렇다고 현재의 상황에서 아무 것도 안하고 대북제재가 해제될 때까지 손 놓고 하염없이 기다릴 수는 없을 것이다. 지금 할 수 있는 일은 지금 추진*해야 한다.

> *** 그럼 대북제재를 피했던 과거 사례는?**
> 2018년 중 북측 지역의 철도 및 도로에 대한 실태조사를 실시하면서 노트북, 각종 측량기기, 기관차와 유류 등이 미국의 양해를 얻어 북한에 반입되었던 경험이 있다.

북한 인프라 건설사업에 대한 타당성조사는 일종의 연구·조사로서 대북제재의 직접적 대상이 아니므로 미국 등과 잘 협의하면 충분히 추진 가능할 것으로 판단된다. 대규모 인프라 건설사업을 추진하기 위해서는 사전적으로 반드시 타당성조사를 실시해야만 한다. 서울~신의주 고속철도 및 고속도로 건설과 같은 개별 프로젝트들의 타당성 분석은 대북제재를 위반하지 않으면서도 남·북한 모두에게 실질적인 도움을 줄 수 있다.

일반적으로 건설사업은 '사업구상 → 예비타당성조사 → 타당성조사 → 기본설계 → 실시설계 → 보상 → 공사'의 단계를 거치는데, 사업구상부터 실시설계까지 사업의 규모와 난이도에 따라 다르지만 서울~신의주 고속철도 및 고속도로와 같은 대형 건설사업은 약 2년 이상의 시간이 소요된다. 현재와 같이 대북제재가 있는 상황에서 타당성 조사, 설계, 공정계획 수립과 같은 사전적 준비를 갖추고 있다가 대북제재가 완화되면 바로 착공에 들어가게 되면 사업기간을 대폭 단축할 수 있다. 북한의 호응과 협력은 필수적 전제조건임은 물론이다. 따라서 우선 현재의 상태에서 남북연결 교통인프라 중 주요사업에 대한 타당성조사를 북한과 협력해서 추진하는 방안을 적극 검토해야 한다.

5. 에필로그 : 무서워해선 안 되는 남북연결의 '길'

"길을 무서워하면 범을 만난다"는 속담이 있다.

겁이 많고 무서움을 타는 사람은 그 겁낸 만큼 무서운 일을 실제로 당할 수 있다는 의미이다. 길은 사람과 물자의 왕래를 쉽게 한다. 길을 통해 소통할 수 있고, 물자가 왕래하여 지역 간 분업과 생산활동을 촉진시켜 경제가 활성화된다. 길과 인류의 발전은 매우 긴밀하다. 길을 통해 사람과 사람, 지역과 지역, 문명과 문명이 소통하므로 인류가 발전해 왔다.

혼자서는 안 된다.

길을 통해 함께하고 협력할 때 보다 상호이해의 폭이 넓어지고 지역 간 분업체계가 잘 조성되어 풍요롭고, 소통 또한 잘 이뤄지는 사회를 기약할 수 있다. 길을 만들고 이용하는 것을 두려워해서는 안 된다. 이를 두려워하면 불통과 불편, 그리고 고립을 초래할 뿐이다.

길을 무서워해서는 안 된다. 적극적으로 만들어야 한다.

남·북한의 소통과 화합, 번영의 시작은 남북을 연결하는 '길'을 만드는데서 부터 출발한다고 해도 과언은 아닐 것이다. 지난날 경부고속도로 건설이 우리경제의 성장과 지역균형발전에 지대한 공헌을 한 것에 대해 대부분 동의할 것이다. 북한의 핵심지역을 연결하는 철도와 고속도로는 북한 경제 발전에 반드시 필요한 시설들이다. 이들 사업을 남과 북이 협력하여

적극 추진할 때 한반도 전체의 균형 있는 발전과 항구적 평화를 앞당길 수 있다

조만간 부산에서 기차를 타고 평양과 베이징을 거쳐 중국 남방과 동남아시아로 여행할 수 있을 것이다. 동유럽으로 수출하는 화물을 울산에서 기차에 싣고 나진과 모스크바를 거쳐 바르샤바의 소비자들에게 전달되는 물류혁신 그날을 그려본다.

한라에서 백두까지!
방점 하나,
중국을 지나 단숨에 유럽으로!!
방점 둘,
동북아를 넘어 세계를 향해
포효하는
한반도를 기대한다.

참고문헌

국토교통부·한국교통연구원,「유라시아 고속철도 네트워크 구축을 위한 기초조사 연구」, 2016. 2
국토해양부,「제2차 도로정비기본계획」, 2011
박용석,「건설분야 남북협력사업과 향후 과제」,『건설이슈포커스』, 한국건설산업연구원, 2018. 11
박용석,「북한 경제 및 건설시장에 관한 기초 연구 : 북한 내 최우선 건설 수요를 중심으로」, 한국건설산업연구원, 2012. 2
박용석,「북한의 주요 건설수요와 한반도개발기금 조성 방안 연구」,『건설이슈포커스』, 한국건설산업연구원, 2019. 3
박용석,「한반도 통일이 건설산업에 미치는 영향」,『건설이슈포커스』, 한국건설산업연구원, 2016. 12
박용석·설영만,「서울~신의주 고속철도 및 고속도로 건설의 필요성과 추진과제」,『건설이슈포커스』, 한국건설산업연구원, 2020. 10
이상준 외 4인,「한반도 공동번영을 위한 국토분야의 대응방안」, 국토연구원, 2008
통일부,『2008 통일백서』, 2008. 2

뉴데일리(www.newdaily.co.kr), 2018년 1월24일자
BBC NEWS(www.bbc.com), 2019년 4월10일자
곽인옥 교수의 평양워치(https://blog.naver.com/inokkwak/221564658221)

당신의 품격에 빛을 더하는 PNA World의 '땡큐' 시리즈

이욱희 지음
400쪽 / 43,000원

監査 이론&실무 총서-1
Thank you **Audit!**

가려웠지만 긁을 수 없었던, 그래서 더욱 시~원한
'성공감사' 레시피, 2쇄 발행! 스테디셀러 반열에!!

▶ 감사과정의 전반적인 흐름과 체계
▶ 감사현장에서의 접근법
▶ 감사 착안사항 도출기법
▶ 중점감사 체크리스트

 일상文化 총서-1
Thank you **Wisdom!**

'4차 산업혁명'에 '포스트 코로나'까지 겹친 지금,
내 아이의 성공은 진정 엄마 손에 달렸다!

남들처럼, 사회가 주입하는 대로 키우면
내 아들 딸, 남의 꿈을 위해 살게 된다?
알파벳 M, O, T, H, E, R 6개 키워드로
알아보는 지혜로운 '엄마노릇' 체득법

김주원 지음
224쪽 / 18,500원

조봉현 등 14인 공저
400쪽 / 29,000원

통일한반도!!

'코로나'도 '경기불황'도 이겨낼 남과 북 '상생해법'
'통일경제'는 비올 때 누구나 쓰는 우산 같은 것

▶ 통일은 '우리의 소원'에서 우리 미래의 가치로!
▶ 내 경제생활과도 밀접해질 통일, 통일경제
▶ 보다 이해 쉽게 콘텐츠의 비주얼 편집
▶ 통일전후 산업분야별 남북경협 '궁극점' 제시

※ 실무와 일상문화·통일 콘텐츠 '땡큐' 시리즈 원고를 환영합니다. pnaworld@naver.com

아직 손도 못대고 계시나요?
아니면, 기획부터 한꺼번에 다 맡기실 파트너를…

어떻게? 영~ 맘에 안드는 초고, 그냥 주세요. 리라이팅부터 가능합니다!
무엇을? 단행본&매거진, 교재&보고서, 가이드북 등 기획부터 제작 OK!
어디로? pnaworld@naver.com으로 초고 일부나 간단한 기본안도 좋습니다
그러면? 구현코자 하시는 아이템의 1차 기획안을 보내드릴게요(노 카운팅^^)

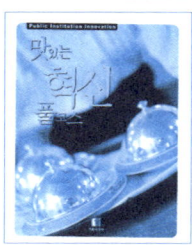     

* 위와 아래 이미지는 도서, 기획물 등 당사 자체브랜드 및 기획제작 대행의 결과물 중 일부입니다.

결과물 품질과 포트폴리오가 궁금하시다면, '피엔에이월드' http://www.pnaworld.com "클릭"